서울성곽 육백년

역사와 전설이 살아 숨쉬는
한양도성 이야기

서울성곽 육백년

발행일 초판 1쇄 2017년 11월 10일

지은이 유근표

펴낸이 안병훈

펴낸곳 도서출판 기파랑

등록 2004년 12월 27일 제300-2004-204호

주소 서울시 종로구 대학로8가길 56 301호(동숭동 1-49 동숭빌딩)

전화 02)763-8996 편집부 02)3288-0077 영업마케팅부

팩스 02)763-8936

홈페이지 www.guiparang.com

이메일 info@guiparang.com

ISBN 978-89-6523-664-1 03910

서울 성곽 육백 년

유근표 지음

기파랑

6백 년의 세월을 자랑하는 우리 서울에는 옛날 도성(都城)이라 불리던 '서울성곽'이 있다. 서울성곽은 서울의 주산(主山) 북악산에서 시작하여 서울의 내사산(內四山)으로 불리는 낙산과 남산, 그리고 인왕산 마루를 지나 처음에 출발했던 북악산에서 그 끝을 맺고 있다.

이처럼 서울의 내사산 등마루를 거쳐서 축성한 서울성곽은 낮에는 서울의 외곽을 병풍처럼 둘러싼 산경(山景)을 감상할 수 있고, 밤에는 환상적인 서울의 야경을 맛볼 수 있다.

여기에 더하여 6백년에 걸쳐 축적된 많은 이야기가 45리 성곽을 따라 갈피갈피 숨어 있는 것이 바로 우리의 서울성곽이다. 따라서 이 성곽은 우리 겨레의 역사와 문화의 골갱이를 집약하고 있는 소중하고도 감동적인 문화유산인 것이다.

내가 처음으로 만난 성곽은 서울성곽이 아닌 북한산성이었다. 늘 산에 빠져 살던 나는 서울근교에 있는 북한산을 자주 찾았고, 그곳에 있는 북한산성을 본 후로 나는 산과 성곽을 함께 찾기 시작했다. 북한산성을 자주 가다 보니 나중에는 그 험한 북한산 능선을 야간에 혼자서도 다닐 수 있을 만치 능숙하게 되었다. 북한산성에 자신감을 갖게 된 후부터 나는 서울성곽을 찾고자 결심했다.

그리고 마침내 21세기가 시작되는 2000년 어느 날 서울성곽을 찾아 인왕산을 향했다. 독립문역에서 내려 무너진 성곽을 따라 창의문에 이르러 보니 성곽은 계속해서 북악산 기슭으로 치닫고 있었으나, 산 입구에는 군인들이 경계를 서고 있어서 도리 없이 그곳에서 발길을 돌려야 했다.

계속해서 성곽을 찾고자 고심하던 나는 다음에는 동대문에서 시작해 보기로 했다. 동대문역에서 내려 낙산 쪽으로 다가가 보니 예상했던 대로 이대부속병원 바로 옆으로 늠름하고도 고색창연한 옛 성곽이 나타났다. 하지만 낙산마루를 지나고부터는 더 이상 다가설 수 있는 방법이 없었다. 성곽이 보이기는 했으나 그 옆으로 불량주택과 더불어 집주인들이 설치한 각종 장애물이 가로막고 있었던 까닭이다.

동소문로를 건너서자 우뚝한 혜화문에 이어 검회색 빛을 띠는 성곽이 다시 이어지기 시작했다. 반가운 마음에 따라나섰으나 두산빌라 앞에서 성곽은 또다시 오리무중이었다. 그 무렵만 해도 서울성곽은 거의 전 구간이 이런 식이었다. 성곽 자체를 찾기도 힘들었지만 어렵사리 찾았다 해도 접근할 수 있는 방법이 거의 없었던 것이다.

뿐더러 도심 구간에서 성곽을 찾는다는 것은 한강에서 바늘 찾기와 진배없었다. 막막하고 답답하여 지나는 사람에게 서울성곽에 대해서 물어보면 '별 이상한 사람 다 보겠다'는 식의 반응을 보였다. 여기에 또 한 가지 애를 먹이는 것은 탐방로가 있어야 할 자리에는 각종 가시나무를 비롯한 온갖 장애물이 길을 막고 있었다.

불과 십 수 년 차이밖에 안 나는 일이건만 지금으로선 감히 상상도 안 되는 얘기다. 나는 길을 대충 찾고 나서부터는 서울시 문화재과, 문화재청 그리고 서점과 도서관 등을 다니며 서울성곽에 관한 자료를 수집하기 시작했다. 이렇게 6년을 헤매고 나자, 북한산성과 서울성곽에 대해서는 눈 감고도 찾을 수 있을 만큼 되었다.

나는 이 멋지고도 훌륭한 문화유적을 언론에 소개하기로 했다.

그리하여 2006년 2월 16일자 문화일보에 서울성곽을 소개하기에 이르렀고, 이때 국내 최초로 「서울 성곽 탐방안내도」를 작성하여 함께 발표했다. 언론에 소개가 되자 많은 사람들이 서울성곽에 대해서 관심을 갖기 시작하여 이곳저곳에서 안내 요청을 해오는 바람에 그 날 이후 서울성곽의 안내와 홍보에 주력했다.

나는 이에 발맞추어 서울성곽에 관한 책자를 발간하기로 결심하고 2007년 1월, 서울성곽과 북한산성 그리고 전국의 산 이야기를 한데 묶어 『이강산 이조국』을 출간했으며, 이어서 그 해 9월에는 내용을 좀 더 보강하여 『성곽답사와 국토기행』을 재차 출간했다.

그 무렵만 해도 서울성곽에는 정식 탐방로가 없는 곳이 많았기에 '서울성곽 탐방안내도'가 그려진 나의 책은 서울성곽을 찾고자 하는 사람들에게 적지 않은 도움이 되었다. 그러나 책이 출간되고 나서 계속해서 성곽복원이 이루어지고 새로운 길이 속속 생겨나자, 이제는 나의 책이 이들에게 별 도움이 되지 않게 되었다.

이에 나는 서울성곽에 관한 현실에 맞는 책을 새로 써야겠다고 생각하고서 2015년부터 통제구역을 포함한 서울성곽 모든 구역의 사진을 다시 찍으며, 본격적인 집필 작업에 돌입했다. 이리하여 2년여에 걸쳐 애를 쓴 끝에 이제야 그 결실을 맺게 된 것이다.

나는 이 책을 집필하는데, 다음 사안에 중점을 두었다.

첫째, 서울성곽의 창축에서부터 지금까지 6백여 년에 걸쳐 갈무리 된 역사적 사실을 정사와 야사는 물론, 그에 얽힌 각종 전설까지 총 망라하여 이야기체로 담아냈다.

둘째, 통제구역을 포함한 서울성곽의 모든 구역을 빠짐없이 돌아보고 성곽의 상태와 경관, 그리고 서울성곽의 특징이며 보물로 쳐주고 있는 각자(刻字)의 위치 및 그 뜻을 풀어냈다.

셋째, 서울성곽을 훼철하는데 앞장섰던 일제의 만행과 서울성곽 주변에 서려 있는 외적의 침략사를 밝히는데 주력했다.

넷째, 18년에 걸쳐 서울성곽을 헤매면서 경험했던 각종 에피소드를 실었다.

이제 서울성곽에 관한 책자를 발간한지 10년 만에 또다시 책을 내게 되니 실로 감개가 무량하다. 앞서 발간했던 책이 서울성곽 탐방 안내에 초점을 맞추었다면 이번에 발간되는 책은 서울성곽의 아름다움과 그 가치를 일깨우는데 초점을 맞추었다.

끝으로 이 책의 발간을 위해 귀중한 옛 사진을 기꺼이 제공해 주신 안중근기념관, 우당기념관, 백범기념관, 숭례문관리사무소, 이화박물관, 서울역사박물관, 배재학당역사박물관, 국가기록원, 경희대학교 민주동문회 등 모든 관계자분들에게 깊은 감사의 정을 표한다.

2017년 초가을에 유근표(柳根杓)

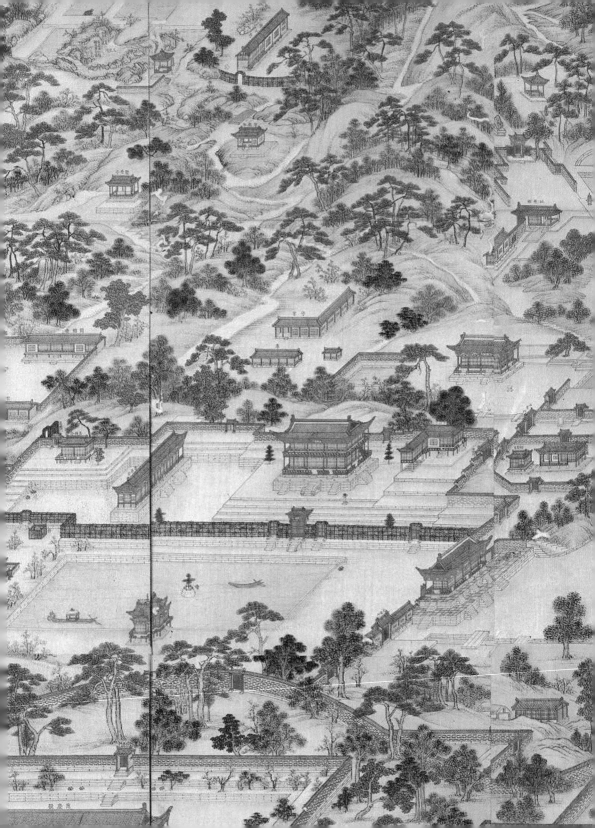

여로부터 나라의 도읍에는 그 뒤쪽에 반드시 진산(鎭山)을 두었다. 서울의 진산은 삼각산(三角山)이니, 백운대와 인수봉, 그리고 만경대의 세 봉우리가 삼각으로 우뚝 솟았다 해서 얻은 이름이다. 용트림 하듯 솟구쳐 오른 삼각산의 산세는 나라 안은 물론이려니와 그 이웃나라까지도 쩌르르 할만치 뛰어나다. 이토록 빼어난 산줄기는 이 산 서남쪽에 위치하는 보현봉에 이르러 다시 한 번 그 위용을 자랑한다.

이곳에서 잠시 숨을 고른 산줄기는 형제봉을 넘고 구준봉(狗蹲峰)을 지나 다시 한 번 솟구치니, 이른바 모란꽃 봉우리를 닮았다는 백악(白岳)이 그것이다. 예로부터 이 백악을 일러 도성 북쪽에 위치한다 하여 흔히 북악(北岳)이라 불러왔다.

북악에서 다시 양 날개를 펼치듯 좌우로 뻗어나가 동쪽 언덕에 솟아오른 봉우리를 낙산이라 하는바, 서울의 좌청룡(左靑龍)이요, 오른쪽 자하문고개를 지나 서편에 솟은 봉우리를 인왕산이라 하는바, 서울의 우백호(右白虎)에 해당된다 하겠다. 여기에 북악에서 마주 건너다보이는 남쪽에 아담하고 탐스런 봉우리가 한 개 더 솟았으니, 서울의 안산(案山)으로 자리 잡은 목멱산(木覓山 : 남산)이다.

자고이래 우리는 이 네 개의 산을 일러 서울의 '내사산'이라 불러왔으며, 그 안에 터를 잡은 한양골은 천하의 명당으로 소문이 났다. 이 하늘이 내린 명당 터에 이태조가 새 나라의 도읍을 앉힌 것은 필시 하늘의 순리를 따른 것임이 분명하다. 무릇 나라를 다스리는 일국의 제왕은 하늘이 정해 주는 것이니, 태조 이성계가 하늘의 뜻에 따라 기울어 가는 고려를 뒤엎고서 조선을 창업한 것은 1392년 7월 열이렛날의 일이었다.

고려의 도읍 송도의 수창궁(壽昌宮)에서 즉위식을 거행한 이태조는 다음 달인 8월 13일, 새로운 도읍터로의 천도(遷都)를 명했다. 이미 송도의 지기(地氣)가 다했다고 생각했기 때문이다. 태조는 왕사(王師)인 무학대사를 대동하고 새로운 도읍터를 물색한 끝에 삼각산을 진산으로 하고 백악을 주산으로 하여, 그 아래 한양골에 새로운 도읍을 앉히기로 결심하니, 이는 삼각산의 산세와 백악의 기상이 범상치 않았던 까닭이다.

조선을 창건한지 3년째로 접어드는 1394년 10월 25일, 만조백관을 거느린 태조는 옛 도읍 송도를 떠나 그로부터 사흘 후인 28일에 한양 땅에 도착하고서 이제부터는 한양골이 조선의 새로운 도읍이라 천하에 공포했다.

새나라를 건설하고 도읍을 새로 앉혔으니 궁궐도 새로 세워야 했고, 나라의 상징이랄 수 있는 종묘와 사직도 세워야 했으며, 이밖에 외적들로부터 종묘와 사직을 지키기 위해서는 도성도 건설해야 했다. 이를 위해 태조는 한양의 주산인 백악에서 시작하여 낙산과 목멱산, 그리고 인왕산 마루를 거쳐 만대에 남을 성곽을 쌓기로 마음을 굳혔다.

그리하여 궁궐과 종묘사직의 공사가 거의 마무리 단계에 다다른 태조 4년(1395) 9월에 도성 축조를 명하고서, 다음 달인 윤 9월 13일에 도성축조도감(都城築造都監)을 설치했다. 즉시 조선창업의 일등공신인 정도전(鄭道傳 : 1337~1398)으로 하여금 도성축조를 관장케 하고 성기(城基)를 실측하니, 그 길이는 59,500척이었고, 릿수로는 45리였다.

해가 바뀐 태조 5년 1월 9일, 백악신과 5방신(五方神)에게 개기제(開基祭)를 지낸 다음, 그날부터 다음 달인 2월 28일까지 49일간의 기한을 정하고서 성곽 축조에 들어갔다. 축성공사를 이때 시작한 이유는 혹한기를 지난 다음에 공사를 시작하여 농사철이 다가오기 전에 마무리 짓고자 함이었다.

축성공사의 진행방법은 59,500척의 공사 구간을 97구(區)로 나누어 600척을 1구로 정하고, 각 구마다 천자문으로 자호를 표시하였다. 또한

▼
『환영지』에 수록된
'한양도'(1770년)

각 구를 100척씩 나누어 1호에서 6호까지 구분하고, 인부는 5개도에서 118,070명을 동원하기로 했다. 그리하여 백악마루에서부터 천자문의 첫 번째 글자인 하늘 '천(天)'자로 시작해서, 내사산 마루를 거쳐 다시 백악산 서쪽에 이르러 천자문의 97번째 글자인 조상 '조(弔)'자로 마치게 하였는바, 그 세부적인 내역은 아래와 같다.

지역명	천자 문	구간수	구간 이름	동원인부	길이
동북면	天 ~ 日	9 구간	백악마루 ~ 숙청문	10,953명	5,400척
강원도	月 ~ 寒	8 구간	숙청문 ~ 동소문	9,736명	4,800척
경상도	來 ~ 珍	41 구간	동소문 ~ 숭례문	49,897명	24,600척
전라도	李 ~ 龍	15 구간	숭례문 ~ 돈의문	18,255명	9,000척
서북면	師 ~ 弔	24 구간	돈의문 ~ 백악마루	29,208명	14,400척

그러나 그 해 따라 늦추위가 맹위를 떨치는 바람에 언 땅에서 공사를 벌여야 하는 인부들의 손발은 얼어터지기를 반복했다. 열악한 환경 속에서도 공사를 예정대로 진행하기 위하여 밤낮을 가리지 않고 공사를 강행하였으며, 부실공사 방지를 위하여 성벽에 공사 담당자의 성명과 고을의 이름을 새겨 넣게 하였으니, 이는 곧 오늘날의 '공사실명제'이다. 까닭에 지금도 성벽 이곳저곳에는 울산(蔚山), 정읍(井邑), 봉산(鳳山), 등의 각자가 남아 있는 곳이 있으며, 이는 당시 성곽을 쌓은 인부들의 연고지를 나타낸 것이다.

추운 날씨에 짧은 일정으로 공사를 강행하다 보니, 자연히 이런저런 부작용과 함께 많은 난관이 따랐다. 천도한지 불과 1년 밖에 안 되어 겨우 5만 명 안팎의 인구를 가진 한양에 그 배가 넘는 118,000

여 명이라는 많은 인부가 들끓다보니 잘 곳이 마땅치 않아 부득이 노숙을 할 수밖에 없었다.

뿐만 아니라 남루한 의복에 허술한 덮개로 한뎃잠을 자다 보니 날씨가 추워 동상자는 물론, 동사자가 속출하였고, 야간작업 강행에 연일 사상자가 넘쳐났다. 이를 보다 못한 태조는 야간작업을 금지시키고, 눈보라가 심한 날에는 낮에도 공사를 중지하라는 명을 내렸다. 좁은 공간에 많은 사람들이 들끓다보니 엎친 데 덮친 격으로 전염병까지 극성을 부려대는 바람에 상황을 더욱 어렵게 만들었다. 조정에서는 이에 대한 대비책으로 판교원(判橋院 : 임시병원)을 지어 부상자와 환자들을 수용했다.

이처럼 어려운 여건 속에서 공사를 강행하다보니, 공사가 끝날 무렵에는 희생자 숫자가 엄청나서 태조는 성문 밖 세 곳에 단을 설치한 다음 수륙재(水陸齋)를 베풀어 죽은이들의 명복을 빌고, 그 후손들에게는 3년 동안 부역과 세금을 면제해 주도록 조치했다.

모진 난관 속에서도 도성 축조공사는 예정대로 2월 28일에 완성되었다. 불과 49일 밖에 안 되는 짧은 기간에 마친 공사의 내역을 보면, 지대가 높고 험한 곳은 석성(石城)으로 하여 높이 15척에 길이 19,200척을 쌓았고, 지대가 낮고 평탄한 곳은 토성(土城)으로 하여 하단의 넓이 24척, 상단의 넓이 18척, 높이 25척으로 쌓았으며, 전체 토성의 길이는 40,300척에 달했다. 이렇게 마친 도성은 석성과 토성을 합쳐 총연장 59,500척에 이르렀다.

그러나 이때 쌓은 도성은 미처 완성하지 못한 부분이 많을 뿐 아니라 49일이라는 짧은 일정 때문에 엄한 책임과 엄격한 감독에도 불구하고 어쩔 수 없이 부실한 부분이 많았으므로, 결국 태조는 그 해 (1396년) 8월, 2차 공사를 시행하라는 명을 내려야 했다.

하지만 1차 공사의 여파로 백성들의 원성이 대단한데다, 설상가상으로 그 해에는 흉년까지 들어 모든 중신들이 풍년들기를 기다려 축성할 것을 청했으나, 태조는 이를 한 마디로 일축하고서, 2차 공사를 밀어붙였다.

2차 공사 때는 1차 때 빠졌던 경상, 전라, 강원도의 인부 79,400명을 동원하기로 하고, 공사 기간은 그해 8월 6일부터 9월 24일까지 또다시 49일간으로 정했다. 그러나 2차 공사를 시작한지 불과 일주일밖에 안된 8월 13일에 태조가 끔찍이도 아끼던 신덕왕후 강씨(康氏)가 그만 세상을 떠나고 말았다. 이에 태조는 정무와 시전(市廛)을 열흘간이나 중지시키고서 지관을 대동하고 능 터를 찾아 나섰다.

사정이 이렇다 보니 도성 축조 공사는 자연 소홀할 수밖에 없었고, 태조가 공사 현장에 나타나는 일도 드물게 되었다. 그럼에도 불구하고 권중화, 박자안 등 공사 감독관들과 역군들이 각고의 노력을 기울인 덕분에 애초에 계획한대로 그해 9월 24일까지 공사를 마치는 개가를 올릴 수 있었으며, 이때 도성의 4대문과 4소문의 공사도 대부분 완공했다.

그러나 늪지대에 세워지는 흥인문은 해가 바뀐 태조 6년(1397) 1월에 가서야 완성했으며, 숭례문의 경우는 태조 7년 2월에 가서야 공사를 마치게 되니, 이는 애초의 계획보다 무려 1년 반이나 늦어진 것이다.

이와 같이 태조의 집념과 수많은 사람의 노력으로 새 나라가 차차 자리를 잡아 가던 중, 태조 7년(1398) 8월, 태조의 다섯째 아들 방원이 난을 일으켜 정도전 일파를 제거하고 권력을 잡으니, 역사에서는 이를 가리켜 '제1차 왕자의 난'이라 부른다.

이에 태조는 왕위에서 물러나고 뒤를 이은 태조의 차남 정종은 한양의 지세가 불길하여 이런 일이 벌어졌다고 여긴 나머지, 정종 1년인 1399년 3월, 옛 도읍 송도로의 환도(還都)를 단행한다.

그 후 모든 것이 가라앉고 한양의 일을 차차 잊어갈 즈음 일은 또다시 벌어지고 만다. 태조의 넷째 아들 방간이 아우 방원의 세력을 꺾고자 정종 2년 정월에 '제2차 왕자의 난'을 일으킨 것이다. 송도 저자를 누비며 진퇴를 거듭하던 형제 간의 싸움은 아우 방원의 승리로 끝을 맺는다. 반대 세력을 남김없이 제거한 방원은 그 해 동짓달에 정종으로부터 양위의 형식을 빌려 왕위에 오르니, 이 분이 바로 조선의 제3대 임금 태종이다.

왕위에 오른 태종은 고려의 옛 도읍 송도보다는 아무래도 새 도읍지 한양에 가서 새로운 왕조의 발판을 다지고 싶었으나, 조정대신들 중에는 반대하는 의견도 만만치 않아 좀처럼 결론을 낼 수가 없었다.

이러던 차에 송도의 수창궁에서 불까지 나는 바람에 한양으로의 재천도 문제를 놓고 갑론을박하던 조정의 중론은 한양 재천도 쪽으로 기울게 되었고, 마침내 태종 5년인 1405년 10월 다시 한양으로의 재천도를 단행

◀ 태조

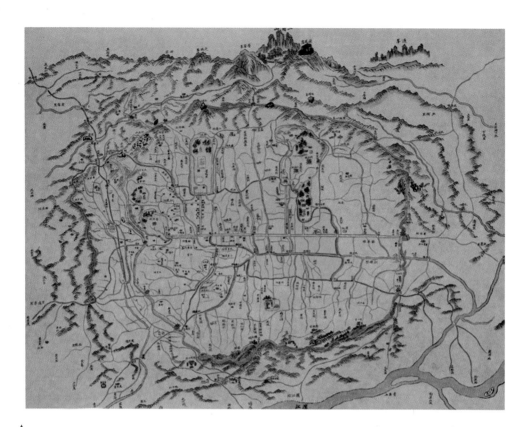

했다. 한양으로 도읍을 다시 옮겨오기는 했으나 일곱 해나 비워 두었던 한양은 거의 폐허나 다름없이 되어 궁궐 뜰에는 쑥이 나고 성곽은 무너져 문 없이도 넘나들 지경이 되었다. 이에 태종은 궁궐을 수리하고 무너진 성곽을 수축하려고 누차 계획을 세웠으나, 이런저런 사정으로 실행에 옮기지는 못했다.

그 후, 아드님인 충녕대군(세종)에게 왕위를 물려주고 상왕으로 물러앉은 태종은 금상(今上)인 세종에게 도성을 수축할 것을 강력하게 주장하여, 마침내 세종 4년인 1422년 1월 15일부터 2월 25일까지 40일간에 걸쳐 대대적인 수축공사를 계획했다. 즉시 도성수축도감을 설치하고서 좌의정 정탁을 도제조(都提調)로, 제조에는 조선 초기 궁궐 공사에 지대한 공을 세운 박자청(朴子靑) 등 38명을 임명했다.

수축도감에서는 석성 붕괴된 곳이 3,952척, 토성 붕괴된 곳이 24,535척으로 두 지역을 합하여 28,487척에 이른다고 상주(上奏)하였다. 보고에 접한 세종은 내친김에 태조 때 토성으로 쌓은 부분도 모두 석성으로 바꾸기로 하고, 인부는 군사와 민정을 합쳐 322,400명을 동원하라 명했는바, 이때 각 도에서 담당했던 공사 구역의 세부적인 내역은 아래와 같다.

도명	구역	구간수	석성	토성	인원
경기도	天 ~ 珍	13구간	397척	1,545척	20,188명
함길도	宿 ~ 列	2구간	144척	386척	5,208명
강원도	張 ~ 來	3구간	100척	1,730척	21,200명
충청도	署 ~ 歲	10구간	867척	4,389척	56,112명
전라도	律 ~ 麗	15구간	570척	3,902척	49,104명
경상도	水 ~ 海	22구간	260척	7,094척	87,368명
평안도	鹹 ~ 翔	7구간	626척	3,391척	43,392명
황해도	龍 ~ 弔	25구간	978척	2,098척	39,888명
합계		97구간	3,942척	24,535척	322,460명

이처럼 계획을 철저하게 세웠으나 32만여 명의 엄청난 인부를 동원하려니, 나라의 재정은 턱 없이 부족했다. 이에 조정에서는 역

군(役軍)들에게 각자 자신이 40여 일간 먹을 양식을 짊어지고 축성에 참여하라는 명을 내렸다. 하지만 가난한 살림에 제마다 양식을 가져오기도 쉽지 않은 일일뿐더러, 천리 먼 길에 도중에 축나는 식량만 해도 만만치 않았다. 더구나 겨우 10만 안팎의 적은 인구를 가진 한양에 갑자기 그 3배가 넘는 32만여 명의 사람들이 모여들자 쌀값이 폭등하고 전염병이 나도는 등 이런 저런 부작용이 나타나기 시작했다.

난관 속에서도 도성을 수축하고자 하는 조정의 의지는 확고했으며, 이때도 부실공사 방지를 위하여 견고하게 쌓지 않으면 공사감독자를 처벌하고 훗날 성벽이 기울거나 무너지면 담당 고을에서 다시 쌓을 것을 못 박았다. 수축공사 때도 역시 창축공사 때처럼 늦추위가 닥쳐 인부들의 마음을 얼어붙게 했으며, 촉박한 일정에 감독관들의 독촉은 성화같아서 연일 사상자가 속출했다. 조정에서는 혜민국, 제생원 등 모든 의료기관에 비상령을 내려 사고에 대비하였으나, 워낙 부상자와 환자가 많아 이를 감당하기에는 역부족이었다.

이에 세종은 도성 동쪽과 서쪽에 구료소 4곳을 설치하고 혜민국 제조 한상덕에게 의원 60명을 이끌고 구료에 힘쓰라 명했다. 또 태조가 창축할 당시 전염병 환자를 치료하는데 큰 공을 세웠던 탄선(坦宣) 스님에게도 같은 명을 내리니, 명을 받은 스님은 승도(僧徒) 300명을 이끌고 그 즉시 도성으로 달려왔다.

도성 수축공사가 시작되자, 상왕 태종과 금상 세종은 축성군의 사기진작을 위하여 술과 음식을 자주 내림과 동시에 승지와 근신들을 축성 현장과 혜민국, 제생원 등에 보내어 부상자를 위로하는 등 각별히 마음을 썼다. 하지만 아무리 왕이나 대신들이 독려하고 지극 정성을 기울인다 해도 실제로 성을 쌓는 일은 역군(役軍)들의 몫이어서 이들의 고초는 이루 다 말할 수 없었다. 더군다나 한 개에 수 백 근이 넘는 성돌은 혼자서는 움직일 수조차 없어서 목도를 하고 수레를 동원해야 했으며, 30여 리나 떨어진 채석장에서 운반하려니 역군 한 사람이 겨우 돌 한 개를 나르고 나면 해가 저물었다.

이처럼 임금 이하 백성과 스님들까지 도성 수축에 혼신의 힘을 다했으나, 추운 날씨에 무너진 성곽을 다시 쌓고 토성을 석성으로 바꾼다는 것은 말처럼 쉬운 일이 아니었다. 거기에 공기(工期)는 창축 때에 비해 절반에도 못 미칠 만큼 짧아서 역군들은 매일 파루(罷漏 : 새벽 4시)에서 인정(人定 : 밤 10시)까지 중노동에 시달려야 했다.

이토록 심한 중노동과 추위에 어찌 도망자가 안 생기겠는가. 참다 못한 인부들은 마침내 도망을 치기 시작했다. 도망자가 속출하자 조정에서는 초범자는 형장 100대를 때리고 재범자는 참형에 처하라는 엄명을 내렸다. 이건 마치 전장(戰場)의 도망자와 똑같이 취급했던 것이다.

뿐더러 역군을 기일 내에 보내지 않은 고을의 수장에게도 책임을 물어 지위 고하를 막론하고 엄벌에 처했다. 실례로 공사가 시작된 지 1주일 후인 1월 22일 의금부 진무 한유문을 경상도에 파견하여 역군을 늦게 보낸 죄로 판진주 목사 윤보로와 성주 목사 이지유를 잡아올림과 동시에 관찰사 최사강 조차도 국문하였고, 2월 5일에는 창녕 현감 김사선과 영산 현감 김대현을 잡아올려 곤장을 80대나 때리고 즉석에서 파면해 버리는 등 초강경 조치를 취했다.

O처럼 전쟁을 치르는 것보다도 더 혹독하게 다그친 결과, 예정 기일 보다도 이틀이나 앞당겨진 2월 23일에 공사를 마칠수 있게 되었다. 창축공사 때는 두 번에 걸쳐 98일이 걸렸으나 수축공사 때는 놀랍게도 38일밖에 안 걸렸던 것이다.

그러나 무리한 공사에 따른 희생도 커서 이 기간에 발생한 사망자만 해도 자그마치 872명에 이르렀다고 하니, 오늘날 같으면 당장에 폭동이 일어나고도 남을 일이었다.

세종 때 쌓은 수축공사의 내역을 보면, 창축 공사 때 토성으로 쌓았던 부분도 모두 석성으로 바꾸고, 지대가 험한 곳에는 15척에서 1척을 높여 16척, 평지에는 23척, 두 곳의 중간 지대는 20척을 쌓았으며, 성 안팎으로 폭 15척의 회곽로(廻郭路)를 만들어 순찰을 돌 때 편리하게 하였다. 이밖에도 성을 좀 더 튼튼하게 쌓기 위하여 사용된 쇠가 10만 6천200백 근, 석회가 9천6백 석에 달했다.

하지만 그 짧은 공사기간 내에 50여 리에 가까운 성곽을 완벽하게 쌓는다는 것은 애초에 무리였다. 세월이 지남에 따라 성곽은 더러 무너지기도 했는데, 보고에 접한 조정에서는 애초에 다짐한대로 담당 고을에서 다시 쌓으라 명했다. 실제로 성곽의 수축공사가 끝난 지 2년이나 지난 세종 6년에 함경도 북청고을에서 쌓은 구간이 무너지자, 그곳 백성들을 불러올려 다시 쌓게 했다는 기록이 세종실록에 보인다.

그 후 문종 1년인 1451년 정월에 경기, 충청, 전라 3개도의 수군(水軍) 1천 명과 충청도 군사 2천 명을 동원하여 한 달간에 걸쳐 수축하였는데, 문종 때 수축의 특징은 큰 돌을 사용하여 먼저 쌓았던 성곽보다 훨씬 더 견고하게 쌓았다는 점이다.

도성은 그 후 별다른 공사가 없다가 임진왜란(1592년)이 지나고서 100년 이상 지난 숙종 30년(1704년)부터 숙종 36년까지 장장 6년에 걸쳐 대대적인 수축공사를 벌이게 된다.

조정에서는 도성과 북한산성 중, 어느 것을 먼저 수축해야 하느냐로 팽팽한 논쟁을 벌이던 끝에 도성 수축을 먼저 하기로 결정되어, 숙종 30년 3월 25일부터 첫 삽을 들게 된다. 공사는 5군문에 해당하는 훈련도감, 금위영, 어영청, 총융청, 수어청에 분담시켜 맡겼으며, 이때는 공사에 앞서 축성에 필요한 돌을 미리 떠서 준비한 후에 본격적인 공사는 그 해 9월부터 시작했다.

축성에 사용한 돌은 과거와 달리 사방 1.5척 내지 2척 가량 되는 방형(方形 : 4각형)의 돌을 정으로 다듬어 쌓았으며, 각 군문 당 1만 개씩, 5군문에 배당된 돌의 합계는 5만 개에 달했다. 공사 초기에는 30여 리나 되는 동대문 밖 노원(蘆原) 등에서 돌을 뜨다가 워낙 거리가 멀어 능률이 오르지 않자, 나중에는 가까운 정릉 부근에서 뜨기로 했다.

지지부진하던 공사가 겨우 자리를 잡아갈 무렵, 이번에는 청나라에 통고하여 그들의 허락을 얻

▼
타구.
여장과 여장 사이를
타구라 한다.

은 후에 성곽을 수축해야 한다는 주장이 제기되어 공사는 중단되고 만다. 논란의 핵심은 병자호란이 끝나면서 1637년 정월에 조선과 청이 맺은 정축조약 제6항에 「향후 조선에서 성곽의 증축이나 수리를 할 때에는 청의 허락을 얻어야 한다」라는 대목이었다.

이 때문에 당시 조정에서는 도성 수축에 관하여 상당한 논란이 일었으나, 최종적으로 숙종 임금의 결단에 의하여 애초의 계획대로 밀어 붙였다. 그리고 마침내 공사를 시작한지 6년이나 지난 숙종 36년(1710) 전 구간의 개축을 마치는 개가를 올릴 수 있게 되었다.

성곽이 축조되면 그 위로 몸을 가리며 자신을 방어하는 여장(女墻)을 만들어야 하고, 또 풍우에 성곽을 보호하기 위해서는 용마루 형태의 옥개석(屋蓋石)도 덮어야 하며, 그밖에도 화살을 쏠 수 있는 총안(銃眼)도 있어야 한다.

오늘날 서울성곽의 형태를 보면 폭 90㎝ 가량의 여장과, 한 면의 길이가 약 30㎝쯤 되는 총안은 물론, 1m의 폭과 20㎝ 두께의 옥개석이 덮여 있음을 알 수 있다. 또한 성곽이란 쌓는 것도 중요하지만 이에 못지않게 중요한 것이 사후 관리라 할 수 있다.

이에 대한 대비책으로 조선 초기에는 도성 보수의 책임기구로 도성도감(都城都監)을 설치하고, 화재방지를 위하여 금화도감을 별도로 두었다가 후에 두 기관을 합하여 '수성금화도감(修城禁火都監)'으로 개편했으며, 도성의 수비 기구로는 병조 예하에 '도성경수소(都城警守所)'를 두었다.

조선 중기 이후 도성의 보수내용을 살펴보면 숙종 임금이 대대

▲ 원총안. 먼 곳의 적을 공격할 때 사용되는 원총안은 구멍이 수평을 이룬다.

▲ 여장의 모습. 타구와 타구 사이의 여장 1개를 1타라고 한다. 1타에는 사방 30cm 가량의 총안이 3개씩 뚫려 있다. 중앙에 있는 것이 근거리의 적을 공격하는 근총안이고 좌우에 있는 것이 원거리의 적을 공격하는 원총안이다.

적으로 개축한 이래 영조 대에는 왕 21년(1745)부터 2년에 걸쳐 도성의 무너진 곳을 개축하였다. 이외에도 성곽 곳곳에 산재되어 있는 각자의 내용으로 볼 때 순조(23대) 대에 보수한 지역도 상당히 많은 것으로 보이는데, 이때에는 주로 여장 위주로 보수한 것으로 추정된다.

지금까지 창축 당시의 성곽이 남아있는 지역이 그다지 많지는 않지만 오늘날 우리가 서울성곽을 돌아보면 성의 축조 연대를 시기별로 알 수 있다. 즉 풍화도가 심하고 메줏돌 크기의 막돌로 쌓은 것은 창축 당시의 성곽이고, 장방형의 돌을 기단으로 하고 창축 때 사용했던 돌 보다 훨씬 큰 돌로 쌓은 구간은 세종 때 쌓은 성곽이며, 정방형으로 다듬어 벽돌 쌓듯이 빈틈없이 쌓은 곳은 숙종 때 쌓은 성곽이다.

서울성곽은 숙종 대에 워낙 튼튼하게 개축되어 조선 후기에는 별로 보수의 필요성을 느끼지 않아, 조선 말기까지 부분적인 공사 외에는 큰 공사가 없었다.

그 후 일제는 고종이 양위하던 1907년 '성벽처리위원회'를 만들어 도성의 철거를 본격적으로 시작했고, 조선 병탄 5년 후인 1915년 '경성시구역개수계획'을 세워 많은 부분의 성곽과 함께 성문까지 헐어 내었다.

그 뒤 해방이 되고 6·25를 거치면서 혼란의 와중에 누구하나 돌보는 이가 없어 우리의 소중한 문화유산이며 국방유적인 서울성곽은 더욱 많이 파괴되고 훼손 되었다. 그러나 1975년부터 약 5년간에 걸쳐 복원공사를 시행하여 상당히 많은 부분이 옛 모습을 되찾았으니, 늦게나마 다행한 일이 아닐 수 없다.

태조가 창축할 당시부터 줄곧 '도성'이란 이름으로 불리던 이 성곽은 1963년 1월 21일 자로 '사적 제10호'로 지정됨과 동시에 공식적인 명칭으로 '서울성곽'이라 부르기로 정했다.

  오늘날 우리가 서울성곽을 돌아보면 그 견고함이나 아름다움에 감탄이 절로 나옴과 동시에 한국인으로서의 자부심을 느낄 수 있다. 이제 이 자랑스러운 '서울성곽'을 찾아 힘찬 발걸음을 옮겨보자.

숭례문은 도성의 정문이며, 대한민국 국보 1호이다. 도성의 8대 문 중 가장 웅장하고 규모가 큰 이 문은 왕권의 상징과 더불어 도성 백성들에게는 자부심의 대상이었고, 지방 백성들에게는 한 번 이 문을 보고나면 이웃에까지 자랑할 정도로 대단한 문이었다.

이 문은 도성을 창축하던 태조 5년 10월에 상량식을 갖고서, 그로부터 1년 반 가까이 지난 태조 7년(1398) 2월 8일에 가서야 완전히 준공했다. 그 후 이 문의 개축 필요성을 느낀 세종은 신하들과 의논하여 왕 29년(1447) 8월에 착공에 들어갔으나, 그 해 11월 날씨가 몹시 추웠던 까닭에 사헌부의 요청에 따라 공사를 중지시켰다가 이듬해 봄에 재개한다.

▼
복원된 숭례문의 위용.
숭례문은 도성의 정문이며
대한민국 국보 1호이다.
복원 후 부실 복원의 논란에
휩싸였다.

숭례문의 개축공사는 그로부터 두 달 후인 3월 17일에 상량식을 갖게 되며, 공사가 완성된 날짜는 기록에는 안 나와 있으나 그 해 5월에서 7월 사이일 것으로 추정된다. 이때 공사한 내역을 보면 애초의 계획대로 기존의 문루와 석문을 완전히 헐어내고 기지를 높게 돋운 다음 석문과 문루를 새로 지었다. 다시 말해서 이때 단행한 숭례문 공사는 개축이 아닌 신축이라고 보아야 하는 것이다.

이처럼 세종 임금에 의해 대대적으로 개축된 이 문은 성종 10년(1479)에 문이 기울어져 또다시 개축하였다는 기록이 보인다. 1962년 숭례문을 해체 수리할 때 발견된 3개의 대들보 중 하나에는 '成化十五年己亥四月初二日卯時立柱上梁(성화 15년 기해년 4월 초 2일 묘시 입주 상량)'이라고 묵서한 내용이 발견되었는데, '성화'는 명나라 제9대 황제 헌종(재위 : 1464~1487) 때의 연호로 성화 15년이 바로 우리 조선의 성종 10년인 것이다.

숭례문은 성종 때 개축한 이후로 한 번도 손을 대지 않고 수 백년을 그대로 내려오다가 1962년에 이르러서야 해체 수리하였으니, 이로 미루어 당시의 숭례문을 얼마나 완벽하게 개축하였는지 감탄하지 않을 수 없는 일이다.

숭례문의 구조는 정면 5칸, 측면 2칸, 중층(重層) 문루에 다포 형식으로 지어졌으며, 용마루 양쪽에는 취두(鷲頭 : 독수리 머리)를, 추녀마루에는 용두(龍頭)를 얹었다.

현재 숭례문의 지붕 형태는 정면에서 볼 때 사다리꼴 모양으로 지어진 우진각 지붕이다. 그러나 1962년 해체 수리를 하면서 살펴 본

▲
숭례문 수문장 교대식.
화재 전 2005년 경 촬영한
장면이다.

결과, 원래는 개성의 남대문과 똑같은 '팔작지붕'이었던 것으로 드러
났다. 추녀마루 아래로는 잡상(雜像)을 얹었는데, 중층으로 된 숭례문
에는 화재 전에는 상층에 9개, 하층에 8개의 잡상을 얹었었다. 그러나
짝수로 된 하층의 8개가 잘못되었다는 지적에 따라 2013년 새로 복
원하면서 상층에 9개, 하층에는 한 개를 줄여 7개만 얹었다.

　　중국 당나라 때부터 시작된 건물 지붕에 잡상을 얹는 풍습은 귀
신과 흉액을 물리치려는 벽사(辟邪)의 의미에서 생긴 것인바, 각 잡상
에는 다음의 명칭이 있다. 추녀 끝에서부터 첫 번째 있는 것이 삼장
법사이고, 이어서 손오공, 저팔계, 사오정, 마화상(麻和尙), 삼살보살(三
煞菩薩), 이구룡(二口龍), 천산갑(穿山甲), 이귀박(二鬼朴), 나토두(羅土頭)의
순서이다.

잡상의 수는 원래 건물의 위상에 비례하는 게 원칙이라고 알려져 있다.

국내에 현존하는 건물 중에서는 경회루의 11개가 가장 많은데, 이는 경회루에서 중국사신을 접대하는 연회가 자주 열렸던 까닭에 그들을 의식하여 취한 조치라고 한다. 경회루에 이어 덕수궁 중화전이 10개로 그 뒤를 잇고, 도성의 4대문에 해당되는 숙정문은 7개에 불과하다. 그리고 4소문인 혜화문, 창의문, 광희문에는 숙정문과 똑같이 7개를 얹었다. 다만 흥인지문에는 화재 전의 숭례문과 마찬가지로 상층에 9개, 하층에 8개인 채로 있다.

특이한 것은 경복궁의 정전인 근정전에도 7개인데, 이처럼 경회루와 근정전 잡상의 수가 자그마치 4개씩이나 차이가 나는 것을 보면 건물의 위상과 잡상의 숫자를 결부시키는 게 철칙은 아니었던 것으로 추정된다.

숭 례문(崇禮門)의 가운데 글자인 '禮'는 오행(五行)에 있어서는 불(火)을, 계절에 있어서는 여름을, 색깔로는 붉은 색을, 그리고 오방(五方)에 있어서는 남쪽을 상징하므로 도성의 남쪽문인 이 문의 이름을 숭례문이라 지었다.

자고로 중국과 우리나라에서는 궁궐을 지을 때 '자좌오향(子坐午向)'이라 하여, 북쪽을 등지고 남쪽을 향해 앉히는 것이 하나의 정치 철학으로 굳어져 내려왔다. 따라서 경복궁을 세울 때에도 개국공신 정도전의 주장에 따라 북악을 등지고 남쪽을 향해 앉히기로 했으나, 이를 본 무학대사가 반론을 제기하고 나섰다.

무학의 주장인즉, 궁궐을 이렇게 앉힐 경우 남쪽에 자리한 관악산의 화기(火氣)가 경복궁과 숭례문에 비치어 200년 후에는 경복궁과 숭례문이 불길에 휩싸일 것이라고 했다. 이는 관악산 정상 부위의 칼바위가 흡사 타오르는 불꽃처럼 보이므로 칼바위에서 마주 바라보이는 경복궁과 숭례문이 화를 입게 된다는 암시였다.

하지만 무학이 아무리 나라의 국사(國師)라고 하더라도 조선 창업을 주도한 실세 중의 실세인 정도전을 당해 내기에는 역부족이었던 듯, 경복궁은 끝내 정도전의 주장대로 남쪽을 향해 앉히게 된다.

그러나 조선 제1의 풍수가로 추앙받는 무학의 예언에 마음이 께름칙해진 조정 중신들은 이에 대한 비보책(裨補策)을 물었고, 결국 그가 가르쳐 준 비보책에 따라 경복궁 앞뜰에 해태상을 세우고 숭례문의 편액(扁額)을 세로로 써서 걸게 했다. 이처럼 숭례문의 편액을 세로로 써서 걸게 한 이유는 불꽃의 형상을 닮은 숭례문의 첫 글자인 '崇'

▲ 도성의 8개의 문중 유일하게 세로로 써진 숭례문의 현판 글씨. 관악산의 화기를 누르기 위해 불꽃 형상을 닮은 '崇'자를 세로로 써서 걸었다고 한다. 이 글씨는 태종의 장자 양녕대군이 썼다는 설이 유력하다.

자를 세로로 써서 관악산의 화기를 내리 누르겠다는 의도였다.

그렇다면 이 숭례문의 현판 글씨는 누가 썼을까?

일반적으로 숭례문의 현판은 태종의 장자인 양녕대군이 썼다는 게 정설이다. 양녕대군의 작품이라는 설은 이수광(李睟光 : 1563~1628)의 지봉유설(芝峯類說)과 이긍익(李肯翊 : 1736~1806)의 연려실기술(練藜室記述)에 나와 있는 것을 근거로 들고 있으며, 실제로 양녕대군은 시문에 능하고 글씨를 잘 썼을 뿐더러 힘 있게 쓰인 숭례문의 글씨가 그의 필적을 닮았다는 얘기도 있다.

숭례문 편액의 저자로는 양녕대군 외에도 몇 사람이 더 거론되고 있는데, 양녕대군에 이어 두 번째로 거론되는 인물은 성종 때 이조판서를 역임하고, 성리학에 밝았던 정난종(鄭蘭宗 : 1433~1489)을 들 수 있다. 조선 정조 때의 실학자였던 이규경은 「오주연문장전산고(五洲衍文長箋散稿)」에서 '숭례문의 현판은 정난종이 쓴 것이다'라고 했으며, 정난종 역시 글씨와 서예에 일가를 이루어 예서와 초서를 잘 썼던 것으로 전해진다.

정난종에 이어 세 번째로 거론되는 인물로는 명종 때 공조판서를 역임하고, 글씨와 그림에 조예가 깊었던 유진동(柳辰仝 : 1497~1561)이 있다. 숭례문의 현판 글씨가 유진동의 작품이라고 주장하는 데는 고종 때 영의정을 지낸 가곡대신 이유원(李裕元 : 1814~1888년)의 『임하필기』에 "연전에 남대문을 수리할 때 이승보 대감과 윤성진 대감이 문루에 올라가서 글씨를 살펴보았더니 공조판서 유진동의 글씨였다"라고 했다는 것을 근거로 들고 있다.

조선시대에는 도성의 모든 문을 이경(二更 : 밤 10시)이 되면 28번의 종을 쳐서 성문을 닫고 통행금지를 알렸다. 이경에 치는 종을 인정(人定)이라 했으며, 이때에는 하늘의 이십팔수(二十八宿)를 상징하여 28번의 종을 울렸다. 또한 오경(五更 : 새벽 4시)이 되면 파루(罷漏)를 쳐서 열었는데, 이때에는 불가에서 말하는 삼십삼천(三十三天)을 나타내고자 서른 세 번의 종을 울렸다. 그리고 만약 긴급한 상황이 발생했을 경우에는 밤중이라도 열게 하였다.

이에 대비하여 세종 6년(1424)부터 숭례문과 흥인문을 지키는 수문장에게는 부절(符節) 두쪽을 만들어 오른쪽 것을 수문장에게 주고, 왼쪽 것은 입직승지가 보관했다가 왕명에 의하여 급히 문을 열어야 할 일이 발생하면 승지가 보관하고 있던 부절을 받아 든 병조의 비변랑이 수문장의 부절과 대조한 후에 문을 열도록 했다.

부절이란 돌이나 대나무 또는 옥 등을 두 개로 쪼개어 만든 일종의 신표(信標)를 말하는 것으로서, 양쪽의 부절을 맞춰보면 마치 주몽 부자의 부러진 칼 도막 들어맞듯 완벽하게 맞았으므로 무엇이 잘 맞으면 '부절 맞춘 듯 하다'라는 속담까지 생겨났다.

이와 같이 열고 닫음이 엄격했던 도성문을 폭군의 대명사로 불리는 연산군 시절에는 자그마치 보름이 넘게 열지 않고 닫아 둔 적이 있었다. 이유는 누군가 연산군의 폭정을 비난하는 투서가 발견되었기 때문인데, 이로 인해 연산군 10년(1504) 7월 19일부터 다음 달인 8월 6일까지 도성의 모든 문이 닫혀 있었다고 한다.

▼
부절

▲
요시히토 친왕

O토록 위풍이 당당했던 숭례문은 임진왜란 7년의 참화 속에서도 털끝 하나 다치지 않았고, 그 후에 벌어진 병자호란 때에도 끄떡없이 살아남았다. 그렇던 이 문이 처음으로 상처를 입은 것은 고종이 헤이그 밀사 사건의 책임을 지고 황제의 자리에서 물러나던 1907년의 일이다.

그 해 10월 일본의 황태자 요시히토 친왕(嘉仁親王 : 후에 대정 천황)이 서울을 방문하게 되었는데, 그들은 당시 우리 조정에다 '대일본 제국의 황태자가 조선처럼 작은 나라의 홍예밑으로 지나가는 것은 치욕이므로 성곽을 허물고 가겠다'는 황당한 요구를 해온다. 이에 뜻있는 인사들이 강하게 반발했으나, 일제는 친일파 이완용 등을 앞세워 기어코 숭례문 북쪽 성벽을 헐고 지나갔으며, 이후로는 홍수에 둑 무너지듯 도성의 성벽은 걷잡을 새 없이 무너져 나갔다.

그러나 당시의 상황으로 볼 때 이곳 숭례문이 헐리지 않고 보존되었다는 것 자체가 기적 중의 기적이었다. 숭례문이 살아남은 이유에 대하여, 일본인 '태전수춘'이 쓴 「근대 한일 양국의 성곽 인식과 일본의 조선 식민지 정책」이라는 논문에 우리 한국인으로서는 결코 간과하기 힘든 내용이 있기에 옮겨본다.

남대문은 대한제국의 황도(皇都)인 서울의 정문이므로 일본으로서는 반드시 철거할 대상이었다. 조선통감부가 개설되고 나서 일본은 서울의 도시개조를 계획하는데, 이때 조선군 사령관이던 하세가와

(長谷川好道)는 "포차 왕래에도 지장이 생기는 그런 낡아빠진 문은 부쉬 버려라"고 명령했다.

이때 일본인 거류민 단장이던 **나카이 키타로우**(中井喜太朗)가 나서서 말하기를 "남대문은 임진왜란 때 **카토오 키요마사**(加藤清正)가 한양을 점령할 때 통과한 문입니다. 이러한 문을 파괴하는 것은 너무 아깝지 않습니까?"라고 하자, 하세가와가 그의 주장을 받아들이는 바람에 거의 저승 문턱까지 갔던 남대문이 기사회생하게 되었다.

▼
요시히토 친왕이
방문할 때
숭례문의 사진

임진왜란 당시 카토오가 이 문을 통과한 것은 1592년 5월 4일의 일이었고, 고니시가 동대문을 통과한 것은 그보다 하루가 빠른 5월 3일이었다. 아이러니 하게도 이 두 건의 사건으로 인하여 이곳 숭례문과 동대문은 다 함께 살아남을 수 있었으니 '세상사 모두 새옹지마(塞翁之馬)'란 말이 그야말로 딱 들어맞는 대목이다.

이렇게 숭례문은 일제에 의해 양 날개가 꺾이기는 했으나, 그 위풍과 늠름한 기상은 여전했다. 뿐더러 서울시민은 이 문을 비롯한 4대문 안에 사는 것을 큰 자부심을 안고 살아갔으며, 뿌리 깊은 그 전통은 해방과 6·25를 지나 70년대까지도 이어졌다. 그 당시 사람들은 '문안'과 '문밖'이라는 말을 많이 사용했는데, 이때의 문안은 4대문 안을 뜻했고, 문밖은 4대문 밖을 뜻하는 말이었다.

따라서 공무원이나 교직원들이 문안에 근무하다가 문밖으로 발령을 받게 되면 좌천된 것으로 여겨 한숨까지 쉴 정도였으니, 강남을 서울의 노른자로 여기는 오늘날과 비교하면 실로 격세지감이 아닐 수 없다.

O 문은 정식 명칭인 숭례문보다 속칭으로 지어진 남대문(南大門)이란 명칭을 조선 초부터 최근까지 즐겨 써왔다. 그래서 문 주변의 시장을 남대문시장이라 했고, 이곳에서 가까운 정거장을 남대문정거장(서울역)이라 불렀다.

이상하게 들릴지 모르지만 숭례문이 화마에 휩쓸리던 날 저녁에 아나운서가 '숭례문에 불났다'는 소식을 전하는 말을 듣고서 처음에는 '숭례문'이라는 명칭이 약간 낯설게 느껴지기까지 했었다.

지금 생각해도 숭례문의 화재는 너무나 가슴 아픈 일이다.

하지만 당시의 상황을 들여다보면 이 화재는 이미 예고된 화재이기도 했다.

명색이 국보1호라면서 이곳의 경비 시스템은 노숙자가 문루에서 라면을 끓여먹을 정도로 엉망이었던 것이다. 우리나라의 문화재 보호정책 내지 경비시스템은 어느 곳을 막론하고 오십보백보로 별 차이가 없을 뿐 아니라, 비효율적이면서도 경직되어 있는 게 현실이다.

문화재 보호라는 명분 아래 엔간하면 펜스를 쳐놓고 자물쇠를 잠가 둔다. 여기에 몇 년씩 묵어 그 작동여부 조차 불투명한 소화기 몇 개 설치하는 게 고작이었다. 소화기 문제 외에도 숭례문이 화마에 휩쓸리게 된 과정을 살펴보면 문제점은 곳곳에 숨어 있었다.

2004년 5월, 서울시는 별다른 대책도 세우지 않은 채 숭례문 개방을 약속했고, 그로부터 1년 후인 2005년 5월에는 숭례문광장의 개방에 이어 이듬해 6월에는 숭례문의 홍예까지 개방했다. 개방 이후 이 문에는 주간에 한하여 경비원을 배치했으나, 화재가 나던 2008

▲
화마에 휩싸인 숭례문.
이 불은 2008년 2월
10일 저녁 8시 40분
경에 시작되었다.
(숭례문관리사무소 제공)

년 초부터는 무선용
역 경비업체에다 경비
를 맡겨 버렸다.

사정이 이렇다 보
니 정작 숭례문을 사
랑하고 아끼는 사람
들은 숭례문의 깊은
곳을 볼 수가 없었으나, 법의 테두리 밖에서 살아가는 노숙자 같은
사람들은 자신들의 주 활동시간인 야간을 이용하여 문의 누각까지
드나들 수 있었다.

이러한 배경에서 숭례문의 화재는 이미 오래전에 예고된 화재였
다고 보는 것이 보다 정확한 표현일 것이다. 그러면 이쯤에서 잠시 그
날의 상황을 다시 한 번 떠올려 보기로 하자.

2008년 2월 10일(일요일) 오후 8시 40분경 토지 보상에 불만을
품은 채 모(당시 70세) 노인이 사다리를 타고 숭례문 2층 누각으로 올
라가서 미리 준비한 1.5리터짜리 시너 한 병을 바닥에 쏟은 다음, 가
스라이터로 불을 붙였다. 불은 기둥을 타고 올라 상층부로 타오르기
시작했고, 방화범은 즉시 현장을 떠났다.

서울 시내 중심가에 위치한 국보 1호이며, 도성의 정문인 숭례문
에 불을 싸 놓았지만 누구하나 제지하는 사람도 없었고, 본 사람도 없
었다. 불이 차차 넓게 번져 나가자 연기와 함께 불꽃이 밖으로 새 나가

기 시작했다. 마침 그
때 숭례문 주변도로
를 지나던 택시기사
가 화재 현장을 발견
한 것은 밤 8시 50분
경이었고, 기사는 그
즉시 119에 신고했다.

▲
불타고 난 뒤의 숭례문.
2층 누각은 완전히
전소되고 겨우
아래층만 남았다.
(숭례문관리사무소 제공)

　신고를 받은 중부소방서 소방관이 현장에 도착한 것은 밤 9시 직
전이었다. 워낙 빨리 도착하는 바람에 아직 불길이 넓게 번지기 전이
어서 소방관들은 진화에 자신감을 보였다. 헌데 이상한 것은 아무리
소방호스로 물을 뿌려대도 불은 계속해서 번져 나가기만 했고 급기
야는 불길이 지붕 속까지 파고들기 시작했다. 이때쯤에는 이미 소방
차 32대와 130여 명의 소방관이 출동하여 필사적으로 진화에 매달
리고 있었다.

　세차게 뿜어대는 소방호스 덕분에 밤 9시 30분경이 되자 마침
내 불은 소강상태를 보이기 시작했다. 이를 본 소방관들은 화재가 진
압되는 줄 알았다. 그러나 지붕 안쪽 깊숙한 곳에 쌓여 있던 '적심'부
위에 남아 있던 불씨가 살아나면서 불은 다시 건물 전체로 번져나가
기 시작했다.

　적심이란 목조 건물의 물매를 잡기위해서 알매흙과 지붕 사이에
설치한 나무토막을 말한다. 수백 년 세월을 비 한 방울 맞지 않고 숭
례문 누각 깊숙한 곳에 숨어 있던 적심에 불이 붙으면 좀처럼 끄기가

힘든 것은 정한 이치이다.

그러나 이런 대형 목조건물의 특성을 알 리가 없는 소방관들은 애꿎은 기왓장과 처마에만 집중적으로 물을 뿌려댔으니 불이 꺼질 리 만무했다. 다급해진 소방관들이 문화재청의 허락을 얻어 기왓장을 뜯어내기 시작했으나, 때를 놓치는 바람에 불길은 오히려 더 거세지기 시작했고, 자정을 넘어서자 불은 건물 전체를 휘감아 돌면서 거대한 불기둥까지 솟아오르고 있었다.

그리고 마침내 밤 2시 경이 되자, 너무나 어이없게도 숭례문은 21세기의 최첨단 소방장비가 총동원된 상황에서 2층 문루가 붕괴되고 말았다. 그것도 서울 시내 최고 중심가에서 이런 일이 벌어졌던 것이다. 이런 와중에도 몇몇 소방관의 필사적인 노력에 의해 무게가 자그마치 150kg에 이르는 숭례문의 현판을 구조하는데 성공했으니, 그나마 다행이었다.

화재 후, 경찰에 검거된 방화범은 놀랍게도 2006년 4월에도 창경궁 명정전에 방화를 했던 전과가 있었던 것으로 드러났는데, 그때는 다행히 초기 진화되어 피해가 그다지 크지 않았던 까닭에 그는 재판에서 집행유예로 풀려났었다고 한다.

아마도 범인은 그때 재미를 보아 이번에도 또 한 번 재미를 보자는 심사에서 저지른 것 같은데, 장마다 꼴뚜기가 나올 리는 없었다. 2008년 10월 9일 대법원은 그에게 징역 10년을 선고한 원심을 확정했으니, 그의 노후 10년 인생은 감방에서 보내게 되었다.

숭례문 화재가 어느 정도 수습단계에 이르자, 국민의 여론은 '이 제는 숭례문을 복원해야 한다'는데 모아지기 시작했다.

우여곡절 끝에 2008년 5월 20일, '숭례문 복구단'이 구성되었고, 예산은 정부에서 부담하는 것으로 결론이 났다. 이렇게 복구단이 구성되고 예산까지 확보되자, 이번에는 복원에 쓰일 금강송을 구하는 문제가 새로운 난제로 떠올랐다.

소식에 접한 국민들 중에는 자신의 사유림에 있는 금강송을 내놓겠다고 나서기도 했고, 심지어는 자신의 조상갓에 있는 나무를 내놓겠다고 자원하는 사람도 있었다.

금강송은 일명 황장목 또는 춘양목이라고도 부르는데, 나무가 꼿꼿하고 재질이 단단하여 예로부터 궁궐이나 사찰을 지을 때 단골로 쓰이던 나무이다. 숭례문 복원에 쓰일 금강송은 직경 70㎝에 길이가 20여 미터에 이르러야 하므로 여기에 적합한 나무를 구한다는 게 말처럼 쉬운 일은 아니었다.

수소문 끝에 이러한 금강송은 강원도 삼척 활기리에 있는 '준경묘(이태조의 5대조 묘)'와 양양의 법수치 계곡에서 많이 자라고 있다는 것을 알게 되어 이 두 곳의 금강송을 많이 구해다 쓰게 되었다. 이리하여 '숭례문 복원 착공식'이 거행된 것은 화재 두 돌이 되는 2010년 2월 10일이었다.

온 국민의 눈과 귀가 집중된 가운데 진행된 복원공사는 만 3년여의 공사 끝에 2013년 5월 4일 드디어 '숭례문 복원 기념식'을 거행하게 되었다. 국민들은 5년여 만에 다시 태어난 숭례문을 보면서 죽었

던 자식이 살아 돌아온 것만큼이나 흥분했다.

또한 복원 후에도 숭례문은 여전히 국보1호로서의 지위를 갖게 된다고 발표하여 숭례문 화재 이후 국보1호의 지위를 계속 유지하느냐, 아니면 박탈하느냐의 논란을 잠재웠다.

숭례문이 옛 모습을 되찾고 국보1호로서의 지위까지 그대로 유지하게 되자, 국민들은 숭례문의 화재로 인하여 국민 모두가 우리의 문화재를 다시 한 번 돌아보는 계기가 되었다며 안도하는 분위기였다.

그러나 이것도 잠시, 복원기념식을 거행한지 불과 5개월여가 지나자 단청이 벗겨지는 등 이곳저곳에서 부실공사의 흔적이 드러나기 시작했다. 여기에 당시 복원공사를 총 지휘했던 인간문화재 신 모 대목장이 복원에 쓰일 값 비싼 금강송을 154본(총 26 그루 중 4 그루분에 해당)이나 빼돌렸다는 설과 함께 문화재청 담당 공무원 6명도 비리에 연루되었다는 의혹이 제기되었다.

이에 수사에 착수한 경찰에서는 결코 단청에 써서는 안 되는 값싼 화학접착제를 사용하여 수억 원의 부당 이익금을 챙긴 혐의로 복원 당시 단청 책임자였던 홍 모 단청장만을 구속하고, 관련공무원들은 경징계 처분을 내리는데 그쳤다. 그리고 신 모 대목장은 벌금 700만 원에 처해지는 것으로 최종 판결했다.

숭례문 화재사건의 문제점을 살펴보자면, 어설픈 개방→경비와 화재방지 체계 부재→부실복원→부실 수사→솜방망이 처벌에 이르기까지 총체적으로 엉망이었다.

그리하여 온 국민의 기대 속에 총 예산 276억 원, 연 인원 35,000여 명이 투입된 복원공사는 '부실복원'이라는 오명을 안고 출발하게 되었고, 재시공하는 데만도 추가로 42억 원이 더 들게 되었다고 하니, 이래저래 국민의 혈세만 낭비하게 되었다.

새로 복원된 숭례문 대들보.
서기 2012년 3월 8일에
상량식을 가졌다.
(숭례문관리사무소 제공)

숭례문에서 남대문로를 건너서면 길가에 '남지터'라는 표지석이 보인다.

이 자리에 예전 '남지(南池)'라는 연못이 있었다는 얘기다.

원래 성문 앞이나 성곽 둘레에 있는 연못은 적의 침입을 막기 위한 해자(垓字)로서 파는 경우가 대부분인데, 이곳 남지의 경우는 그와는 약간 다르다. 즉 관악산의 강한 화기가 숭례문에 비치는 것을 막기 위해 비보의 차원에서 만들었던 것이다.

조선시대에는 남대문 앞에는 남지, 서대문 밖 모화관 남쪽에는 서지, 동대문 인근에는 동지가 있었으며, 세 곳 모두 연꽃이 좋았다고 한다. 속설에 따르면 이곳 남지의 연꽃이 무성해지면 남인이 득세하고, 서지의 연꽃이 무성해지면 서인이 득세한다는 말이 있다.

속설에는 순조 23년(1823), 연못의 토사를 걷어내고 물을 채우자, 천주교도 이가환(李家煥)의 사건에 연루되어 파직되었던 남인의 거두 채제공(蔡濟恭)이 복직되고 남인 중에 급제한 사람이 4명이나 되었다는 얘기도 있다

▼
남지터 표지석.

남지터를 지나면 이어서 칠패길(七牌路)을 건너게 된다.

칠패길은 조선시대 이 부근에 있던 '칠패시장'에서 유래된 것으로서, 칠패는 조선 후기 3군문의 하나인 어영청(御營廳) 소속의 일곱 번째 순찰 담당구역이라는 의미이다.

칠패길은 남대문에서 염천교를 거쳐 서소문공원에 이르는 길이 약 500m의 4차선 도로를 말하는데, 이러한 이

름은 1984년 11월, 서울시에 의해 제정되었다. 그러나 최근 들어 국적 불명의 도로명 주소인 '세종대로 7길'이란 아무런 의미도 없는 이름을 붙이는 바람에 이제는 정감 넘치고 유래가 깃든 '칠패길'이란 명칭은 영원히 우리 곁을 떠나게 되었다.

칠패길을 건너서면 하늘 높이 솟아있는 대한상공회의소 빌딩이 닥치는데, 일제강점기에는 이곳에 '남대문 소학교'가 있었다. 당시 이 학교에서는 관에서 주도하던 행사가 자주 열렸다고 하며, 그 행사 중에서 서울 시민들에게 가장 인기가 있었던 행사는 도성을 한 바퀴 도는 '순성(巡城)놀이'가 으뜸이었다 한다. 순성놀이란 조선시대부터 이어지던 도성을 한 바퀴 도는 놀이를 말한다.

정조(22대) 때 실학자로 이름을 날린 유득공(柳得恭 : 1749~?)은 그의 저서 『경도잡지(京都雜志)』에서 순성놀이를 일러 "도성을 한 바퀴 빙 돌아서 도성 안팎의 풍경을 구경하는 멋있는 놀이"라고 정의했다.

이처럼 예전의 한양 사람들은 봄과 여름 두 차례에 걸쳐 도성 안팎을 구경하기를 즐겼다. 삼삼오오 짝을 지어 성 둘레를 한 바퀴 돌면서 구경도 하고 소원도 빌었으며, 특히 과거를 치르는 선비들은 순성놀이를 하면서 장원급제를 빌기도 했다.

그렇던 남대문소학교는 1979년 폐교되고 그 자리에는 대한상공회의소 빌딩이 들어서게 되는데, 이곳 대한상공회의소 건물 앞에는 몇 해 전 성곽을 복원해 놓았다. 복원된 성곽은 2005년도에 서울상공회의소 빌딩의 리모델링 과정에서 발견된 성곽 유구를 따라 쌓은 것으로서, 길이 104m에 높이는 약 2.5m에 이른다.

▲
퍼시픽 타워 앞에 있는
성곽 모습. 퍼시픽 타워는
명지대학교가 있던
곳이라 해서 명지빌딩으로
출발했다가 다시 '올리브
타워'로 개명하였다가,
최근에 퍼시픽 타워로
바뀌었다.

세종 때 도성을 개축할 당시 이곳에 쌓았던 성곽은 그 높이가 23척(약 6.9m)에 달했으나, 새로 복원한 성곽의 높이는 옛 성곽에 비해 겨우 3분의 1을 맴돌고 있다. 고층건물이 삼대처럼 들어찬 이곳에 이렇게나마 복원하였으니, 그나마 다행이라는 생각이 들기는 하지만 그래도 마음 한 구석에는 여전히 미진한 그 무엇이 남아있다.

미련을 떨쳐버리고 몇 걸음 더 나아가면 퍼시픽 타워(Pacific tower) 빌딩이 나타난다. 퍼시픽 타워는 애초에는 '명지빌딩'으로 출발, 후에 '올리브 타워'로 개명했다가 최근에 다시 '퍼시픽 타워'로 바뀐 건물로, 이름의 유래는 예전 이 자리에 있던 명지대학 캠퍼스가 있었기에 거기에서 따온 말이다.

원래 퍼시픽 타워가 자리한 이곳 북창동(北倉洞)은 조선시대 선혜청(宣惠廳)의 북쪽 창고가 있었다 해서 붙여진 이름이다. 그러나 이제는 창고도 학교도 다 사라지고 하늘을 찌르는 마천루가 그 자리를 지키고 있다.

불과 10여 년 전 까지만 해도 이곳 퍼시픽 타워 앞 길가에는 희미하게나마 옛 성곽이 남아 있었다. 그 기적 같은 성벽은 도심 한가운데 눈치꾸러기처럼 남아 있더니, 요 몇 해 전에 그 위에 화강암으로 된 57m 길이의 성곽복원을 마쳤다.

퍼시픽 타워를 지나면 길 건너편으로 주황색 빛깔을 띠는 '중앙일보사' 건물이 우뚝하다.

성곽을 돌면서 굳이 신문사를 들러야 할 이유는 없다.

그러나 이곳 신문사 앞 길가에는 구한국 시절 우리 군대가 일제에 의해 강제로 해산될 당시 일본군에 맞서 시가전을 전개하다가 마침내 힘이 다해 자결한 이충순의 혼이 깃든 곳으로서, 그 자리에는 '이충순 자결터'라는 표지석이 서있다.

구한국 군대가 일제의 강압에 의해 해산된 것은 1907년 8월 1일의 일이다. 당시 일제는 서울에 주둔하고 있던 우리의 군 장병을 향해 비무장 상태로 '훈련원 운동장'에 집결할 것을 명했고, 명령에 따라 훈련원에 모인 총 병력은 대략 1만여 명이었다.

집결이 완료되자 무장한 일본군들은 훈련원 주위를 철통같이 에워싼 후 우리군대의 해산을 선언한다. 치밀하게 준비한 일본군 앞에 우리 군대는 속수무책이었다.

이때 서소문 밖에서 우리 군대가 해산되었다는 소식에 접한 시위(侍衛) 제1연대 제1대대장 박승환(朴昇煥 : 1869~1907) 참령(參領 : 소령)은 울분을 참지 못하고 권총으로 자결을 단행하여 무언의 명령을 내렸다. 이에 자극받은 우리 장병들은 일본군 무기고에서 무기를 탈취하여 일본군과 시가전을 전개하는데, 이때 이충순 참위(參尉)도 시가전에 뛰어들었다.

그러나 일본군의 막강한 화력 앞에 우리 조선군대는 상대가 될 수 없었다.

당시 이충순 참위를 비롯하여 수많은 장병들이 풀잎의 이슬처럼 스러져 버리니, 그날 이후 우리 조선은 군대도 없는 나라가 되어 쇠망의 길로 치닫게 되었던 것이다.

O| 충순 자결터를 지나면 건너왔던 길로 다시 되건너 가야한다. 이유는 이곳 길가 담벼락 아래 서소문의 또 다른 이름인 '소덕문 터'의 표지석이 있기 때문이다.

태조 5년 9월 24일 창건된 이 문의 애초 이름은 표지석에 적힌대로 소덕문(昭德門)이었으나, 조선초부터 지금까지 사람들은 별칭으로 지어진 서소문으로 부르기를 즐겼다.

그 후 영조 20년(1744) 문의 이름을 '소의문(昭義門)'으로 바꾸고 문의 초루를 지었으며, 이때 지어진 건물의 형태는 정면 3칸, 측면 2칸의 단층 겹처마 팔작지붕으로, 용마루에는 용두를, 그리고 내림마루에는 잡상 7개를 얹었다.

조선시대 이 문은 광희문과 더불어 상여가 드나들 수 있는 특권

◀
서소문은 소덕문 또는
소의문으로도 불렸으며,
시체가 드나드는
문이라 해서
일명 시구문으로도
불리는 등 여러 개의
이름을 가지고 있다.
(국가기록원)

(?)이 있었다. 이유를 설명하자면 도성의 4대문으로는 감히 상여가 드나들 수 없다는 것이 하나의 불문율이었고, 나머지 4소문 중 창의문은 위치가 적합지 않았으며, 혜화문은 사실상의 4대문 역할을 했기 때문이다.

예전에는 이곳 서소문 밖 네거리와 새남터 두 곳을 공식적인 사형집행장으로 사용했는바, 이것은 조선 초부터 말기까지 장장 5백년을 이어졌다.

서소문 네거리를 사형집행장으로 만든 이유는 범인을 잡아들이는 포도청과 함께 최종적으로 죄수에게 사형 판결을 내리는 의금부(義禁府)와 형조(刑曹)가 근처에 위치하여 여러 가지로 편리했던 까닭이다.

그 후 서소문 네거리 사형장에서는 역적으로 몰린 사람과 살인 등을 저지른 범인들이 숱하게 많이 처형당했다. 1894년 동학혁명 때는 동학의 남접(南接)으로 전봉준의 부장 역할을 하던 김개남도 이곳에서 처형당했고, 1801년에 일어난 신유사옥(辛酉邪獄)과 1866년에 일어난 병인사옥 당시 순교한 103위의 성인 중 44위가 이곳에서 처형됐다.

상여가 드나드는 문이라고 해서 '시구문(屍柩門)'으로도 불렸던 이 문이 헐린 것은 조선이 멸망하고 4년이 더 지난 1914년에 이루어지는데, 당시 그들이 내세운 철거 명분은 도시 계획이었다.

소 덕문터에서 서소문로를 건너 다시 성곽노선을 찾아 나서면 경남은행 서쪽편에 서있는 순화빌딩 앞에서 '수렛골'이란 표지석을 만나게 된다.

표지석에 따르면 수렛골의 유래는 "옛날 조선시대 지금의 배재고교 옛터와 이화여고 부근에 숙박시설이 많아 관청의 수레들이 모여들었다 하여 지어진 이름으로 일명 '차동(車洞)'이라고도 칭했다"고 써있다.

수렛골 표지석을 지나 우측으로 휘어진 S자 커브를 돌아가면 옛 배재학교터에 신축한 '배재빌딩'이 나타난다. 이 자리가 바로 미국 북감리교의 선교사이며 의사였던 '헨리 아펜젤러(Henry Appenzeller : 1858~1902)'가 1885년 8월, 우리나라 최초의 근대적인 학교로 세운 '배재학당'이 자리했던 곳이다.

그러나 지금은 교사(校舍)가 있던 터에 초현대식으로 된 빌딩을 세

▼
배재공원 내에 있는 배재학당 역사박물관. 원래는 배재학당의 동관으로 지었으나 1984년 배재고교가 고덕동으로 옮겨간 뒤에 역사박물관이 되었다.

卒業生一同

1927년 배재학당 11회
졸업생들의 모습.
학교 옆 무너져 가는 성곽
옆에서 찍었다.
사진에 보이는 나무가
현재 러시아 대사관 안에
있는 수령 800년 된
홰나무라고 한다.

우고 주위에 나무를 심어 작은 공원을 조성했다. 공원 중앙에는 '신문
화의 요람지'라 새겨진 자연 암석이 서 있고, 이 암석을 지나면 키 큰
플라타너스 밑에 '독립신문사터'의 표지석이 보인다.

독립신문사는 고종 33년(1896)에 세워진 우리나라 최초의 민간신
문사로서, 그 발행은 이곳 배재학당 내에 있던 '삼문출판사'에서 했
다. 이 신문은 서재필, 이상재, 윤치호, 이승만 등을 중심으로 조직했
던 독립협회에서 1896년 4월 7일자로 창간한 순 한글판 신문이었다.
독립신문은 창간초기부터 외세를 등에 업고 부정부패를 일삼던 수구
파들을 공격하기 시작했다. 이를 본 일제는 그 즉시 이 신문을 탄압하
기 시작했으나, 신문 운영자들은 이에 아랑곳없이 일제에 맞섰고, 일
제는 노골적으로 협박하며 탄압의 강도를 높여나간다.

그들 협박에 위협을 느낀 서재필은 미국으로 건너가고 이상재가 검거되면서, 신문사의 운영권은 배재학당을 세운 아펜젤러에게 넘어간다. 아펜젤러가 인수한 후로는 영문판으로만 발행하다가 계속되는 압박과 자금난이 겹쳐 결국 1899년 12월 4일자를 끝으로 폐간되고 말았다.

독립신문사 표지석을 지나 '배재학당 역사박물관' 뒤로 돌아가면 키가 안 닿는 높은 곳에 누군가에 의해서 커다란 대못이 박혀있는 늙은 향나무 한 그루가 서있는 게 보인다.

겉으로 보기에도 뭔가 전설 한 토막쯤은 지녔을 법한 이 향나무는 옛날 임진왜란 당시 '울던 아이의 울음조차 그치게 했다'는 그 유명한 '가등청정'이 말을 맸던 나무로 알려져 있다. 수령이 자그마치 500년이 넘는 이 나무는 수 백년 세월 모진 풍우에 시달린 탓인지 이제는 앙상하게 뼈만 남아 세월의 무상함을 엿보게 한다.

향나무를 돌아보고 나면 잠시 전에 지나쳤던 '배재학당 역사박물관'을 만나게 되는데, 원래 이 건물은 1916년에 지어진 배재고등학교의 동관(東館) 건물이다. 그 당시에 벌써 스팀장치까지 갖추었었다는 동관은 외장 벽돌 구조가 뛰어나고 보존상태가 양호하여 근대 건축물로서의 가

▼
배재학당 역사박물관 뒤쪽에 있는 수령 550년의 향나무. 임진왜란 당시 가등청정이 말을 맸었다고 한다.

신문화의 요람지

▶
정동 배재공원 안에
세워진 배재학당 기념석.
배재학당은 1885년
아펜젤러에 의해
우리나라 최초로 세워진
근대학교였다.

치를 인정받아 '서울시 기념물 제16호'로 지정된 제법 역사가 있는 건물이다.

이곳에 학교를 세운 아펜젤러는 1902년 선박사고로 유명을 달리하고, 후에 이 건물을 비롯하여 많은 건물이 이곳에 지어졌으나, 이제는 이 건물 외에는 예전에 있던 건물들은 아무런 흔적도 남기지 않고 사라졌다. 사정이 이러므로 '배재학당역사박물관'에 있는 자료를 바탕으로 배재의 뿌리를 더듬어 보고자 한다.

1885년 7월 서울에 도착한 아펜젤러는 개화의 요람인 정동 자신의 집에서 조선의 젊은이 두 명을 데려다 영어를 가르치기 시작하는 것으로 첫발을 뗀다. 이어서 그가 자신의 집 부근에 학교의 문을 연 것은 1885년 8월 3일이었는데, 당시만 해도 서양인들에 대한 거부감으로 인해 학생 수는 단 6명에 불과했었다.

학교의 문을 연 이듬해 고종은 '배재학당(培材學堂)'이란 이름을 지어 주었고, 이에 영어가 출세의 지름길임을 간파한 정치지망생들이 몰려들어 그해 10월에는 학생수가 20명으로 늘어났다.

배재공원 안에 있는 독립신문사터 표지석. 독립신문은 1896년부터 1899년까지 독립협회에서 발행하던 순 한글 신문으로 일제에 저항하던 신문이다.

학생 수가 늘어나자 개교 2년 후인 1887년 12월에 양옥으로 된 신축교사를 지었으나, 그래도 계속 늘어나자, 1916년 2월에 동관을 짓고 그로부터 7년 후에 서관까지 짓는다. 그 후 이 학교는 1925년 9월 '배재학당'이라는 교명을 폐지한 후, 배재고등보통학교의 자격으로 해방을 맞는다.

한국전쟁 때는 부산 초량동에서 잠시 문을 열었고, 휴전 직후인 1953년 9월, 서울 본교로 복교하여 운영하다가 1984년 강동구 고덕동으로 이사하여 오늘에 이른다.

1885년 6월 21일 제물포항에 첫 발을 딛은 후, 선교와 교육활동에 전념하다가 이 땅에서 죽음을 맞이한 아펜젤러는 서울 양화진에 시신도 없는 무덤을 쓰게 되는데, 거기에는 다음과 같은 살신성인(殺身成仁)의 행적이 있었다.

아펜젤러는 1902년 6월 11일 밤 11시경, 수행원 6명을 대동한 채 목포에서 열리는 성서번역회의에 참석하기 위하여 오사카상선주식회사 선적의 구마카와마루호를 타고 있었다.

배가 군산 앞바다 어청도 부근을 지날 무렵 불행히도 그만 목포에서 인천으로 항해하던 기소카와마루호와 일행이 타고 있던 배가 충돌하는 사태가 벌어졌다.

상대 선박 기소카와마루호는 선수만 약간 파손되어 운항에는 지장이 없을 정도인데 반해 아펜젤러가 타고 있던 배는 심각한 손상을 입었다. 이때 구마카와마루호의 선장 구로다는 자기 배의 침몰여부도 확인하지 않은 채 재빨리 상대 선박으로 피신해 버렸다.

칠흑 어둠속에서 배가 침몰 조짐을 보이자 사람들은 살려달라고 아우성을 쳤다. 아우성 소리에 깨어난 아펜젤러가 주위를 살펴보니 배는 이미 한쪽이 가라앉기 시작했고, 일부 선원들은 구조를 포기하고 상대 선박을 향해 달아나고 있는 상태였다.

선택의 순간, 아펜젤러는 반사적으로 2등 선실로 뛰어들었다. 2등실에 머물고 있던 한국인 동행자들이 퍼뜩 떠올랐던 것이다. 그러나 이미 수명이 다해 폐선 직전에 이르렀던 구마카와마루호는 충돌 25분여 만에 침몰하였고, 그 배에 타고 있던 46명 중 아펜젤러를 포함한 18명은 배와 함께 깊은 바다 속으로 가라앉고 말았다.

아펜젤러는 수영도 잘했고 기계체조 선수였기에 탈출하는 선원들을 따라 능히 피신도 가능했으나, 동행하던 일행들을 구하기 위해 자신의 몸을 불살랐던 것이다.

이때 그의 나이 마흔 넷이었고, 조선에 온지 17년만이었다.

배재학당 길을 따라 가던 방향으로 조금만 더 나아가면 러시아 대사관 후문에 이르는데, 이곳에는 24시간 경비원이 상주하는 까닭에 더 이상의 접근은 불가능하다.

원래 이 부근의 성곽노선을 설명하자면, 서소문터→경남은행→배재학당 길→러시아 대사관 후문→대사관과 이화여고 경계담장→이화여고 노천극장→이화여고와 창덕여중 경계담장→창덕여중 뒷담장→어반가든→한성교회→서대문 터의 순서로 이어진다.

덧붙이자면 이곳에서 성곽은 대사관 담장 안쪽에 있는 수령 800년을 상회하는 홰나무 곁을 지나 이화여고 노천극장으로 이어졌었으나, 지금은 대사관 건물로 인하여 한 발자국도 더 나아갈 수가 없게 되었다.

그렇다면 러시아 대사관은 하필 왜 이곳에 터를 잡게 되었을까?

조선이 러시아와 수호통상조약을 맺은 것은 갑신정변 직전인 1884년 윤 5월이었다. 이렇게 조선에 첫 발을 내딛은 러시아는 1885년 조선 조정을 압박하여 정동 덕수궁 영역에 속하던 상림원(上林苑) 언덕에 7,500평의 부지를 구입하여 공사관 건립을 추진하게 된다.

러시아가 굳이 이곳을 공사관 부지로 탐냈던 이유는 지대가 높은 이 언덕에서는 부근에 몰려 있는 미국을 비롯한 영국, 프랑스 등의 각국 공사관을 내려다 볼 수 있었기 때문이다.

이때 건물의 설계를 맡은 사람은 약관 26세의 러시아 건축가 '사바찐(A.I. Sabatin)'이었다. 그는 1883년에 내한하여 1904년 러일전쟁의 발발로 조선을 떠날 때까지 국내의 유수한 근대건축물을 설계한 개화기의 대표적인 서양인 건축가였다.

　러시아 공사관은 부지를 구입하던 1885년 8월에 착공하여 5년여의 공사 끝에 1890년에 준공을 마치게 되는데, 당시 이 건물은 조선 외교가에서 으뜸의 규모를 자랑했었다.

　흔히 우리 조선인들 사이에서 '아라사 공사관(俄羅斯公使館)'으로 불리던 이곳에서는 준공 6년 후인 1896년에 그 유명한 '아관파천(俄館播遷)' 사건이 일어나는 등 역사의 전면에 부상하기도 했었으나, 1904년 2월에 일어난 러일전쟁으로 인하여 당시 주한 러시아 공사였던 파블

▼
서울성곽은 대사관
건물 안에 있는 홰나무
(오른쪽에 있는 나무)
곁을 지나 이화여고
노천극장으로 흘러갔다.
노천극장 앞쪽으로
이화창립 131주년을
경축하는 플래카드가
선명하다.
(2017년 5월 촬영)

로프 일행은 철수를 단행하고 만다.

그로부터 2년의 세월이 더 흐른 1906년부터 러시아는 이 건물을 영사관으로 사용하기 시작하는데, 까닭은 1905년 조선의 외교권을 일본이 강탈했기 때문이다.

그 후 러시아 영사관은 1917년에 일어난 볼쉐비키 혁명으로 러시아가 공산화 되자, 그 4년 후인 1921년부터는 사실상 폐쇄상태가 되고 만다. 해방 후 다시 소련영사관으로 부활했으나, 1950년 한국 전쟁 때 폭격으로 건물은 파괴되고 겨우 전망탑만 살아남는다.

그러다가 1980년대 후반부터 시작된 동·서 간의 냉전체제가 와해되고 해빙무드가 무르익자, 1990년 한국과 소련 두 나라 간에는 한·소 수교조약을 맺으며 새로운 장이 열린다.

소련과 수교조약을 맺던 이듬해인 1991년 12월, 공산권의 맹주로 군림하던 소련연방이 해체되고 러시아가 소련연방의 적자(嫡子)로 살아남게 되자, 양국은 서로를 승인하고 대사를 교환할 정도로 가까워진다.

이에 대사관 건물의 필요성을 느낀 러시아는 우리 측에 대사관 건립부지로 구(舊) 러시아공사관 터 7,500평의 반환을 요구한다. 우리 측에서 난색을 표하자, 그들은 1885년 당시 주한 러시아 공사 베베르와 고종황제간의 이루어진 구 러시아공사관의 매매계약서와 그 영수증을 내민다.

그러나 서울시는 러시아 공사관 터 7,500평 중 3,000평은 이미 매도하였고, 나머지 4,500평은 1977년 11월 22일자로 사적 제253호

▲
아관파천의 현장
러시아 공사관 터.
당시 아라사공사관이라
불렸던 러시아 공사관은
서울에 있던 외국공관 중
가장 웅장했었으나,
6·25때 폭격으로
사라지고 지금은
전망탑만 남았다.

로 지정되어 반환이 곤란한 상태에 있었다. 이에 서울시에서는 타 지역의 부지를 대토로 제공하려 했으나, 러시아 측은 굳이 정동 지역에다 대사관을 짓겠다고 고집을 피운다.

러시아 측의 고집에 난감해진 서울시에서는 마침 공터로 남아 있던 배재고등학교 운동장터 2,500평과 모스크바 근교의 한국대사관 터 2,500평을 맞교환하기로 하고, 모자라는 부분은 대사관 건물을 지어주는 조건으로 겨우 수습한다.

이렇게 시작된 대사관 건물은 국내 건축가 '김 원'의 설계에 의해 2000년 1월 착공에 들어가는데, 지하 굴착 과정에서 서울성곽 유구(遺構)가 발견되었다. 그러자 관련 단체들은 이를 보존하여야 한다는 주장을 제기했고, 국민의 여론도 이에 동조하는 분위기가 된다.

하지만 러시아 측은 이러한 제반문제들을 무시한 채 공사를 강행했다. 이때 그들은 보안에 지나치게 신경을 쓴 나머지 2년에 걸친 공사기간 내내 한국인 인부들에게는 사진이 부착된 신분증을 제시하고서도 허가를 받은 후에야 출입을 시켰다.

이러한 과정을 거쳐 2002년 6월에 완공된 이 건물은 지상 12층, 지하 1층 규모였다.

그러나 그들은 완공 후에도 보안을 이유로 준공식마저 생략한 채 내장작업에 들어간다.

특히 대사 집무실이 있는 본청사의 자재를 모두 외부 도청이 불가능한 '스텔스형'으로 하기 위해 러시아에서 직접 공수해 왔으며 모든 작업은 KGB 요원들이 지켜보는 가운데 진행시켰다.

이러한 그들에게 이곳이 서울성곽의 유구임을 내세워 그 터를 보존해 달라는 요구는 마치 물고 있는 생선을 뱉어내라는 것과 똑같은 말이다. 이미 엎질러진 물이긴 하지만 러시아 측에서 옛 공사관터 4,500평의 부지를 요구했을 때 그 터의 사적(史蹟) 지정을 취소하는 일이 있더라도 그들의 요구에 따랐어야 했다. 만약 그랬더라면 공사관 터에서 드러났던 서울성곽의 유구가 땅 속으로 되묻히는 사달은 결코 일어나지 않았을 것이다.

O 곳에서는 대사관 건물로 인해 더 이상 성곽 노선을 따를 수가 없으므로 대사관 후문에서 오른쪽으로 90도로 꺾어들어야 한다. 현재 공원으로 꾸며져 있는 이곳은 배재학교가 건재할 당시 운동장에서 교사로 오르는 계단이 있던 곳이다.

다시 말해서 러시아 대사관이 서있는 자리가 운동장이었고, 좀 전에 지나온 배재빌딩 서있는 자리에 교사가 위치했었다. 두 틈 사이에 쌈지공원 형태로 조성된 공원은 생각보다 알차게 꾸며져 있다. 단풍나무를 비롯하여 각종 꽃나무가 조화를 이루는 가운데 인공폭포까지 있어서 한여름에도 이곳에서는 땀이 솟을 틈을 안준다.

공원을 지나 왼쪽으로 다시 한 번 꺾어 내려가면 그제서야 대사관 정문이 나타나는데, 나는 이곳에만 오면 생각나는 일이 한 가지 있다.

그때가 2000년 어느 날로 기억되는데, 그 무렵 이곳에서는 터파기 공사가 한창이었다. 정동 러시아 대사관 터파기 공사현장에서 서울성곽의 유구(遺構)가 발견되었다는 뉴스를 접하고서 이곳을 찾은 날은 하필 비오는 날이었다. 공사장 주변으로는 가림막이 설치되어 있었고, 공사장을 드나드는 장비의 편의를 위하여 지금 정문이 있는 한 곳만 터놓은 가운데, 그 옆에는 경비초소가 있었다.

나는 초소 안에 있는 경비원에게 다가가 뉴스에서 들은 이야기를 하며, 나의 신분과 함께 이곳을 찾은 목적을 밝히고 한 번 들여보내줄 것을 간청했다. 내 얘기를 듣고 난 경비원은 "이곳은 외국대사관 건축공사 현장이므로 치외법권(治外法權)지역에 해당되기 때문에 허가 받은 자 외에는 그 누구도 들어갈 수가 없다"며 정중하게 거절하는 것이었다. 나는 경비원이 비도 오고 안내를 해주기 귀찮은 생각이 들어 나를 따돌리려는 것으로 생각하고,

"아니, 아저씨! 치외법권이라는 것은 이곳에 건물을 짓고 나서 주위에 경계담장을 치고 대사관 직원이 상주할 때 적용되는 것이지, 지금 아무것도 없는데 무슨 치외법권이 적용된다는 겁니까?"라고 반박했다.

이에 경비원은 "외국 대사관은 공사 시작과 동시에 치외법권이 적용되는 거예요. 그러니까 그냥 돌아가세요"라고 했다. 경비원의 말에 여전히 의구심을 품은 나는,

"아저씨! 이곳이 현재 치외법권 지역에 해당되는지 아닌지는 정확히 모르겠으나, 오늘처럼 비도 오고 누구하나 보는 사람도 없는데, 잠깐만 눈 감아 주시면 안 되나요?"라고 거듭 간청했다. 하지만 경비원은 다시 한 번 치외법권 지역임을 내세우며 절대 안 된다고 했다.

경비원이 지나치게 융통성이 없다고 생각한 나는, "아니, 아저씨! 아저씨도 한국 사람이고, 저도 한국 사람인데, 잠깐이면 될 일을 가지고 너무하시는 것 아닙니까?" 라고 약간 항의조로 나갔다. 하지만 경비원은 여전히 요지부동이었다.

그러자 나는 "아저씨, 잠깐이면 돼요." 라는 말을 남기고 쏜살같이 안으로 뛰어 들어갔다.

뒤에서 "여봐요! 여봐요! 안돼요, 안돼." 라는 소리가 들렸지만 내 귀에 그 소리가 들릴리 만무했다. 비가 안 내렸다면 즉시 달려나와 이

천하의 무법자를 제지 했겠지만 비가 내리는 탓에 경비원은 "어! 어!" 소리만 몇 번 치더니 이내 잠잠해진 상태로 내가 한시 바삐 밖으로 나오기만을 기다리고 있었다.

안으로 들어가 보니 현장에는 굴삭기로 헤집어 놓은 웅덩이에 물만 철럭거렸고, 성곽의 유구는 그림자도 안 보였다. 실망한 나는 이곳저곳을 샅샅이 살펴보고 싶었으나 굴삭기로 헤집어 놓은 현장은 장화 없이는 단 한 발자국도 떼기 힘들 정도로 진흙탕이 바다를 이루고 있었다.

성곽의 유구를 보려면 날 좋을 때 누구의 안내를 받지 않고서는 도저히 불가능해 보였다. 나는 이미 모든 정황을 파악했으나 그렇다고 얼른 밖으로 나갈 수도 없는 형편이었다.

아직 미련이 남아 있기도 했지만, 제지하는 경비원의 말을 거역한 원죄 때문에 쑥스럽기도 했던 까닭이다. 한참을 기다려도 내가 밖으로 나올 기미를 보이지 않자, 마음이 조급해진 경비원은 우산도 안 쓴 채 내게로 달려왔다. 나는 그제야 못이기는 체 따라 나오며, 경비원에게 머리를 숙였다.

"아저씨! 죄송하게 됐습니다. 뉴스에서는 분명 성곽 유구가 발견되었다고 했는데, 막상 와서 보니 아무 것도 없네요." 할 말이 없게 된 나는 애꿎은 뉴스에다 팔밀이를 하고 도망치듯 사라졌다.

러시아 대사관 정문을 지나면 이어서 '정동제일교회'가 닥친다. 이 교회는 우리나라 최초의 감리교회당으로 배재학당을 세운 아펜젤러에 의해서 세워진 교회로 알려져 있는바, 잠시 그 내력을 더듬어보자.

1885년 미국 북감리교 선교사였던 아펜젤러 목사와 미국 장로교 선교부의 언더우드(Horace Grant Underwood : 한국명, 元杜尤《원두우》) 목사가 함께 서울 정동에 자리를 잡는데, 두 사람 중 언더우드는 1887년 정동 자신의 사랑채에서 첫 예배를 보게 된다. 이 교회는 1910년 새문안으로 이전하면서 한국최초의 장로교회인 새문안교회를 탄생시킨다.

◀
정동제일교회. 이 교회는 우리나라 최초의 개신교 예배당이다.

한편 아펜젤러는 1885년 정동에 한옥 한 채를 구입하여 그 중 방 하나를 남녀로 구분된 예배실로 삼은 후, '베델 예배당'이란 이름을 붙였다.

그로부터 2년이 더 지난 1887년 아펜젤러는 교회로 사용하던 자신의 한옥을 개조하여 감리교 교회당으로 사용하기 시작했으니, 이것이 바로 한국 최초의 감리교회당이다.

그 후 신도수가 급격히 늘어나자, 1895년 9월 새 교회의 착공식을 거행하게 된다. 연면적 110평에 이르는 이 예배당은 착공한지 2년만인 1897년 10월에 헌당식을 치르는데, 이 예배당이 바로 지금의 '정동제일교회'이다.

정동교회를 돌아들면 '정동길'로 이어진다.

이곳에서 길 건너편을 바라보면 '정동극장'이 보이는데, 극장 골목을 따라 안쪽으로 몇 걸음만 옮기면 붉은색 벽돌로 지은 2층 구조의 서양식 건물이 나타난다.

겉보기에는 아무런 특징이 없어 지극히 평범해 보이는 이 건물이 바로 1905년 일제가 우리 정부를 압박하여 '을사늑약(乙巳勒約)'을 체결했던 중명전(重明殿)이다. '늑약'의 의미는 '상대국을 압박하여 강압적으로 맺어진 조약'을 말하며, 이때의 '늑(勒)'자는 굴레 '륵'이라 한다. 즉 강제로 굴레를 씌웠다는 말이다.

그러면 여기에서 잠시 일제가 어떤 방법으로 우리에게 강제로 굴레를 씌웠는지 그 현장 속으로 한 번 들어가 보기로 하자.

'조선의 외교권 박탈'이라는 흉악한 임무를 띤 일본정부의 추밀원장 이토 히로부미(伊藤博文)가 현해탄을 건너 부산항에 내린 것은 1905년 11월 8일 저녁 무렵이었다.

▼
중명전.
1905년 11월 17일
이등박문이 우리정부를
압박하여 을사늑약을
체결한 장소이다.

항도 부산에서 하룻밤을 묵은 이토가 이튿날 아침 부산역에서 경부선 열차를 타고 남대문 정거장(서울역)에 내리니, 서울에는 이미 땅거미가 내려앉고 있었다.

마중 나온 인사들의 안내를 받아 정동에 있는 '손탁호텔'에 여장을 푼 이토는 이튿날부터 자신의 임무완수를 위해 본격적으로 시동을 걸기 시작한다. 이토는 주한 일본공사 하야시 곤스케(林權助) 그리고 조선군 사령관 하세가와 요시미치와(長谷川好道)와 더불어 조선을 요리할 방책을 의논한다. 사전 준비를 마친 이토는 서울에 온지 엿새 뒤인 11월 15일, 고종이 머물고 있는 이곳 중명전 주변에 개미 새끼 한 마리 얼씬대지 않을 만큼 철통같은 경비를 편 다음 고종황제를 배알하고서 다음 내용의 메이지(明治) 일왕의 친서를 내민다.

"동아시아의 평화와 양국의 안녕을 위해서는 두 나라가 결합하고 뭉치는 것이 무엇보다 중요하므로 짐은 이의 실천을 위하여 귀국을 보호하는 조약을 체결코자 하니, 짐의 충심을 깊이 헤아려 처리하시기를 바랍니다."

친서의 내용은 그들의 제의를 거부할 경우 뒤탈이 있을지도 모른다는 암시를 담고 있었다. 조선이 제대로 된 주권을 가지고 있는 국가였다면 감히 있을 수도 없는 내용이었다.

그러나 일왕의 친서를 받아 든 고종은 이를 단호하게 거부하지 못하고, 대신들과 의논하여 결정하겠다며 어정쩡한 태도를 보인다. 만약 거부할 경우 이토의 등 뒤에서 기다리고 있는 하세가와의 총칼이 두려웠던 것이다.

명분을 찾은 이토는 11월 17일 어전회의를 열어 각 대신들에게 고종의 뜻을 전하며 '보호조약'에 서명할 것을 요구한다. 하지만 대신들은 서로 눈치를 살피면서 황제의 뜻에 따르겠다며 고종에게 팔밀이를 한다.

이때 고종은 몸이 불편하다는 이유로 자리 참석을 거부하고 있었던 것이다.

그러자 이토는 다시 고종을 찾아, "폐하께서 이 조약에 찬성하시든 안 하시든 그것은 어디까지나 폐하의 뜻에 달렸지만, 이것은 이미 우리정부의 결정된 사항입니다. 만약 끝내 거부하실 경우 폐하께서 다스리시는 대한제국의 입장은 훨씬 더 불리해질 것임을 각오하십시오."라며 노골적인 협박을 했다.

이토의 협박에도 고종이 쉽사리 허락을 않자, 그는 다시 하세가와 사령관과 헌병을 대동하고 어전회의 석상으로 들어왔다. 말이 좋아 어전회의지 고종이 불참한 가운데 이토가 회의를 주재했으니, 그는 이미 이 나라의 황제나 마찬가지였다. 이런 공포분위기 속에서 이토는 대신 한 명 한 명에게 각각 찬반을 물었다.

이에 참정대신 한규설과 탁지부대신 민영기만 반대의사를 표하고, 외부대신 박제순과 학부대신 이완용 등 나머지 대신들은 조약안 문구만 약간 수정하면 찬성하겠다는 의사를 표했다. 격분한 한규설이 황제에게 달려가 이 회의의 결정사항을 거부하도록 주청하려다가 극도로 흥분하여 도중에 쓰러졌으나, 이토는 왼눈 하나 깜짝하지 않았다.

회의를 속개한 이토는 자필로 조약안 문구를 몇 자 수정하는 척했다.

이렇게 시간을 끌다보니 이미 17일 자정을 넘어 18일 새벽 2시 반이나 되었고, 이토가 내민 조약안에 각 대신들이 차례로 서명을 마치니, 이게 바로 '을사늑약'이다.

이 조약 제1조에는 「일본국 정부는 향후 대한제국의 외국에 대한 사무를 지휘함이 가하고, 일본국의 외교 대표자는 대한제국의 신민과 이익을 보호하는 것이 가함」이라고 되어 있었으니, 이 날 이후로 대한제국의 외교권은 일본이 행사하게 되었다.

O| 때 조약에 찬성한 외부대신 박제순(朴齊純), 내부대신 이지용(李址鎔), 군부대신 이근택(李根澤), 학부대신 이완용(李完用), 농상공부대신 권중현(權重顯) 등을 일러 흔히 '을사5적'이라 부른다.

을사늑약 당시 외부대신으로 대한제국을 대표하여 조약안에 서명했던 박제순과 학부대신을 맡았던 이완용은 그로부터 5년 후인 1910년에 체결되는 경술합방조약까지도 주도적으로 이끄는데, 이때 박제순은 내부대신으로 자리를 옮겼고, 이완용은 총리대신이 되어 대한제국을 대표하여 조약안에 서명하게 된다.

대한제국의 실질적인 주권은 을사늑약 당시에 잃었으나, 명분상으로는 「경술합방조약」이 선포된 1910년 8월 29일을 대한제국이 망한 날로 인정하여, 우리는 이 날을 '국치일(國恥日)'이라 부르고 있다.

또 합방 후 일본은 '조선귀족령'을 발표하여 조선인으로서 합방에 적극 협조했던 인사 76명에게 후작(侯爵), 백작(伯爵), 자작(子爵), 남작(男爵) 등의 훈작을 내렸다.

당시 후작의 작위를 받은 왕족 및 귀족으로는 이재완(대원군의 둘째 형인 흥완군 이정응의 아들), 이재각(李載覺, 완평군 이승용의 아들), 이해창(이하전의 양자), 이해승(전계대원군의 고손자로 입적), 박영효(철종의 사위), 그리고 윤택영(순종의 장인)까지 모두 6명이었다.

이어서 백작을 받은 자는 이완용, 이지용(대원군의 셋째 형인 흥인군 이최응의 손자), 민영린(순종의 처남) 등 3명이었다.

자작의 작위를 받은 자는 박제순, 이근택, 권중현, 송병준(정미7적), 조민희(이완용의 처남으로 경술국적에 해당되는 자), 조중응(경술국적), 고영희(경

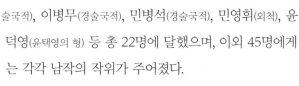

술국적), 이병무(경술국적), 민병석(경술국적), 민영휘(외척), 윤덕영(윤택영의 형) 등 총 22명에 달했으며, 이외 45명에게는 각각 남작의 작위가 주어졌다.

일제는 이들에게 작위와는 별도로 '은사금(恩賜金)'이라는 명목으로 후작에게는 15만 원, 백작은 10만 원, 자작 5만 원, 남작에게는 3만 원씩을 각각 지급했다.

남작의 작위를 받은 사람 중, 을사늑약에 반대하고 관직에서 물러났던 한규설 등 6명은 은사금을 반납하고 작위를 거부했으며, 김석진은 이를 치욕으로 여겨 아편을 먹고 자결하였다. 또한 남작의 작위를 받았던 김가진, 김사준, 김윤식, 이용직 등 4명은 후에 독립운동에 뛰어드는 바람에 작위가 박탈되었다.

당시 일제가 준 훈작은 후에 작위자의 처신에 따라 많은 변동을 겪기도 하는데, 그 중 친일파의 대명사로 불리는 이완용은 합방 당시 총리대신으로 조약문서에 날인하는 위치에 있었으면서도 고작 백작에 머물렀다. 이후 그는 1919년 3·1운동 진압의 공로를 인정받아 후작으로 승작했으며, 이 작위는 1926년 그가 죽자 아들에 이어 손자에게까지 대물림 된다.

이들 훈작자들은 합방 10여 년이 지나자 죽은 자가 많아 그 수가 현저하게 줄어들었다. 그러자 일제는 남은 생존자들 중, 계속해서 친일을 행하는 자들에 한해서만 우대를 해주고 나머지 늙거나 별 이용가치가 없는 자들에게는 냉대로 일관했다.

그러다가 일제의 방침은 또 한 번 변덕을 부린다.

자신들의 냉대로 인하여 일부 친일파들이 비참한 말로를 겪게 되자, 이것이 조선민중들에게 하나의 교훈으로 받아들여질 것을 우려한 나머지, 계속해서 자신들의 정책에 협조하는 자들에게는 당연히 종전의 예우를 유지했고, 소극적으로 협조하는 자들과 별 이용가치가 없다고 생각되는 자들에게도 과거의 행적을 참작, 기본적인 예우는 갖추어 주었던 것이다.

　일제는 작위자에게 주는 은사금을 일정한 기준에 의해 지급한다고 했지만, 그들의 필요에 따라 그 차이가 천차만별이었다.

　1910년 8월 22일 어전회의 당시 황족대표로 참석하여 합방조약 체결에 동의한 고종의 친형 흥친왕(興親王) 이재면(李載冕, 후에 '희'로 개명)과 고종의 차남 '의왕(義王)' 이강(李堈)은 다 함께 훈작 중 최고의 작위인 공작(公爵) 작위와 더불어 은사금의 최고액인 83만원을 수령하였는데, 이를 현재 화폐가치로 환산하면 약 200억 가량 되는 금액이라고 한다.

　다음으로는 윤택영이 50만 4천 엔, 박영효가 28만 엔, 황족 이재각이 16만 8천 엔, 대원군의 손자인 이준용이 16만 3천 엔이고, 그 다음이 바로 이완용으로 그가 받은 금액은 15만 엔이었다. 이완용에게는 백작 은사금인 10만 엔 외에 그의 공로를 참작하여 일제가 특별 상여금 형식으로 5만 엔을 더 얹어 주었던 것이다.

　이완용이 받은 15만 엔을 현재 화폐가치로 환산하면 약 36억 원 가량 되는 금액이라고 하는데, 그는 이 돈을 받고서 나라 전체를 일본에 넘겨주는 조약문서에 주저 없이 도장을 찍었으니 그는 하늘도 두렵지 않았던 모양이다. 따라서 우리가 이완용을 나라를 팔아먹은 매국노(賣國奴)라고 부르는 데에는 이런 내막이 있었기 때문이다.

하지만 과연 두 번의 조약안을 이끌었던 이완용을 비롯한 을사5적이나 경술국적 8인이 나라를 망친 이 모든 책임을 져야 할까?

왕권국가의 국정 최고 책임자는 말할 것도 없이 국왕이다.

따라서 조선을 망하게 한 근본적인 책임은 나라를 쇠망의 길로 이끌어 온 고종에게 있다고 보는 것이 보다 정확할 것이다. 경술국치가 이루어지고 나서 이에 항거하여 스스로 목숨을 끊어 자정순국(自靖殉國)의 길을 택한 황현(黃玹 : 1855~1910년)이 남긴 『매천야록(梅泉野錄)』에는 다음과 같은 내용이 나온다.

고종은 놀기를 좋아하여 집정한 이후, 날마다 밤이 되면 잔치를 베풀었다. 대궐에 등불을 대낮처럼 밝히고 새벽까지 놀다가 새벽 4~5시 경이 되면 휘장을 치고, 어좌(御座)에 누워 잠을 자고 오후 3시 버지 4시에 일어났다.

이런 일을 매일 반복하므로 나이 어린 세자(순종)는 양전(兩殿 : 고종 부부)의 옷을 잡고 "마마 잠자러 가요" 하고 졸라댔다. 이로부터 모든 판장(官長)들도 게으름을 피우고 기무도 해이해지기 시작하였다....이하 생략.

매천야록은 1955년 국사편찬위원회에서 '이 책은 우리나라 최

근세사 연구에 절대 필요한 자료'라고 판단하여 「한국사료총서」 제
1집으로 발간된 책이다. 그런데 이 책에 이와 같은 내용이 나오는 것
이다.

고종은 을사늑약 체결 당시 막중한 황제의 책임을 대신들에게 미
루고 그 자리를 피했으며, 조약안에 어새(御璽)도 찍지 않았는데, 아마
도 나라를 망친 군주로 대접 받는 게 두려웠던 모양이다.

경위야 어쨌든 을사늑약은 조약문에 고종황제의 어새가 찍히지
않았기 때문에 이 조약은 국제법에도 엄연히 위배되었다. 그러나 조
약이 국제법에 위배되네 안되네, 또는 황제의 어새가 찍혔네, 안 찍혔
네 하는 것은 아무런 의미가 없었다.

다만 분명한 것은 이 날 이후로 조선의 5백년 사직은 나락으로
떨어지고 말았으니, 실제로 조선이 망한 날은 이 늑약이 체결되던
1905년 11월 17일인 셈이다. 시간상으로는 늑약 체결 시간이 18일 새
벽이었으나, 이미 모든 문서가 17일로 되어 있었으므로 17일로 인정
하고 있는 것이다.

오늘날 우리는 11월 17일을 '순국선열의 날'로 정하여 순국열사를
추모하고 있는데, 이는 이때 체결된 을사늑약의 치욕을 잊지 않겠다
는 일념에서 정해진 날이다.

이처럼 우리의 아픈 역사가 깃들어 있는 중명전은 러시아 공사
관과 독립문을 설계한 러시아 건축가 사바찐의 설계로 1901년에 지
어진 건물이다.

완공 후, 처음에는 '수옥헌(漱玉軒)'이라 불리며 주로 황실도서관으로 사용되었으나, 1904년 경운궁 화재 이후에는 고종의 편전으로 사용되었다. 또한 1906년 당시 황태자였던 순종과 그의 계후인 순정효황후 윤비의 가례(재혼) 때는 외국 사절을 위한 연회가 베풀어지기도 했다.

중명전은 1925년 화재로 인하여 심하게 손상 되었으나, 그 후 말끔하게 수리하여 외국인을 위한 사교클럽으로 사용되는 등 우여곡절을 겪다가 해방을 맞았다. 해방 후 국유재산으로 편입된 이 건물은 1963년 조선의 마지막 황태자였던 영왕 이은(李垠) 부처에게 돌려주지만, 1970년 영왕이 사망하자, 이곳에 거주하던 영왕의 비(이방자)가 창덕궁 낙선재로 거처를 옮긴 후, 1977년 개인에게 매각되었다.

개인에게 넘어간 이 건물은 2006년부터는 문화재청에서 관리하게 되었고, 이듬해인 2007년 2월 7일에 사적 제 124호로 지정되어 오늘에 이른다.

중명전에서 다음코스인 이화여고까지는 지척의 거리이지만, 두 건물 사이에는 예원학교가 가로막고 있는 까닭에 들머리였던 정동극장까지 되돌아 나가야 한다. 정동극장에서 길을 건너면 이화여고 담장 아래에 이화여대부속병원의 원조로 알려진 '보구여관'의 표지판이 서 있고, 표지판을 지나 담장을 따라가면 이내 이화여고 동문에 이른다.

이화여고에는 동문 반대쪽에 위치하는 서쪽에도 교문이 있는데, 이 문은 서쪽에 위치한다고 해서 서문이라 부른다. 겉보기에는 서문이 정문처럼 보이지만 이곳 동문이 이화여고의 정문이다. 까닭은 이 동문은 옛날 이화학당 개교 당시부터 교문 역할을 해왔기 때문이다.

이토록 유서 깊은 동문은 지금도 옛날 양반집 솟을대문에 버금

◀
이화여고의 동문.
우측 한옥 형식의 문이
이화학당 개교 당시에
세워진 동문으로
지금도 이 문을 정문으로
쳐주고 있다.

가는 '사주문(四柱門)'의 형태를 띠고 있다.

그동안 외부인의 교내출입을 비교적 자유롭게 허용하던 학교 측은 2011년부터 외부인의 출입을 엄격하게 통제하기 시작하여 이제는 교내 출입을 하려면 사전에 학교 당국의 허락을 받아야 한다. 그러나 교문 가까이에 있는 '이화박물관'과 그 바로 옆에 있는 '손탁호텔' 표지석까지는 경비실의 허락만 얻으면 언제라도 관람이 가능하다.

손탁호텔은 1902년 손탁(孫鐸, Antoniette Sontag : 1854~1925)이란 서양 여인이 건립한 호텔로, 서울에서 처음으로 지어진 서양식 호텔이다. 간혹 이 손탁호텔을 가리켜 우리나라 최초의 서양식 호텔로 알고 있는 사람도 있으나, 우리나라 최초의 서양식 호텔은 1888년 개항지 인천에 세워졌던 '대불호텔'이 정답이다.

손탁은 당시 주한 러시아 공사였던 베베르(Karl Ivanovich Veber : 1841~1910년)의 '처형'이다. 그녀는 조선에 부임하는 베베르를 따라 1885년 8월 처음으로 이 땅을 밟았는데, 베베르 부부의 추천으로 궁궐에 들어가 양식 조리와 외빈 접대를 담당하게 된다.

그 후 고종 부처의 신임을 얻어 정계 막후에서 활약하던 중, 1895년 고종으로부터 정동에 있는 한옥 한 채를 하사받아 외국인들의 집회장소로 사용하면서 호텔로서의 첫 걸음을 딛는다.

손탁은 원래 1854년 프랑스 알자스로렌의 독일계 가정에서 프랑스 국적을 가지고 태어났으나, 1870년 보불전쟁(프로이센~프랑스 전쟁, 1870년 ~ 1871년) 이후, 알자스로렌이 프로이센 영토가 되면서 그녀의 국적은 독일로 변경된다. 이후 손탁은 러시아로 이주하여 러시아 국적을 취득하고 영어와 프랑스어, 독일어의 통역사 자격을 얻었다.

1885년 주(駐) 조선 러시아 공사로 베베르가 임명되자 한국어 통역사 자격으로 조선에 파견되었으니, 그녀는 자그마치 5개 국어에 능통했던 언어의 귀재였다.

그녀는 을미사변 때 일인들에 의해 명성황후가 시해된 후, 극도의 불안에 떨고 있던 고종을 궁 밖으로 탈출 시키고자, 그 해 11월 28일 서양인 의사 알렌과 제부(弟夫)인 베베르와 함께 '제1차 국왕구출 사건'이라 불리는 '춘생문 사건'을 일으켰으나, 협력하기로 약속했던 친위대 대대장 이진호가 배신하는 바람에 실패하게 된다.

이들은 다시 이듬해인 1896년 2월 11일 베베르의 군사적 지원을 받아 '제2차 국왕구출 작전'에 성공하니, 이른바 '아관파천(俄館播遷)'

◀
서울 최초의
서양식호텔이었던 손탁호텔.
이화여고 동문 안에 있었다.
(국가기록원)

이라 불리는 사건이다. 손탁은 아관파천을 성사시킨 후, 정동구락부와 고종과의 연락업무를 담당했을 뿐만 아니라 정동에 있는 자신의 사저를 정동구락부의 항일운동 본거지로 제공했다.

이에 고종은 그녀의 노고를 치하하고자 1898년 3월, 그녀의 한옥을 헐고 양관을 지어 하사했는데 이 건물이 바로 '손탁호텔'이다.

그러나 이 건물이 너무 협소하다고 여긴 손탁은 1902년 10월에 고종이 하사한 내탕금으로 기존의 양관(洋館)을 헐고 2층으로 된 새 건물을 신축하여 호텔로서의 격을 갖추었다.

손탁은 아관파천 당시 러시아 공사관에 머물면서 고종에게 당시 '가배차(珈琲茶)'라 불리던 커피를 진상하였는데, 이것이 커피가 한국에 처음으로 소개된 사건이다. 이때부터 고종은 커피의 마니아가 되었으니, 훗날 김홍륙이 일으킨 커피 독다(毒茶) 사건은 이때 이미 잉태되었던 셈이다.

손탁은 자신의 뛰어난 미모와 사교술을 무기로 당시 귀족들과 주한 외교관들이 조직한 '정동구락부'를 중심으로 조선의 상류사회에서 최고의 인기스타로 군림했다. 그러나 1904년에 발발한 러일전쟁의 여파로 조선에서 러시아의 입지가 좁아지자, 1909년 모국인 독일로 돌아가 버리는 것으로 조선과의 인연은 끝나게 된다.

탁호텔 표지석 곁에 있는 '이화박물관'은 이화여고에 남아 있는 건물 중에서 가장 오래된 건물이다. 이 건물은 1915년 미국인 심슨(Simpson)이 위탁한 기금으로 세워졌으므로 처음에는 '심슨 홀'이라 불렸다. 지하 1층, 지상 4층 구조로 이루어진 이 건물은 한국전쟁 때 파괴되었으나, 1960년대 초에 복구하여 '심슨기념관'이란 이름으로 새 출발을 했다.

2002년 2월 28일 등록문화재 제3호로 지정된 심슨기념관은 이화학당 개교 120주년이 되는 2006년 5월 31일 '이화박물관'으로 변신한다. 130년 이화의 역사를 한눈에 돌아볼 수 있는 이화박물관에는 후학들에게 이 학교의 상징적 인물인 유관순 열사의 정신을 계승케 하고자 '유관순 교실'을 재현해 놓기도 했다.

이화의 뿌리를 알려면 이곳 박물관을 돌아보아야 하지만, 지금의 이화를 보려면 박물관에서 좀 더 안쪽으로 들어가야 한다.

박물관에서 오른쪽으로 살짝 돌아들면 꽃과 잔디가 어우러진 공원이 나오는데, 거기에는 '한국여성 신교육의 발상지'라 새겨진 자연 암석이 서있다. 여기에 새겨진 대로 '이화'는 우리나라 최초로 여성교육이 시작된 요람인바, 잠시 이화를 세운 스크랜튼 일가의 행적과 함께 이화의 뿌리를 더듬어 보기로 하자.

▲
이화여고 교정에 세워진 표지석. 이화학당은
1886년 미국인 여선교사 메리 스크랜튼에 의해
세워진 한국 최초의 근대적 여학교이다.

한국 최초의 여성
교육기관인 이화학당을
세운 메리 스크랜튼의 모습.
(이화박물관)

메리 스크랜튼(Mary Scranton : 1832년~1909년) 대부인(大夫人)이 미국 북감리회 해외 여선교회로부터 조선의 여선교사로 임명을 받아 외아들 내외와 함께 이곳 정동에 도착한 것은 1885년 6월의 일이다. 그녀를 이처럼 대부인이라 칭하는 이유는 그녀의 며느리 역시 서양 풍습에 따라 스크랜튼이라 불려야 했기에 이를 구분하기 위함이다.

대부인과 그녀의 아들 윌리엄 스크랜튼 모자는 둘 모두 북감리회의 선교사로서 선교와 의료, 그리고 교육이라는 세 가지 목표를 품고서 내한했는데, 이들은 자신들의 일을 좀 더 능률적으로 수행하기 위하여 모자가 각각 일을 분담키로 한다. 즉, 의사인 아들은 의료사업을, 어머니 스크랜튼 대부인은 교육사업에 매진하기로 했던 것이다.

이에 대부인은 정동에 도착하자마자 학교부지 구입을 위해 배재학당 북쪽에 위치하는 초가 19채를 사들이게 된다. 대부인은 그 집들을 헐고서 200여 칸의 'ㄷ'자 모양의 한옥을 짓기 시작하여 1886년 11월에 완공하니, 이것이 이화의 태동이다.

학당을 세우는데 성공한 이들 일가는 이듬해 이화학당 남쪽 인근에 별도로 집 한 채를 마련하여 여성을 위한 병원을 세우고서 '보구여관(保救女館)'이라 명명하는데, 보구여관이란 여성을 병마로부터 구하자는 의미를 담고 있었다.

건물을 완성하고 학생을 찾아 나섰으나, 이곳에 딸을 보내겠다는 사람은 단 한 사람도 없었다. 그럴 수밖에 없는 것이 조선 5백년을 통

하여 딸자식을 가르치면 집안이 망하는 것으로 여길 정도로 봉건사상에 물들여진 이 땅에서 여학생을 구하기란 하늘의 별 따기 만큼이나 어려웠던 것이다.

천신만고 끝에 굶기를 밥 먹듯 하는 가난한 집 딸 한 명을 데려다가 가르치기 시작했으나, 이 무렵 서울에서는 이상한 소문이 나도는 바람에 이마저도 곧 난관에 봉착하고 만다.

"양귀가 사람을 데려다 피를 빨아 먹는다더라"

"아이들을 잡아다 그 살을 갈아서 사진을 만드는 약으로 쓰고, 몸뚱이는 병원 실험용으로 쓰며, 눈알은 빼서 사진기 렌즈로 쓴다더라"
또는 "남자 아이들은 노예로 팔고, 여자 아이들은 노리개로 판다더라” 등의 출처조차 알 수 없는 괴소문이 나돌았기 때문이다.

그러자 학생을 받은 지 며칠 후에 소문을 들은 아이의 어머니가 찾아와서 딸을 다시 내달라고 졸랐다.

대부인이 까닭을 묻자, “이웃에서 딸자식을 서양 도깨비년한테 팔아먹은 년이라며 수군대는 바람에 도저히 견딜 수가 없어요”라고 하소하는 것이었다. 대부인은 이 여인을 구슬리고 달래던 끝에 다음과 같은 서약서를 써준 다음에야 겨우 가라앉혔다.

> 미국인 야소교 선교사 스크랜튼은 조선인 김영순 씨에게 다음과 같이 서약한다.
> 나는 김영순 씨의 딸 '정례'를 맡아 기르며 공부시키되, 김영순 씨의 허락 없이는 해외는 물론, 조선 안에서라도 단 십리라도 데리고 나가지 않을 것을 약속하며, 만약 이 약속을 어길 때에는 어떠한 요구와 처벌도 달게 받을 것을 서약 함.
> 1886년 11월 ○일 메리 스크랜튼 인

이처럼 스크랜튼의 학교사업은 난관의 연속이었으나, 이 학당을 다닌 아이의 신변에 아무런 이상도 없었을 뿐더러, 가난과 무지에 찌들었던 아이가 오히려 때가 빠지고 똑똑한 아이로 변해가자, 이를 바라보는 사람들의 시선이 차차 달라지기 시작했다.

이리하여 학당을 열던 이듬해인 1887년 들어 학생 수가 7명으로 증가했으며, 이를 본 고종 황제는 스크랜튼의 노고를 치하하고, 친히

'梨花學堂(이화학당)'이라는 교명을 지어준 다음, 그 편액을 써서 외아문을 통해 보내왔다.

다시 말해 나라님의 '사액편액(賜額扁額)'이 내려진 것이다.

그날 이후 이 학당에 나라에서 편액이 내려졌다는 소문이 돌면서 학생 수가 급격히 증가하기 시작했는데, 1887년에 7명이던 학생이 이듬해에는 18명으로 증가했고, 1893년에는 30명까지 늘어났다.

이에 대부인은 머지않아 교사가 부족할 것을 예측하고, 1897년 지금까지 사용하던 한옥 교사를 헐어낸 다음, 그 자리에 최신시설을 갖춘 건평 900평짜리 2층 메인홀을 짓는다.

그리하여 1904년에는 중등과, 1908년에는 고등과, 그리고 1910년에는 마침내 대학과까지 신설하기에 이른다. 그 후 학생들이 폭발적으로 늘어나자 1935년 대학과만 따로 분리하여 '이화여자전문학교'란 이름을 달고서 신촌으로 이전했다.

이화가 이처럼 빠른 속도로 발전하고, 우리 여성교육의 태두로 자리 잡은 데에는 스크랜튼 대부인의 눈물겹도록 진한 사랑과 노고가 있었다. 파란 눈을 가진 벽안(碧眼)의 여인으로 이 땅의 여성들을 위해 마지막 정열을 불태우던 스크랜튼 대부인은 한국에 온지 스물다섯 해 째가 되는 1909년 10월 8일 향년 78세로 눈을 감는다.

대부인의 무덤은 한강이 내려다보이는 양화진 외국인 묘지에 있으니, 그녀는 죽어서까지도 우리 한국을 사랑한 여인이었다.

장디공원을 지나면 이화의 야외행사를 주도하는 둥그런 모양의 '노천극장'이 나타난다.

이화의 명물로 자리 잡은 이곳 노천극장에서 바라보면 그 바로 곁에 '러시아 대사관'이 우뚝한데, 겨우 담 하나를 경계로 그 너머에 있는 대사관은 휴전선 저편에 있는 것만큼이나 아득하게 느껴진다.

옛말에 '지척이 천리'라는 말이 있지만 이 경우엔 '지척이 만리'라는 표현이 더 어울릴 만큼 러시아 대사관은 금단의 땅이다.

서울성곽 노선은 배재학당터에서 러시아 대사관 담장을 지나 이곳 노천극장을 지나고 있다. 하지만 러시아 대사관뿐만 아니라 이제는 이곳 노천극장마서도 마음 편히 돌아볼 수 없게 되었으니, 이곳에 서면 이래저래 마음이 착잡해진다.

노천극장 옆으로는 등나무터널이 길게 늘어서 있고, 그 곁으로 이화여고와 창덕여중의 경계펜스가 쳐 있으니, 이 경계펜스 세워진 자리가 바로 서울성곽이 흘러간 자리다. 경계펜스를 따라가면 창덕여중 담장 하단에 서울성곽 원형 성돌이 약 20m 남짓 남아 있으나, 마지막 한 발짝을 남긴 지점에서 물리적으로 차단되기 때문에 접근은 불가하다.

이화여고 교정은 그 오래된 역사에 걸맞게 해묵은 수목이 울창하고, 이 학교의 교화(校花)인 배꽃을 위시하여 개나리와 진달래 그리고 철쭉과 라일락 등이 너무나 좋다. 여기에 더하여 옥개석을 비롯한 성돌들이 곳곳에 널려 있어 서울성곽이 흘러갔던 자리임을 증명하고 있기도 하다.

이외에도 이화의 교정에는 한국의 '잔다르크'라 불리는 '유관순 (柳寬順 : 1902년 12월 16일~1920년 9월 28일) 열사의 이름을 딴 '유관순 기념 관'과 함께 '유관순 우물'도 자리하고 있다. 유관순 우물은 '한국여 성 신교육의 발상지' 표지석이 서있는 잔디공원 바로 아래에 위치하 나, 우물에는 일 년 내내 자물쇠가 채워져 있어 들여다 볼 수는 없 다. 물이 있다고 해서 그 물을 마실 수야 있을까마는, 이 우물은 불 과 얼마 전까지만 해도 물이 어느 정도 고여 있었으나 최근 들어 아 예 말라 버렸다고 한다.

이화여고는 지난 2001년부터 충청남도, 그리고 동아일보와 공 동으로 이화의 상징적 인물인 유관순 열사를 기리기 위하여 일반 인 여성과 단체를 대상으로 하는 '유관순상'과 전국의 여고 1년생을 대상으로 하는 '유관순횃불상'을 제정했다. 이로 인해 유관순의 원

▼
유관순 우물

혼이 그나마 위로를 받 을 수 있을는지는 모르 겠으나, 사실 유관순의 죽음에는 우리가 몰랐 던 부분도 상당히 많다.

1919년 3·1독립만세운동이 일어났을 당시 유관순은 이화여자고등보통학교 1학년에 재학 중이었다. 학교 내의 비밀결사인 이문회(以文會) 선배들을 통하여 미리부터 3·1운동 추진계획을 감지하고 있던 유관순은 만세운동이 일어나기 하루 전날인 2월 28일 같은 학교 3학년 졸업반이던 4촌 언니 유예도(柳禮道 : 1896~1989년)를 비롯하여 서명학, 김분옥 등 6명의 고등과 1학년 학생들과 함께 시위결사대를 조직하여 만세운동에 나서기로 결의했다.

　드디어 3월 1일 탑골공원을 나온 만세시위대가 학교 앞을 지나자 이들 6명의 결사대는 즉시 시위대와의 합류를 시도했다. 그러나 이 때 이화의 프라이 교상은 "나는 나이 어린 너희들이 희생당하는 것

▼
이화학당 재학시절의
유관순(뒷줄 맨 오른쪽).
뒷줄 왼쪽에서 두 번째가
4촌언니 유예도이고,
뒷줄 중앙은 지도교사
박인덕이다.(이화박물관)

을 앉아서 볼 수 없다. 정히 가려거든 나를 밟고 넘어가라"고 소리치며 결사적으로 막아섰다.

대의를 위해서는 스승과의 의리를 잠시 접어둘 수밖에 없다고 생각한 6명의 결사대는 프라이 교장의 만류를 뿌리치고 뒷담을 넘어 3·1운동의 한 복판으로 뛰어들었다. 만세운동이 일어나자 일제는 기마경찰과 헌병대를 동원하여 무자비한 진압에 나섰고, 이 과정에서 수많은 사람들이 죽고 다치고 체포되었다.

일경의 무자비한 진압에 일단 주춤했던 만세시위는 그로부터 나흘이 지난 3월 5일 서울 최대의 시위로 기록되는 남대문역 시위가 재차 일어나는데, 이날 수많은 군중 앞에서 만세를 외쳤던 6명의 '이화 결사대'는 출동한 일경에 의해 곧 바로 경무총감부에 구금되기에 이른다. 제자들이 경찰서 유치장에 갇혀 있음을 알게 된 프라이 교장은 경무총감부와 교섭을 벌였고, 덕분에 구금 며칠 만에 제자들 모두가 풀려날 수 있었다.

그러나 그 후에도 만세시위가 좀체 진정될 기미가 보이지 않자 총독부는 시위를 아예 원천적으로 봉쇄하고자, 3월 10일부터 임시휴교령을 내렸다. 이에 유관순은 동료 학생들과 의논한 뒤 각자 자신의 고향으로 내려가 만세운동을 벌이기로 방향을 바꾸었다.

사촌 언니 유예도와 함께 만세시위에 쓰일 태극기를 준비한 유관순은 태극기와 독립선언서를 몸에 숨긴 채 3월 13일 고향으로 가기 위해 천안행 열차에 몸을 실었다.

고향 아우내(竝川)에 도착한 유관순은 조인원(조병옥 부친) 등과 협의하여 사람들이 많이 모이는 4월 1일 아우내 장날을 기해 만세운동을 벌이기로 계획하고, 유림(儒林)과 집성촌 대표들을 찾아다니며 적극적인 설득에 나섰다.

이렇게 시작된 아우내 장터 만세운동에 그녀의 가족은 한 사람도 빠짐없이 참가했다. 즉, 유관순의 아버지 유중권과 어머니 이소제를 필두로 오빠와 언니, 그리고 사촌 언니 유예도는 물론, 유예도의 아버지 유중무까지 총동원되었던 것이다.

만세 시위가 일어나자 일제는 경찰과 헌병대를 총동원하여 무자비하게 시위대를 진압했는데, 이날 그들의 총칼 아래 유관순의 양친을 포함하여 19명은 현장에서 즉사하고 30여 명이 중상을 입는 대참사가 벌어졌다.

이때 유관순은 같은 마을에 사는 이모가 잠시 몸을 피해 있으라며 한사코 매달렸으나, 이를 뿌리치고 작은 아버지 유중무와 조인원이 이끄는 시위대와 함께 파견소로 몰려가 파견소장 소산(小山)에게 강력하게 항의했다.

하지만 그녀는 즉시 만세운동을 주도한 혐의로 체포되어 천안헌병대에 구금되었고, 며칠 후 다시 공주검사국으로 송치된다. 공주검사국에서 유관순을 심문하던 일본인 검사는 그녀가 미성년자임을 참작하여 잘못을 뉘우치고 자신들에게 협조하면 선처하겠다고 구슬렸으나 유관순은 일언지하에 거절했다.

그 후 법정에 서게 된 유관순은 일본인 재판관을 향하여 큰 소리로 꾸짖었다.

"나는 조선인이다. 너희 일본 놈들은 우리 조선 땅에 몰려와 수많은 동포를 죽이더니 마침내 나의 양친까지 죽였다. 너희들이 과연 나를 심판할 자격이 있다고 생각하는가?"

그해 5월 9일 공주지방법원에서 열린 1심 재판에서 일본인 재판장은 유관순에게 보안법 위반과 소요죄를 적용하여 징역 5년을 선고했다. 그녀가 이 판결에 불복하여 경성복심법원에 항소하자, 유관순은 서울에 있는 서대문형무소로 이감된다.

유관순이 수감된 서대문형무소 여감방에는 만세 시위를 하다 잡혀온 여죄수들로 가득했는데, 일본인 간수들은 수감된 여학생과 젊은 여인들의 옷을 찢고 때리고 강간하기도 했으며, 심지어는 불로 여인들의 은밀한 부분을 태우거나 지지기도 하는 등 짐승같은 만행을 서슴지 않았다.

더구나 시위 주동자의 혐의를 받고 있는 유관순에게는 말로 형용키 어려울만치 가혹한 고문을 가했다. 일경이 유관순에게 행했다는 고문을 나열하면, 머리카락을 잡아당겨 머리가죽이 들뜨게 하는 고문, 펜치로 손톱과 발톱을 뽑는 고문, 뱃속에 호스를 연결시켜 이물질이나 똥물을 강제로 주입시키는 고문, 그리고 성고문까지 감히 상상조차 할 수 없는 끔찍한 것들이었다.

이러는 가운데 서대문 형무소로 이감된 지 약 4개월이 지난 9월 11일, 경성복심법원은 유관순에게 3년의 징역형을 확정했다. 일제의 판결을 결코 받아들일 수 없었던 유관순은 이후에도 끊임없이 만세를 외치며 저항했다.

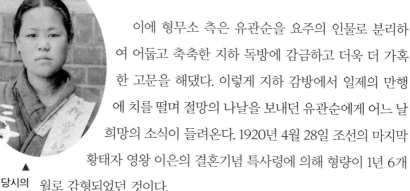

서대문 형무소 수감 당시의
유관순 열사.
유관순은 이곳에서 1920년
9월 28일 열여덟 살의
꽃다운 나이로 일제에
의해 타살 당했나.

이에 형무소 측은 유관순을 요주의 인물로 분리하여 어둡고 축축한 지하 독방에 감금하고 더욱 더 가혹한 고문을 해댔다. 이렇게 지하 감방에서 일제의 만행에 치를 떨며 절망의 나날을 보내던 유관순에게 어느 날 희망의 소식이 들려온다. 1920년 4월 28일 조선의 마지막 황태자 영왕 이은의 결혼기념 특사령에 의해 형량이 1년 6개월로 감형되었던 것이다.

그러나 그러한 희망도 잠시, 만기 출소 3개월을 남겨 둔 그 해 9월 28일 아침 8시 20분 경, 차디찬 서대문형무소 지하 감방에서 아무도 모르는 가운데 죽음을 맞고 말았으니, 이때 그녀의 나이는 꽃다운 열아홉이었다.

지금까지 밝혀진 유관순의 직접적인 사인은 '고문에 의한 장독(杖毒)과 방광 파열 및 영양실조'였던 것으로 알려졌었다. 그러나 국가기록원이 주일대사관에서 이관 받아 2013년 11월 19일에 공개한 자료에는 '유관순 옥중에서 타살'이라고 분명히 기록되어 있었다. 타살이란 말은 사람을 때려죽였다는 말이다. 악독한 일제는 그녀를 고문을 하다못해 아예 때려죽였던 것이다.

유관순이 서대문형무소에서 순국했다는 통보를 받은 이화학당의 프라이 교장과 월터 선생은 서대문형무소에 그녀의 시신 인도를 요구했으나 형무소 측은 일언지하에 거절했다.

이에 이화학당의 모든 외국인 교직원들이 나서서 유관순의 억울한 죽음을 세계만방에 알리겠다고 으름장을 놓자, 그제야 형무소 측은 해외 언론에 알리지 말고 조용히 장례를 치러야 한다는 단서를 붙여 시신을 내 주었다.

1920년 10월 14일 이화학당 측은 그녀의 장례식을 치른 후 시신을 '이태원 공동묘지'에 안장했다. 그로부터 16년이 지난 1936년 총독부에서 이태원 공동묘지를 군용기지로 개발하면서 유관순의 유골이 없어졌는데, 아마도 일제가 고의로 없애버린 것으로 추정된다.

이에 죽은 영혼이나마 위로하고자 1989년 10월 12일, 뜻있는 이들이 합심하여 충남 천안시 동남구 병천면 매봉산 기슭에 유관순의 초혼묘(招魂墓)를 조성했다. 이렇게 되어 3·1운동과 이화의 상징적 인물인 유관순은 시신도 없는 빈 무덤만 남게 되었다.

이│화여고 동문 옆에는 창덕여중이 자리한다.

창덕여중이 자리한 이곳은 구한말 프랑스 공사관이 있던 곳으로서, 지금도 운동장 서쪽 이화여고와의 경계를 가르는 펜스 밑에는 'RF 1896'이라 새겨진 머릿돌이 남아 있는데, 이 숫자는 이곳에 프랑스 공사관이 세워진 연도를 말한다.

은둔의 나라 조선이 프랑스와 수교조약을 맺은 것은 개국의 문을 연지 10년 후인 1886년 6월 4일의 일로서 이때 맺은 조약을 '조불수호통상조약'이라 부른다. 당시는 대한제국이 선포되기 전으로서 우리나라를 조선으로 부르던 때였고, 프랑스는 한자로 음역하여 불란서(佛蘭西)라고 불렀으므로 조약의 명칭을 이렇게 불렀던 것이다.

수호조약을 맺고서 2년이 지난 1888년 6월부터 프랑스는 종로구 관수동에 있는 한옥 건물을 공사관으로 사용하다가, 이듬해인 1889년 비로소 이곳 정동으로 터를 옮긴다.

그 후 프랑스는 터를 옮긴지 7년이나 지난 1896년에서야 번듯한 건물을 앉히게 된다.

당시 이곳에 있던 프랑스 공사관은 서울에 주재하는 외국 공관 중 최고로 멋진 건물로 꼽혔으나, 1905년 을사늑약 체결과 더불어 공사관에서 영사관으로 격하되는 수모를 당한다.

1910년 한·일 합방이 되자 이번에는 서대문구 합동에 있는 충정공 민영환의 옛 집을 구입하여 영사관을 옮겨가니, 지금의 프랑스 대사관 자리다.

▼
프랑스 공사관 터의 표지석.
창덕여중 운동장 서쪽 펜스
아래 있다. 표지석에 보이는
숫자는 공사관을 세운
연도를 말한다.

그로부터 9년이 지난 1919년 이 자리에는 서대문소학교가 건립
된다.

이곳에서 반세기 넘게 건재하던 서대문소학교는 1973년 폐교의
운명을 맞고, 학교가 폐교되던 바로 그 해에 종로구 재동에 있던 창
덕여중이 이곳으로 옮겨오게 된다.

창덕여중을 신축하는 과정에서 서울성곽의 유구가 발견 되었으
나, 이에 신경 쓸 여가가 없던 학교 측에 의해 유구터는 그대로 땅 속
으로 되묻히고 만다.

하지만 그 와중에도 성곽의 하단부가 구사일생으로 남겨지는 기
적이 일어난다. 기적처럼 살아남은 성곽을 직접 눈으로 확인하는 몇
가지 방법이 있는데, 그 중 가장 쉬운 방법은 창덕여중 운동장 서쪽
으로 통하는 쪽문을 이용하는 방법이다. 이 문으로 나가면 그 쪽문

◀
기적처럼 살아남은
'서대문 성벽의 옛터'이다.
아래쪽 하단 2개 층만
남겨진 이 성벽은
창덕여중 뒷벽에 있으나,
길이가 겨우 20여m밖에
안 된다.

아래가 바로 성곽이므로 더할 수 없이 편하기는 하나, 이 문은 열려있을 때보다 닫혀 있을 때가 더 많으므로 믿을 수가 없다.

두 번째 방법은 창덕여중 정문으로 나온 다음 신문로 방향으로 진행하다가 오송빌딩 옆 골목으로 들어서는 방법이다. 이 골목으로 들어서서 골목 막바지에 다다르면 '어반가든'이라는 건물이 보인다.

이곳에서 멈추지 말고 어반가든 아래층을 통과해서 나간 다음 왼쪽으로 창덕여중 담장을 끼고 돌아가면 이내 '서대문 성벽의 옛터'라고 쓰인 안내판이 보이는데, 기적의 성벽은 그 안내판 아래쪽에 있다. 담 아래쪽으로 겨우 2개 층만 남겨진 이 성벽은 숙종 대의 축조된 성벽으로 그 길이가 겨우 20여 미터 남짓하다.

그러나 이 가냘프게 남아있는 성벽으로 인해 고층 건물이 숲을 이루는 서울 시내 한복판에서 도성의 옛 터가 지나갔던 흔적을 확인할 수 있으니, 이곳의 성벽이야말로 국보를 웃돌만큼 귀중하다 하겠다.

청
덕여중의 담을 지난 성곽은 화교(華僑) 교회인 '한성교회'를 지나 정동4거리로 이어지는데, 이곳은 '새문'이라 부르던 돈의문(敦義門)이 있던 자리이다.

돈의문은 도성의 서쪽을 관장하는 문으로서 속칭 서대문(西大門)이라 불러왔다.

돈의문의 '의(義)'는 오행에 있어서는 금(金)에 해당되고, 계절로는 수확의 계절인 가을을, 색깔로는 흰색을, 그리고 오방에 있어서는 서쪽을 나타내므로 도성의 서쪽문인 서대문에다가 이 글자를 넣었다.

▼
정동4거리의 돈의문 터.
돈의문은 1915년 일제에
의해 철거되었다.

태조 5년 도성 창축 당시 사직동 고개에 세워졌던 이 문의 이름은 처음부터 돈의문으로 출발했으나, 태종 13년(1413)에 이르러 풍수학자 최양선의 건의에 따라 이 문을 폐쇄하고, 그 남쪽에 새로 문을 내고서 서전문(西箭門)이라 고쳐 부르기 시작했다.

서전문을 새로 지을 때 대부분의 신하들은 문을 내기에 적합한 안성군 이숙번의 집 앞 옛 길에다 문을 세울 것을 건의했으나, 나는 새도 떨군다는 이숙번이 이를 호락호락하게 받아들일 리 없었으니, 이는 집 앞에다 문을 내면 시끄럽기 짝이 없는 까닭이다. 이때의 광경이 태종 13년(1413) 6월 19일자 실록 기사에 다음과 같이 실려 있다.

풍수학생 최양선이 상서하였다.

"도성의 장의동(藏義洞) 문과 관광방 동쪽 고갯길은 바로 경복궁의 좌우 양팔에 해당합니다. 바라건대, 문을 폐쇄하여 지맥을 온전하게 보존하소서."

왕이 그 의견을 옳게 여겨 신문(新門)을 세울 자리를 묻자, 신하들이 이구동성으로 "안성군 이숙번의 집 앞에 옛길이 있으니 문을 내기에 적합합니다." 라고 아뢰었다. 이에 이숙번이 "그 보다는 인덕궁(仁德宮 : 정종이 살던 궁) 앞으로 길을 내고 문을 세우는 것이 좋을 듯 합니다"라고 말하매, 조정에서 그대로 따랐다. 이는 이숙번을 꺼려한 때문이었다.

이처럼 이숙번의 권세에 눌려 엉뚱한 곳에 문을 내는 바람에 결국에는 길까지 구부러지게 되었다고 하니, 당시 이숙번의 권세가 얼마나 대단했었는지 알만한 일이다.

그 후 세종 4년(1422)에 도성을 개축하면서 서전문을 헐어버리고, 그 남쪽 지금의 서대문 터에 새로이 문을 세운 뒤에 문의 명칭을 예전대로 '돈의문'으로 환원시켰다.

문을 세운지 불과 10년도 못되어 철거한 것을 보면 이숙번의 권세에 눌려 억지춘향이로 냈던 문이 꽤나 불편했던 모양이다.

돈의문을 새로 세운 뒤에 이 문은 새로 세운 문이라 하여 '새문'이라 칭했고, 따라서 돈의문 앞 큰 길을 '새문안 길' 또는 '신문로'라 부르기 시작했다.

세종 4년에 이곳에 새로 세워진 돈의문에는 원래 문루가 없었다.

돈의문의 문루는 숙종 37년(1711) 7월 25일에 시작, 11월 15일에 공사를 마치고서 현판의 글씨를 쓰게 된다.

이때의 상황은 국립고궁박물관에 보관되어 있던 현판이 발견됨으로써 밝혀지게 되는데, 현판 뒷면에 "辛卯十一月十五日 幼學 臣 趙潤德 奉教書, 己巳二月十八日 營建所改造 : 신묘년 11월 15일(숙종 37년) 유생 조윤덕이 쓰고, 영조 25년(1749)인 기사년에 영건소에서 개조하다- 라고 쓰여 있어 문루가 세워진 연도를 정확히 밝혀주고 있다.

O 문에는 역사와 관련된 사연도 많은데, 그 중에서 가장 유명한 사건은 수양대군이 당시 조정의 최고 실력자이던 김종서의 제거를 위해 일으킨 계유정난이다.

단종 1년(1453) 10월 10일 밤 수양대군은 김종서를 치러 떠날 때 이 문 주변에 미리 군사를 매복시키고 나서 김종서의 집으로 향한다. 이는 만에 하나 일에 차질이라도 빚어지면 그 즉시 소리를 쳐서 성문에 배치한 자신의 수하들을 부르겠다는 의미였으니, 당시 김종서의 집은 서대문에서 소리만 쳐도 들릴만한 지금의 '농업박물관' 자리에 위치했었다. 이렇게 만반의 대비 태세를 갖춘 수양대군은 양정, 유수, 홍윤성 등을 좌우에 기느리고 김종서의 솟을대문 앞에 나타난다.

수양대군이 찾아왔다는 전갈에 마음이 꺼림칙했으나 왕의 숙부가 찾아왔다는데 응하지 않을 재간이 없었던 김종서는 힘깨나 쓰는 둘째 아들 승규를 대동하고 그를 맞으러 나갔다.

김종서를 만난 수양대군이 한명회의 계책대로 품속에서 편지를 꺼내주자, 이미 환갑을 넘긴 김종서(1390~1453년)로서는 초열흘 달빛에 그 편지를 읽을 수가 없었다.

그렇다고 안 읽겠다고 버틸 수도 없었던지라 희미한 달빛에 편지를 이리저리 비춰가며 읽으려 애를 썼다. 이때 수양대군이 머리에 있는 사모뿔을 만지작거리자 멀쩡하던 사모뿔이 갑자기 땅으로 떨어져 버린다. 한명회가 알려준 두 번째 계책이었다.

수양대군이 떨어진 사모뿔을 들고 난감한 표정을 짓자, 이를 본 김종서는 아들 승규를 향해 안에 들어가서 사모뿔을 내다 드리라고 할 수 밖에 없었다. 곁에서 지켜보던 승규가 수양대군의 수상쩍은 행동에 머뭇대자 김종서가 재차 아들을 향해 "얘, 어서 내다 드리지 않고 뭘 하느냐!"며 다그쳤다.

승규가 눈앞에서 사라지자마자, 수양대군의 오른팔이 위로 번쩍 올라갔고, 그 순간 곁에 있던 양정의 철퇴가 김종서의 머리를 향해 날았다. 조선의 권력이 김종서에게서 수양대군에게로 이동하는 순간이었다.

이밖에 1895년 8월 20일 밤에 일어난 을미사변 때에는 일본공사 미우라 고로(三浦梧樓)가 공덕리 아소정(我笑亭)에 머물고 있던 흥선대원군과 이 문 앞에서 합류하여 경복궁으로 향했던 문이기도 하다.

일제가 이 사건을 일으킨 주된 목적은 자신들의 조선 침략에 최대의 걸림돌로 생각되는 중전 민씨(명성황후로 추존)를 제거하는 것이었고, 이 날의 암호명은 '여우사냥'이었다.

일제가 굳이 대원군을 이 사건에 끌어들이고자 했던 것은 일이 끝난 후 사건의 모든 책임을 대원군에게 뒤집어씌우고자 함이었다.

미우라가 대원군과 서대문 앞에서 만나기로 약속한 시간은 원래 새벽 3시였으니, 그것은 새벽 4시 안에 이번 작전을 끝내자는 심산에서 정한 시각이었다.

그러나 대원군이 사건의 개입을 썩 내켜하지 않는 바람에 쌍방 간에 승강이를 벌이다가 회유와 협박 끝에 대원군을 모시고 새벽 3시 무렵에야 공덕리 별장을 나섰으니, 일은 시작부터 차질을 빚게 되었다.

서대문 앞에서 대원군의 출현을 초조하게 기다리고 있던 미우라는 그가 도착하자마자 경복궁으로 돌진했다. 경복궁에 도착해 보니, 시각은 이미 새벽 5시를 넘어서고 있었다.

잠시 후면 날이 밝을 판이었다.

다급해진 미우라는 궁궐 수비를 담당하던 훈련대 연대장 홍계훈과 궁내부대신 이경직을 참살한 뒤에 중전을 찾아 나섰다. 넓은 궁궐 안을 이 잡듯 뒤진 끝에 건청궁 옥호루에 피신해 있던 중전을 찾고 보니, 어느새 날이 밝아오고 있었다.

일각도 머뭇거릴 여유가 없었던 미우라의 칼날이 번쩍하자, 중전의 비명이 새벽하늘을 갈랐다. 이때 중전의 나이 겨우 45세였다.

○ㅣ처럼 많은 사연을 안고 세종 이래 근 5백여 년 동안 도성의 서
쪽을 관장하던 이 문은 조선이 멸망한지 5년 후인 1915년에 그
생명을 다하고 만다. 당시 일제는 서대문에서 청량리에 이르는 전차
궤도의 복선화를 명분으로 이 문을 헐어버렸던 것이다.

　　문을 헐기 전 일제는 이 문을 경매에 붙여 염덕기라는 사람에게
단돈 205원에 낙찰 시켰는데, 염덕기가 문을 헐어낼 때 불상을 비롯
한 여러 가지 보물이 쏟아져 나오는 바람에 큰 횡재를 했다는 일화
가 전해지기도 한다.

　　문이 헐리고 세월이 지나면서 사람들은 차차 이 문의 존재를 잊
어갔다. 그러다가 이 문의 이름이 다시 세인의 입에 오르내리게 된 것
은 자유당이 한창 극성을 떨 무렵인 휴전 직후 부터였다. 그 무렵 이
곳 서대문터 바로 앞에는 자유당의 실세로 군림하던 이기붕의 집이

◀
돈의문.
전차가 돈의문 홍예안으로
다니던 시절이다.
(서울역사박물관)

있었으니, 사람들은 이 집을 일러 '서대문 경무대'라 불렀다. 이기붕의 권력이 경무대(景武臺)에 살고 있는 대통령을 웃돌았던 것이다.

그럼 이쯤에서 이기붕과 박마리아의 인생 역정을 통째로 파헤쳐 보기로 하자.

이기붕(李起鵬)은 1896년 충북 괴산에서 몰락한 양반가문의 외아들로 태어났다. 이기붕의 가계가 몰락하게 된 원인은 대원군 집권 시절 예조판서를 역임하던 그의 증조부 이회정(李會正)이 임오군란에 연루되어 처형되면서부터라고 전해진다. 원래 역적의 집안은 3족을 멸하게 되어있는 게 당시의 국법이었으나, 이회정은 용케도 대가 끊어지지 않게 되어 역적이면서도 증손자까지 얻는 행운을 잡게 된다.

이렇게 역적의 후손으로 태어난 이기붕의 어린시절은 먹는 날보다 굶는 날이 더 많았다. 극심한 가난 속에서도 그의 아버지 이낙의는 서울 사직동으로 이사를 단행, 이기붕을 재동소학교에 입학 시켰으나, 외아들의 졸업도 못 보고 눈을 감는다.

소학교를 마친 이기붕은 집안 형편상 상급학교는 꿈도 못 꿀 일이었으나, 선교사의 도움으로 가까스로 중학교까지 마치게 된다. 이후 갖은 고생 끝에 보성고보를 거쳐 1915년 연희전문학교에 진학했으나, 학비를 충당할 길이 없어 이내 중퇴하고 만다.

그 후 이기붕은 선교사 무스의 통역으

▼
망숭한을 보내는 이기붕.
'서대문 경무대'라 불렸던
그의 집은 지금의 4·19혁명
기념관 자리에 있었다.
(국가기록원)

로 있다가 그의 도움으로 미국으로 건너간다. 미국 땅에 도착한 그는 식당 종업원과 막노동판 등 닥치는 대로 일을 하여 1923년 아이오와 주 데이버 대학교 문학과를 졸업한다.

이 무렵 그는 운 좋게도 중학생 시절 만난 적이 있던 이승만을 다시 만나게 되는데, 이때 이승만은 미국 땅에서 '대한국민회 회장'으로 있을 때였다. 이승만을 만난 이기붕은 그가 이끄는 대한국민회에 가입, 삼일신문 발간에 참여하여 이승만과의 친교를 다져나간다.

1931년 이기붕은 교회에서 알게 된 10살 연하의 박마리아를 만나 약혼에 이르지만, 이듬해에 그녀가 귀국하는 바람에 자동 파혼이 된다. 그러나 1934년 미국생활을 접고 귀국을 단행한 그는 미국에서 헤어졌던 박마리아를 다시 만나 결혼에 성공한다.

이후 이런저런 직업을 전전하던 그는 1945년 8월 해방을 맞는다.

그리고 그 해 10월 이승만이 귀국하자 그의 비서로 변신했고, 1948년 이승만이 초대 대통령이 되면서 그의 신분은 수직 상승한다.

1949년에는 서울시장, 1951년에는 국방부장관에 이어 그 해 12월에는 자유당을 창당하는데 주역을 담당한다. 이어서 1954년부터는 3~4대 민의원 의장을 지냈으며, 1955년에는 IOC 초대의원에 피선되어 명실상부한 한국 정치계의 2인자로 부상했다.

그 후 1960년 3월에는 그 유명한 '3·15부정선거'의 주역을 맞는다. 이 선거에서 부통령에 당선되어 차기 자유당 정권을 이끌어 나갈 터전을 마련한다.

자유당 시절 이처럼 이기붕이 출세가도를 달릴 수 있게 된 배경에는 그의 배우자인 박마리아의 역할이 결정적으로 작용했다는 게 중론인데, 이번에는 그녀가 걸어 온 인생길을 한 번 들여다보자.

박마리아는 1906년 강원도 강릉에서 태어나 어려서 아버지를 여의고 편모슬하에서 굶기를 밥 먹듯 하며 성장했다. 그녀의 어머니는 목구멍의 풀칠을 위해 남의 집 식모살이를 해야 했고, 그녀는 남의 집 어린아이를 돌보아 주며 어렵사리 소학교를 마치게 된다.

소학교를 마친 그녀는 주변에서 민며느리로 보내라고 권하는 것을 뿌리치고, 이웃 목사의 주선으로 경기도 개성으로 이사하여 '호수돈여학교'에 입학하게 된다. 학비조달에 어려움을 겪던 그녀는 윤치호의 딸 윤봉희의 도움으로 가까스로 졸업을 마친다.

여학교를 졸업한 그녀는 또다시 주변의 도움으로 이화여자전문학교 영문과에 입학하는 행운을 잡는다. 타고난 재능에 사교성까지 갖추었던 그녀는 1928년 이화여전 영문과를 수석으로 졸업하고, 잠시 모교의 교사로 일한다.

얼마 후 그녀는 선교사의 도움으로 미국으로 건너가 '마운트 할리 대학교'를 비롯한 3개의 대학에서 철학 및 교육학을 전공, 자그마치 3개의 석사 학위를 거머쥔다.

교회 성가대에서 활동 중 이기붕을 알게 된 박마리아는 약혼과 파혼을 겪고 나서 귀국했으나, 후에 그를 다시 만나 결혼에 이르렀고, 그 후 YWCA와 조선임전보국단 등에 가담하여 적극적인 친일활동을 펼친다.

해방이 되자 그녀는 남편 이기붕을 따라 당시 이승만의 거처였던 돈암장으로 가서 이승만의 부인 프란체스카의 시중을 들기 시작한다.

이 무렵 이승만 부부가 거처하던 돈암장에는 초대 상공부장관을 지낸 임영신이 있었으나, 프란체스카는 말도 잘 통하고 진 일, 마른 일 가리지 않고 입 안의 혀처럼 움직이는 박마리아를 절대적으로 신임한 나머지 그녀를 내보내고 박마리아를 들여앉힌다.

1948년 이승만 부부가 경무대로 들어가게 되자 그녀의 활동은 물 만난 고기처럼 거침없이 이어진다. 그녀의 이력을 들여다보면 대한부인회 부회장, 이대 문리과대학 학장, 이대 부총장, YWCA 회장, 이

◀
이기붕 일가.
오른쪽부터 장남 강석,
부인 박마리아, 이기붕,
차남 강욱의 순이다.
(국가기록원)

대 동문회장, 이대출신 친목단체인 이수회 회장 등 여자로서 맡을 수 있는 직책은 대통령 영부인을 제외한 모든 영역을 거친다.

이렇게 되자 박마리아 부부가 거처하는 서대문 집에는 날마다 문전성시를 이루게 되었고, 집안에는 현금과 보석이 산처럼 쌓여갔다. 당시는 대한민국에서 뭔가 한자리 하려면 경무대를 젖혀놓고 이들 부부의 집부터 찾아야 했으니, 이들 부부의 집은 자연스레 '서대문 경무대'라 불리기 시작했다.

그러나 '권불십년(權不十年)이요, 화무십일홍(花無十日紅)'이라 했던가.

이렇듯이 욱일승천의 기세로 치닫기만 하던 이들 부부의 권력도 다하는 날이 있었으니, 바로 3·15부정 선거를 발단으로 일어난 4·19혁명의 함성이었다.

4·19혁명 엿새가 지난 4월 25일, 이승만 대통령의 하야성명이 내일이면 발표된다는 것을 알게 된 이들 부부는 그 날 저녁 강석과 강욱 두 아들을 데리고 서울을 탈출하여 지금까지 자신들의 신세를 가장 많이 졌다고 생각되는 6군단장을 찾아가 신변보호를 부탁했다.

하지만 평소에는 자신의 목숨까지 바칠 것처럼 보이던 6군단장은 겨우 하룻밤을 자고 나자 이기붕 일가를 향하여 노골적으로 떠날 것을 주문했으니, 염량세태(炎凉世態)의 야박한 인심은 이곳이라 해서 비켜가지 않았다.

오갈데가 없게 된 이들 일가는 군단장 관사를 나와 비밀리에 경무대 별관으로 숨어들었다.

그리고 28일 새벽, 당시 육군소위의 신분이던 이기붕의 장남 강석은 경무대 관사 36호실에서 권총으로 부모와 동생을 사살한 후, 자신도 자살해 버렸다.

하루아침에 멸문지화를 당한 이들 부부의 집은 1963년 정부에서 회수하여 이듬해 4월 19일 '4·19혁명 기념도서관'으로 개관하였다. 그 후 재건립을 하는 등 우여곡절을 겪던 이 건물은 현재 '4·19혁명기념관'과 '4·19혁명기념도서관'이란 두 개의 명찰을 달고 있다.

한편 이기붕 일가가 자살한 후, 이들의 무덤은 묘비 한 개 없이 망우리 공동묘지에 조성되는데, 무덤을 조성하고 얼마가 지나자 이상한 소문이 나돌기 시작한다.

그동안 자유당이 저지른 모든 부정과 비리의 책임을 이기붕에게 뒤집어씌우기 위하여 이들 일가를 누군가가 살해한 후 자살로 위장했다는 것이다. 이어서 망우리에 묻힌 이기붕 일가의 묘지는 가짜이며, 이들 일가가 어딘가에 살아 있다는 설까지 나돌았다.

당시 몇몇 젊은이들이 소문의 진위를 파악하기 위하여 이기붕의 묘까지 파헤쳤다니, 경위야 어찌 됐건 이 죄 많은 인간은 결국 부관참시(剖棺斬屍)까지 당한 셈이다. 그 후 이들 일가의 무덤은 언젠가 쥐도 새도 모르게 사라졌는데, 그 깊은 내막은 묘지 관계자도 모른다.

▲
4·19혁명 직후 육군 소위였던 이강석은 가족 모두를 사살하고 자신도 자살했다. 일가족 4명의 관이 나란히 놓여 있는 사진. (국가기록원)

전에는 정동4거리를 건너서면 언덕 초입에 '돈의문 터'라 새겨진 화강암으로 된 표지석이 있었으나, 몇 해 전 이를 철거하고 누런 색깔의 목재 담장을 만들어 놓았다.

서울성곽은 원래 서대문터에서 길을 건너 서울시 교육청을 지나 인왕산을 향해 뻗어 나갔으나, 돈의문이 헐린 후 언젠가 이곳의 성곽도 헐려나갔다.

불과 얼마 전까지만 해도 이곳에는 '현대제철' 건물과 함께 송월길을 따라 주택가로 이어졌었는데, 지금은 이 건물들을 철거하고 2017년 9월 '돈의문 박물관 마을'을 개장했다.

박물관 마을을 지나 300여 미터만 직진하면 서울시교육청이 닥친다. 그러나 그곳으로 향하기 전에 반드시 한 번 들려야 할 곳이 있으니, 바로 강북삼성병원 앞에 자리한 경교장이다.

경교장은 금광으로 하루아침에 벼락부자가 된 최창학이 한창 전성기를 구가하던 1938년에 지은 건물로 당시에는 죽첨장(竹添莊)이라 칭했던 건물이다.

'죽첨'이란 갑신정변 당시 김옥균에게 협력을 약속했다가 배신한 주 조선 일본공사 다케조에 신이치로(竹添進一郎 : 죽첨진일랑)의 이름에서 따온 말이다. 조선을 병탄한 일제는 그의 이름을 이곳의 지명으로 사용했는데, 골수 친일파 최창학이 이를 다시 자신의 집에다 붙인 것이다.

이때 최창학이 지었던 죽첨장의 규모는 대지 1,700평에 건평 290평으로 당시 서울에서는 최고급 호화주택이었다. 해방이 되자 최

창학은 이토록 엄청난 죽첨장을 조국독립을 위해 27년간이나 해외
에서 풍찬노숙(風餐露宿)의 험한 길을 걷던 김구(金九 : 1876~1949)에게 제
공하고 한국독립당을 지원했다.

　이때 김구는 그의 제의를 아무런 비판 없이 그대로 받아들인 것
으로 전해지는데, 김구가 최창학의 제의를 선뜻 받아들였다는 것은
쉽게 이해하기 힘든 대목이다. 왜냐하면 김구가 골수 친일파로 치부
되는 최창학의 제의를 받아들여 경교장에 입주했다는 것은 그에게
도 친일 청산 의지가 미약했다고 볼 수밖에 없기 때문이다.

　만약 김구에게 친일 청산 의지가 확고했다면 당장은 고생이 되
더라도 최창학의 제의를 거부하고서 최창학 등 친일파의 재산을 몰
수하는 절차를 밟았어야 했다. 만약 김구가 이런 시도를 했다면 민심
은 김구에게 돌아갔을 것이고, 친일파를 감싸고 두둔한 이승만에게
등을 돌렸을 것이다.

　어쨌든 환국 후, 죽첨장을 거처로 정하게 된 김구는 건물의 이름
을 왜색이 짙은 죽첨장에서 '경교장(京橋莊)'으로 바꾸는데, '경교장'이
란 지금 서대문역 곁에 있는 적십자병원 자리에 있던 경기감영 앞 만

▲
1948년 4월, 남북회담을
위해 평양으로 떠나기 앞서
경교장 2층 발코니에서
회담을 반대하는 군중에게
자주, 민주, 통일의 가치를
역설하는 김구.

초천(蔓草川)에 놓였던 경교(京橋)에서 따온 말이다.

경교장은 이승만의 이화장, 김규식의 삼청장과 더불어 건국활동 3대 명소 중 하나로서 1945년 11월 23일부터 1949년 6월 26일까지 김구의 사저 겸 한국독립당의 당 본부 역할을 했었다.

그러나 1949년 이곳에 살던 김구가 안두희에게 피살되자, 이 건물은 다시 최창학에게 반환되었으며, 한때는 중화민국 대사관저로 사용되다가 6·25 때는 미군 특수부대가 주둔하기도 했었다. 그 후 이 건물은 1967년 삼성재단에서 매입하여 병원으로 개축, 고려병원이란 이름으로 개원한 뒤, 오랫동안 병원 현관으로 사용되었다.

그러던 중 2001년에 서울시 유형문화재 제129호로 지정되었으나, 한국 근,현대사에서의 이 건물의 가치가 재평가 되면서 2005년 6월 13일 사적 제465호로 승격 지정되었다. 그로부터 4년이 지난 2009년 8월 14일에는 경교장 전체를 예전 모습으로 복원하기로 결정하고, 2011년 3월부터 공사에 들어갔다.

만 2년에 걸친 복원공사를 마치고서 2013년 3·1일절에 개관한 이 건물의 구조는 지하 1층 지상 2층이며, 연면적 약 286평으로 최창학이 거주할 때와 비슷한 규모이다.

그럼 이쯤에서 금광으로 하루아침에 벼락부자가 된 최창학의 사연과 더불어 김구 암살범 안두희의 얘기를 추적해 보기로 하자.

1891년 평안북도 구성군에서 태어난 최창학은 약관 20세 무렵부터 금광에 뛰어들었으나 10여 년간을 헛망치질로 세월을 보낸다. 그러던 최창학이 제대로 금맥을 짚은 것은 그가 서른세 살에 이르던 1923년이다.

일설에는 계속해서 헛다리만 짚던 그가 가진 돈을 모두 탕진하고 이제는 될 대로 되라는 자포자기 심정에서 고사에 절대로 써서는 안 되는 개 대가리를 놓고 고사를 지냈다고 한다.

고사를 마친 최창학이 술에 취해 자신의 '굿' 앞에 있는 바위에서 언뜻 잠이 들었을 찰나, 그의 꿈에 나타난 산신령이 "네가 보낸 개고기는 잘 먹었다. 사람이 성공하려면 질겨야 하는 법이거늘 네놈은 겨우 헛 망치질 10년에 그새 나자빠진단 말이냐. 게으름 피우지 말고 당장에 일어나서 네가 누운 바위를 한 번 깨 보거라!"라고 호통을 치더란다. 이에 깜짝 놀란 최창학이 그 즉시 자신이 누웠던 바위를 깨자, 그게 바로 노다지로 연결된 금맥이었다고 하는 전설 같은 이야기가 전해진다.

이야기의 진실 유무를 떠나 최창학이 하루아침에 벼락부자가 된 사연은 조선 팔도는 물론, 만리장성을 넘어 중원대륙을 휩쓸고, 현해탄을 건너 일본열도까지 퍼져나갔다.

소문이 퍼져나가자 평안북도 조악동에 자리한 그의 삼성금광에는 사흘이 멀다 하고 무장 강도가 들이닥쳤다. 1924년 한 해만 해도 무장 강도 습격이 4차례에다 단순강도가 40여회에 이르렀을 정도로 그의 삼성금광은 국내외 강도단의 주 표적이었다.

돈에 대한 집착이 누구보다도 강열했던 최창학은 자신의 재산을 지켜내려면 친일이 최선이라고 판단한 나머지, 일제가 협력자금을 요구 할 때마다 천금을 아끼지 않고 내놓는 한편, 친일과 관련된 감투는 모조리 뒤집어썼다.

그가 맡은 감투 내역을 보면, 서대문 지구 평의원, 총독부 기관지인 매일신보 상무 취체역, 경성부 육군지원자 후원회 이사, 조선임전보국단 이사 등 끝없이 이어진다.

이러한 최창학의 친일행각은 태평양 전쟁이 종말을 향해 치닫던 1940년대 초에 그 정점을 찍는데, 이때 그는 마쓰야마 마사가쿠(松山昌学)로 창씨개명을 단행한 후, 자그마치 8대나 되는 비행기를 일제에 헌납했다.

최창학은 그가 한창 전성기를 구가할 무렵 상처를 하게 되는데, 이화여전 음악과를 나온 방년 스물네 살의 젊은 미녀와 재혼한다. 당시 신랑인 최창학의 나이는 신부의 배에 이르는 마흔 여덟이었으니, 돈 앞에서는 불가능이 없었다.

뿐만이 아니었다. 당시 그가 소유한 리무진 승용차는 18,000원을 호가했는데, 신문기자의 한 달 봉급이 겨우 30원에 불과하던 시절이었다. 따라서 그가 지닌 것은 모두가 1등만 있을 뿐, 2등은 낄 자리가 없었다.

다시 말해서 조선에서 가장 좋은 집에다, 조선에서 가장 좋은 승용차를 굴리며 조선에서 으뜸가는 미녀와 함께 살았던 것이다.

그러나 그에게 이러한 행운이 언제까지나 이어지지는 않았다.

자신의 재산을 지키기 위하여 일제에 비행기를 자그마치 8대나 헌납하면서, 일본의 승리를 간절히 빌었건만, 어느 날 갑자기 찾아온 일본의 패망으로 그의 앞날에는 먹구름이 드리우기 시작한다.

　1945년 8월 15일 히로히토의 항복 성명을 들은 그는 정신없는 와중에도 대책을 강구했다. 자신이 살던 대저택을 임시정부의 실세였던 김구에게 제공하기로 했던 것이다. 한 없이 아까웠지만 그 많은 재산을 지키려면 까짓 집이 문제가 아니었다.

　김구가 환국한 것은 해방이 되고서도 3개월도 더 지난 11월 23일이었다. 발 빠른 최창학은 이미 임정(臨政)과 선이 닿아 있었고, 김구가 도착하자마자 서대문 자신의 집으로 모셔갔다. 그러나 자신의 재산을 지키기 위해 보험 차원에서 이루어진 최창학의 이러한 전술은 여지없이 빗나가고 만다.

　최창학이 수집한 정보에 의하면 해방 정국을 주도할 사람은 임정에서 주석을 지낸 김구가 틀림없었는데, 예상과는 달리 이승만이 대통령이 되었던 것이다. 여기에 심각한 문제가 또 하나 있었으니, 그것은 그가 목숨보다도 아끼던 재산이 박살 직전에 이른 것이었다.

　해방 당시 그의 재산은 3분의 2 이상이 평안북도 구성군과 삭주군 일대에 널려 있었다. 그러나 남북의 분단으로 인해 그 넓은 토지와 금광이 하루아침에 죽은 재산으로 변했을 뿐 아니라, 남한에 있는 나머지 재산도 혼란의 와중에 형편없이 줄어들었다.

　그의 불운은 여기에서 끝나지 않았다.

　경교장 건물을 제공하고, 한국독립당에 많은 자금을 지원하면서 자신의 뒷배를 돌보아 줄 것으로 하늘처럼 믿었던 김구가 1949년 6월 안두희의 총격에 쓰러지는 충격적인 사건이 터진 것이다.

이승만의 정적이었던 김구가 서거하자, 최창학의 신세는 그날부터 낙동강 오리알 신세로 전락한다. 연일 계속되는 세무사찰과 각종 압력 속에 그의 재산은 가뭄에 논물 줄 듯 했고, 결국 1955년 12월 세금포탈 혐의로 쇠고랑까지 차게 된다.

2년여를 감옥에 있다가 가까스로 석방된 그는 날개 부러진 새가 되어 전혀 힘을 쓰지 못한다. 어찌어찌 하다가 오산중고등학교를 인수하여 재단이사장에 취임했으나, 교장과의 갈등 속에 학교운영은 난관에 봉착하고 만다.

결국 끝없는 좌절 속에 우울한 나날을 보내던 그는 1959년 10월, 완전 빈털터리가 되어 굴곡으로 점철된 68년 생애를 접고 마니, 공수래공수거(空手來空手去)라는 말이 더 할 수 없이 어울리는 생애였다.

김구 암살범 안두희(安斗熙)는 1917년 평북 용천에서 신의주의 부호 안병서의 2남 1녀 중 차남으로 태어났다. 그는 1939년 일본 메이지대 법과를 2년 만에 중퇴하고, 중국으로 건너가 한동안 대륙을 전전하다가 해방 7개월을 앞 둔 1945년 1월 귀국을 단행한다.

고향에 돌아 온 안두희는 고향 근처에서 어영비영 하다가 1947년 자유를 찾아 남쪽으로 내려온다. 월남 후 그는 미군방첩대 정보요원과 우익테러 조직인 '백의사(白衣社)'의 자살특공대원으로 선발되는 등 해방 후 혼란한 정국에서 거친 세파에 부대끼며 흘러가는 대로 몸을 맡긴 채 살아간다.

1948년 11월 육사 8기로 입교한 안두희는 이듬해 포병 소위로 임관, 김구가 조직한 한독당에 입당한다. 그 후 누군가로부터 밀명을 받은 그는 1949년 6월 26일 낮 12시 30분, 경교장으로 김구를 찾아가 면담을 신청하여 허락을 받아내는데 성공한다.

이때 경교장에 거주하던 김구는 평소와 다름없이 새벽에 일어나 중국 시선(詩選)을 읽고 나서 휘호를 쓰고 있었다. 12시 반 경이 되자 평소부터 알고 지내던 안두희가 찾아왔다는 소식을 듣고 그를 맞을 준비를 하고 있었으니, 말하자면 저승사자를 맞을 채비를 하고 있었던 셈이다.

그 날 경교장에서 네 발의 총성이 울린 것은 12시 30분이 조금 넘어서였는데, 총소리에 놀란 선우 진 비서가 2층으로 올라가 보니 이미 김구는 절명한 뒤였다. 상해 임정 시절 일경은 김구의 목에 60만 원(현재의 화폐가치로 약 180억 원 상당)이라는 거액의 현상금까지 걸고서 그의 체포에 혈안이 되었었다.

그토록 험한 세월도 무탈하게 넘긴 김구였지만 한독당원의 가면을 쓰고 접근하는 안두희의 총탄은 피할 수가 없었다. 그것도 백주 대낮에 서울 시내 한복판에 소재하는 자신의 거실에서 당했으니, 그야말로 하늘이 통탄할 일이었다.

소식에 접한 국민들은 충격에 빠졌고, 장례는 우리 풍습에서는 결코 허용되지 않는 짝수인 10일장으로 결정되었다. 평생을 조국독립을 위해 몸 바친 노(老) 독립투사의 마지막 길을 배웅하기 위한 조문행렬은 장례가 치러지는 열흘 내내 경교장에서 서대문 4거리까지 줄을 이었다.

서거 열흘째인 7월 5일, 온 국민의 오열 속에 서울운동장에서 영결식을 마친 김구의 유해는 용산 '효창원'에 안장되는 것으로 장례는 마무리 된다. 허나 숱한 의혹과 함께 그 후유증은 길고도 질겼다.

사건이 일어난 1949년 6월 26일 낮 12시 40분 경, 경교장 경비실에서는 이 사실을 즉시 관할 서대문 경찰서에 알렸다.

그러나 사건 직후 가장 먼저 현장에 도착한 강용주 서대문서 형사주임이 안두희를 체포하려 하자, 군 트럭을 타고 나타난 일단의 헌병들이 강 주임을 밀쳐내고 안두희를 차에 태워 바람처럼 사라지는 바람에 강 주임은 '닭 쫓던 개 지붕 쳐다보는 꼴'이 될 수밖에 없었다.

안두희는 군법회의에 회부되었고, 홍영기 군 검찰과장은 안두희에게 사형을 구형했다. 그러자 채병덕 육군참모총장은 홍영기 검찰과

김구의 장례 행렬.
김구의 장례는
1949년 7월 5일
건국 이래 최초로
국민장(10일장)으로
치러졌다.
(백범기념관)

장을 그 즉시 전방으로 쫓아버렸다.

안두희는 사건이 일어난 지 약 40여 일 후, 국방경비법 위반혐의로 종신형을 선고 받았으나, 신성모 국방장관의 압력으로 징역 15년으로 감형되고 만다.

이듬해 6·25가 발발하자 그 이틀 후인 6월 27일, 형 집행정지로 가석방 된 안두희는 다음 달인 7월 10일 육군소위로 원대복귀 된다. 원대복귀 2개월이 지난 9월 중위로 진급한 안두희는 1년에 2계급 특진이란 초고속 승진을 거쳐, 1953년 12월 15일자로 소령 계급장을 달고 예편된다.

국민들은 의혹에 찬 눈초리로 바라보았으나, 막강한 자유당 권력을 등에 업은 그의 앞 길을 막아설 자는 아무도 없었고, 세월이 지나자 '안두희'라는 이름 석자는 세인들의 기억 속에서 차차 잊혀지기 시작했다.

그러다가 1960년 4·19가 터지자, 그의 이름은 다시 수면 위로 떠오르기 시작한다.

1960년 6월 26일 결성된 '백범 김구 선생 시해 진상 규명위원회'에서 안두희의 추적을 시작했는데, 이때 직접 발 벗고 행동에 나선 사람은 전 광복군 출신 김용희(1921~?)였다.

근 일 년 가까이 추적 끝에 드디어 1961년 4월 18일 안두희를 붙잡는데 성공한 김용희는 그에게서 김구 암살의 배후를 자백 받고, 본인의 희망에 따라 검찰에 인계하였다. 그러나 사건을 넘겨받은 검찰에서는 '일사부재리 원칙'을 내세워 이미 형사처벌을 받은 그를 두 번씩 처벌할 수 없다는 판정과 함께 석방을 단행했다. 자유당이 몰락한 마당에서도 그의 배후는 이처럼 막강했던 것이다.

두 번째로 안두희를 추적한 사람은 전북 김제 출신으로 '백범 독서회장'의 직함을 갖고 있던 곽태영(1936~2008년)이라는 청년이었다.

곽태영은 생업을 포기한 채 안두희의 소재 파악에 나선 끝에 1965년 12월, 마침내 그가 강원도 양구에서 군납 식료품 공장을 운영하고 있다는 사실을 알아냈다

당시 안두희는 정부의 막강한 배경에 힘입어 1군사령부 관내 전 사단에 공급하는 군납 식료품 공장을 운영하고 있었으며, 이 사업으로 강원도 내에서 납세 순위 2위를 기록할 정도로 큰돈을 거머쥐었다.

행상인으로 변장한 곽태영은 그 해 12월 중순 경, 안두희의 공장

근처에 하숙을 정하고 기회를 엿보기 시작했다. 이러기를 일주일, 마침내 안두희를 발견한 곽태영은 그에게 달려들었다. 둘은 한데 엉켜 엎치락뒤치락 하던 끝에 안두희의 배에 올라타게 된 곽태영은 곁에 있던 돌을 들어 안두희의 머리를 짓찧고서, 지니고 다니던 잭나이프로 목을 쑤시자 안두희의 몸이 축 늘어졌다. 안두희의 죽음을 확신한 곽태영은 "김구 선생 만세!"를 외쳤다. 그러나 안두희는 죽은 게 아니라 잠시 혼절했을 뿐이었다.

소동이 일어나자 곽태영은 신고를 받고 달려온 경찰에 의해 연행되었고, 안두희는 서울로 이송되어 두 번의 뇌수술 끝에 구사일생으로 목숨을 건졌다. 경찰에 연행된 곽태영은 이듬해인 1966년 7월 30일 서울고등법원에서 징역 3년에 집행유예 5년을 선고받고서 겨우 풀려났다.

안두희의 세 번째 응징자는 경북 안동 태생으로 '민족정기구현 회장'의 직함을 지닌 권중희(1936~2007년)였다.

1983년부터 약 4년여의 추적 끝에 안두희를 찾아 낸 권중희는 1987년 3월 27일 대낮에 마포구 성산동에서 '정의봉'이라 새겨진 몽둥이로 안두희의 온 몸을 가격했다. 이로 인해 안두희는 머리가 깨지고 갈비뼈가 부러지는 중상을 입었으나 또다시 불사조처럼 살아났다.

권중희는 그 후에도 1991년과 1993년 두 차례에 걸쳐 안두희를 응징했으며, 안두희를 김구 묘소 앞으로 끌고 가서 강제로 참배시키고, 암살 배후를 자백하라고 윽박질렀다.

그러자 안두희는 백범 암살 엿새 전인 6월 20일에 경무대로 불려가 이 대통령으로부터 "신성모 장관한테 얘기 잘 들었다. 높은 사람들이 시키는 대로 차질 없이 실행하라"는 격려를 받고서 결심을 굳혔다고 고백했다 한다.

네 번째로 안두희를 추적하여 아예 그의 명줄을 끊어 놓은 사람은 전북 정읍 출신의 평범한 버스 기사 박기서(朴琦緖 : 1951~)였다.

경기도 부천에서 버스 기사 생활을 하며 사회운동가로 활동하고 있던 박기서는 어려서부터 자신이 흠모하던 김구를 살해한 안두희가 지금까지 살아 있다는 것은 말도 안 된다고 생각한 나머지 자신의 손으로 직접 죽여야겠다고 결심하고 그의 소재 파악에 나섰다.

오랜 추적 끝에 찾고 보니 안두희는 부천에서 가까운 인천에 살고 있었다. 안두희의 소재를 확인한 박기서는 1996년 10월 23일 오전 11시 30분 경, 길이 약 40cm의 '정의봉'을 몸속에 감춘 채 안두희의 집을 찾아들었다. 마침 밖으로 외출 준비 중이던 안두희의 처 김명희를 발견한 박기서는 번개 같은 동작으로 그녀를 밀쳐 넘어뜨렸다. 박기서는 저항하는 그녀를 준비해 간 끈으로 손과 발을 묶고 안방으로 밀어 넣었다. 소동 속에 옆방에 누워있던 안두희가 놀란 눈으로 문을 열었다.

그가 안두희임을 확인한 박기서는 "네가 안두희냐?"고 소리쳤고, 놀란 안두희가 흠칫하는 순간 박기서와 눈이 마주쳤다. 자신을 공격하려는 박기서를 본 안두희가 본능적으로 저항할 자세를 취하자, 이를 감지한 박기서의 정의봉이 그의 머리통을 향해 정통으로 내리 꽂혔다.

　곽태영이나 권중희가 응징할 때만 해도 저항할 힘이 있었으나, 중풍과 당뇨로 오랜 병고에 시달린 80늙은이가 40대 중반의 박기서를 당할 수는 없었다.

　얼마 후, 안두희는 마침내 숨을 멈추었고 방안에는 피가 내를 이루었다. 이리하여 47년이라는 긴 세월에 걸친 안두희의 도피행각은 여기에서 종지부를 찍는다.

　안두희의 절명을 확인한 박기서는 그 길로 자신이 다니던 성당으로 달려가 담당 신부에게 고해성사를 마친 후, 경찰에 자수했다.

　재판 끝에 박기서는 이 사건으로 3년형이 확정되었다.

　그가 감옥에 있는 동안 사회 각계에서 박기서의 의거를 응원하는 편지와 함께 격려금이 답지했으며, 소식을 전해들은 국민들은 '안두희를 죽인 의로운 사람에게 그토록 무거운 형을 받게 하는 것은 있을 수 없는 일'이라며 각처에서 항의가 빗발쳤다.

　이에 박기서는 수감 된지 약 1년 5개월 만인 1998년 3·1절 특사로 풀려나 자유의 몸이 되었다. 사건 후 한 신문에서는 "역사의 심판에는 시효가 없다"라는 문구를 기사의 제목으로 달았으니, 이 말은 역시 만고불변(萬古不變)의 진리였다.

경교장에서 송월길을 따라 한 굽이 돌아가면 서울시 교육청 건물이 나타난다.

서울시 교육청 자리는 원래 조선왕조 5대 궁궐의 하나였던 경희궁의 후원(後苑)이었다.

경희궁(慶熙宮)은 광해군 9년부터 짓기 시작하여 광해군 15년(1623)에 완공한 궁궐이다. 그러나 그 해에 인조반정이 일어나는 바람에 정작 광해군은 입주도 못해보고 조카인 능양군(인조)에게 쫓겨나고 말았으니, 속된 말로 '죽 쒀 개 좋은 일' 한 셈이다.

경희궁의 정전인 숭정전(崇政殿 : 서울시 유형문화재 제20호)은 1926년 일제에 의해 필동에 있는 동국대학교로 옮겨져 '정각원(正覺院)'이라는 법당으로 쓰이고 있다.

그 후 1980년 경희궁 터가 사적으로 지정되어 1985년부터 발굴조사를 실시하였고, 이 발굴조사에서 출토된 숭정전 기단을 토대로 1989년부터 6년에 걸쳐 경희궁 안 본래 위치에 숭정전을 복원했다.

일제는 숭정전을 뜯어가고서 6년 후인 1932년 장충단 터에 세워지는 박문사(博文寺 : 이등박문을 기리기 위해 일제에 의해 세워진 절)의 정문으로 사용하고자 경희궁의 정문인 흥화문(興化門)마저 뜯어갔었으나, 다행히 흥화문은 1994년 원래의 경희궁 제자리에 원상 복원되었다.

이처럼 파란만장한 세월을 보낸 경희궁과는 달리 그 후원 쪽은 별다른 변화 없이 해방과 6·25전쟁의 격동기를 조용하게 넘긴다. 그렇던 이곳에 1956년 10월 2일, 서울시교육청이 들어서게 되는데, 이

▲
서울기상관측소의
가을 풍경.
오른쪽 단풍나무 뒤에 있는
건물이 관측소이고,
왼쪽 단풍나무 뒤에
기온 측정 시설이 있다.

서울시교육청 정문 부근이 바로 1413년 태종에 의해서 돈의문을 대신하여 도성의 서쪽 대문으로 세워졌던 '서전문'이 있던 곳으로 추정되는 곳이다.

　　서울시 교육청을 지나면 이어서 옛 기상청 들머리가 닥친다.

　　이곳에는 지금도 수도권의 기상업무를 관장하는 '서울기상관측소'가 자리하고 있으며, 정문에는 '기상청 송월동 별관'이란 이름표가 붙어 있다.

　　우리나라의 근대적인 기상관측은 1904년, 당시 개항지였던 부산, 원산, 인천 이렇게 3곳에서 시작 되었다. 서울에는 1907년 10월부터 현재 서울대병원이 자리한 마두산 언덕에 세워진 서울측후지소에서 관측이 이루어지다가 1913년부터는 경성측후소로 승격되어 종로구 낙원동으로 옮겨진다.

그 후 경성측후소는 1933년 건물을 신축하여 이곳 송월동으로 이전했다.

경성측후소는 1948년 4월 중앙관상대로 개칭되었고, 1982년에는 다시 중앙기상대로 바뀌는데, 이 중앙기상대가 기상청으로 승격된 것은 1990년 12월의 일이다.

승격 된 이후에도 여전히 이곳에 머물던 기상청은 1998년 신대방동으로 옮겨가고, 현재는 '서울기상관측소'로 이름이 바뀌어 서울지방의 '기상값'을 측정하고 있는바, 이것이 바로 오늘날 서울지방의 '표준 기상값'이다.

이를 풀어서 말하면 기상청 예보관이 "서울지방의 현재 기온은 영하 10도입니다"라고 할 때의 10도는 이곳 송월동에 있는 기상관측소에서 측정한 온도를 뜻한다. 또 "올해는 서울의 첫 눈이 11월 15일에 내렸다"라고 할 때의 첫 눈도 이곳에 내린 날짜를 말하는 것이다.

지금은 서울기상관측소 곁에 성곽공원으로 조성된 '월암근린공원'이 있는 까닭에 굳이 이곳을 들러야 할 필요가 없게 되었지만, 월암공원이 조성되기 전에는 서울성곽을 돌아보려면 이곳 관측소 탐방은 필수코스에 속했었다.

서울기상관측소 입구에서 옆으로 돌아가면 잠시 전에 언급했던 '월암근린공원'이 나타난다.

공원과 서울기상관측소 경계지역에는 복원된 성곽이 자리하는데, 이곳은 불과 10여 년 전까지만 해도 허름한 집들만 다닥다닥 했었고, 성곽은 그림자도 보이지 않았다.

막상 이제 와서 생각해 보니 그 집들 틈에 성곽유구가 꼭꼭 숨어 있었던 것이다.

이곳에 복원된 성곽의 길이는 140m에 불과하지만 성곽유구가 비교적 양호하게 남아 있어서 조선시대 성곽축조 방식을 시대별로 구분해서 볼 수 있도록 최대한 원형을 살려 복원하였다.

즉 작은 메줏돌 형태로 쌓은 것은 태조 대의 성곽이며, 큰 성돌을 모서리만 대충 다듬어 쌓은 것은 세종 대의 성곽이고, 정방형으로 다듬어 쌓은 것은 숙종 대의 성곽이다.

공원에는 성곽을 복원하면서 각종 조경수와 잔디를 심고서, 군데군데 의자를 비롯하여 이런저런 시설을 갖추어 놓았으므로, 이곳 월암공원은 서울성곽 탐방객들의 쉼터로서 뿐만 아니라 인근 지역민들의 사랑을 독차지하고 있기도 하다.

이곳에 조성된 공원의 이름이 '월암'이 된 데에는 공원 아래쪽 옛 스위스 대사관 맞은편 길가 바위에 새겨진 '月巖洞(월암동)'이라는 각자에서 유래한다. 조선 중·후기에 새겨졌을 것으로 추

▼
월암공원의 유래가 된
월암동 각자.
월암공원 아래 구 스위스
대사관 맞은편 길가에 있다.
서울시 문화재 자료 제60호

▲
월암근린공원의
복원된 성곽.
무허가 주택이 난립했던
이곳에 주택을 헐고 성곽
유구를 따라 복원했다.

정되는 이 '月巖洞' 각자는 2014년 6월 26일 서울특별시 문화재 자료
제60호로 지정되었다.

　고종 때 영의정을 지낸 가곡대신 이유원의 「임하필기」에는 "돈의
문 밖 서성(西城) 아래에 있는 월암은 깜깜한 밤에도 오히려 밝은 빛이
나는 까닭에 이 바위를 '월암'이라 했다"라는 대목이 나온다.

　이로 보아 이곳 월암은 조선시대부터 한 경치 했던 것으로 추정
된다. 뿐만 아니라 지금의 송월동의 지명 또한 송정동과 월암동의 첫
글자를 한 자씩 따서 지었다고 전해진다.

월암공원 서북쪽에는 천재 음악가이며 바이올리니스트로서 이름을 떨친 난파 홍영후가 말년을 보낸 '홍난파 가옥'이 자리한다.

홍난파 가옥은 1930년 독일 선교사가 지은 집으로, 그 구조를 보면 외벽은 붉은색 벽돌조이고, 지붕에는 기와를 얹어 한식을 닮은 서양식 건물로 지어졌다. 이 건물은 대지가 304㎡(약 92평)이고, 건평은 지하까지 포함하여 121㎡(약 37평)의 아담한 규모인데, 홍난파는 1935년부터 1941년까지 6년간을 이 집에서 살았다.

이 집은 1941년 홍난파가 타계한 이후 미망인 이대형이 집을 처분하고서 떠났다고 한다.

▲ 월암공원 서북쪽에 자리한 홍난파 가옥. 우리 음악계의 선구자 홍난파는 이곳에서 1935년부터 1941년까지 6년간을 살았다.

우리 근대 음악의
선구였던 홍난파의 모습.
본명은 홍영후이고,
난파는 아호이다.

후에 새 주인이 개축을 시도하던 중, 이 집이 홍난파가 6년간이나 머물러 살던 집이었음을 알게 되어 개축을 포기하는 바람에 오늘날까지 원형 그대로 보존될 수 있었다고 전해진다.

이러한 사연이 알려지면서 이 집은 근대문화유산으로서의 가치가 인정되어 등록 문화재 제90호로 지정되어 새롭게 단장한 후, 2007년 9월부터 개방을 시작했다.

홍난파의 체취가 배어있는 거실과 안방은 음향시설 등을 설치하여 50명 수용 규모의 공연장으로 만들었으며, 지하에는 자료실과 시청각실을 만들어 홍난파와 관련된 서적과 영상 등을 볼 수 있도록 되어 있다. 말년에 비록 친일 활동으로 옥에 티를 내긴 했으나, 그가 우리 음악계에 끼친 업적은 누가 뭐래도 부인할 수가 없다.

그가 남긴 작품으로는 「봉선화」 「고향의 봄」 「성불사의 밤」 「옛 동산에 올라」 「고향 생각」 등 10여 곡이 넘는데, 이 모두가 우리 정서에 너무나 잘 맞는 가곡이다.

그리고 「오빠 생각」 「나뭇잎」 「개구리」 「퐁당퐁당」 「낮에 나온 반달」 「햇볕은 쨍쨍」 등 무려 111곡의 동요를 남겼다.

여기에 더하여 「세계의 음악」 「조선 동요 100곡집」 및 단편소설로 「처녀의 혼」 「향일초」 「폭풍우가 지난 후」 「큰 불」 「최후의 악수」 「비겁한 자」 등이 있고, 이밖에도 번역 소설로 「레미제라블」 「여자의 일생」 「최후의 악수」 등 많은 작품이 있다.

40여 년 남짓 사는 동안에 이처럼 엄청난 업적을 이룬 것을 보면 그는 실로 대단한 능력의 소유자였던 게 분명해 보인다.

홍난파가 이곳에서 자신의 말년을 보냈던 것을 이해하기 위해서는 먼저 그의 인생 역정부터 살펴볼 필요가 있으니, 이쯤에서 그의 발자취를 한 번 더듬어 보기로 하자.

홍난파는 1898년 화성군 남양읍에서 홍준(洪埻)의 8남 5녀 중 셋째 아들로 태어났다. 국악에 조예가 깊었던 홍준은 태어난 아들의 이름을 영후(洪英厚)라 지어주었으나, 사람들은 '영후'보다는 아호인 난파(蘭坡)만을 기억했다.

홍준은 난파가 태어나던 이듬해에 온 가족을 데리고 서울로 이사하여 그는 어린시절을 서울에서 보내게 된다.

1912년 YMCA 중학부를 졸업한 난파는 1915년 조선정악전습소 양악부를 마치고 나서 자신이 졸업한 정악전습소의 교사가 된다. 그는 조혼이 유행하던 당시의 풍습대로 열여덟의 어린 나이로 동갑나기 처녀 김상운(金祥雲 : 1898~1926)과 혼인한다.

결혼 3년이 지난 1918년 도쿄에 있는 '우에노 음악학교(上野音樂學校)'에 입학하여 2년간의 음악 수업을 받던 그는 재일 조선인 유학생들이 중심이 된 항일운동에 가담한 것이 문제가 되어 1920년 귀국하고 만다.

그 후 홍난파는 1925년 제1회 바이올린 독주회를 갖고 창작곡집 「처녀혼」을 출간했으나, 이듬해에 조강지처 김상운과 사별하는 아픔을 겪는다.

사별하던 1926년 재차 도일하여 도쿄 고등음악학교에 입학한다. 그리고 이듬해에는 도쿄 교향악단의 제1 바이올린 연주자가 되어 활동하다가, 그 3년 후 귀국하여 중앙보육학교 교수가 된다. 이어서 1931년 7월 도미하여 미국의 셔어우드(Sher-wood) 음악대학에서 연구 생활을 하던 중, 1933년 귀국하여 이화여전 강사가 된다.

1934년 자신의 제자이며 소프라노인 15세 연하의 이대형(李大亨 : 1913~2004년)과 재혼하고서, 이듬해 홍파동에 소재하는 독일선교사의 집을 사서 이사하니, 그 집이 바로 지금의 '홍난파 가옥'이다.

재혼 2년 후인 1936년에는 경성중앙방송국 양악부 책임자가 되어 우리나라 최초의 관현악단인 '경성방송관현악단'을 조직하여 대중에게 서양 음악을 보급하는데 주력한다.

그러나 이 무렵부터 그는 친일활동을 시작하는데, 그가 친일 활동을 하게 된 결정적 계기는 민족운동단체인 '수양동우회 사건(修養同友會事件)'이 터지면서부터이다.

그는 일본에서 유학생활을 할 때부터 항일운동에 참여하였고, 후에 도산 안창호가 만든 흥사단에도 가입하는 등 민족운동을 열심히 하다가 나중에는 민족운동 단체인 수양동우회에도 관여하는데, 이들은 변호사, 의사, 교육자, 목사 등 지식인들이 대부분이었다.

1937년 6월부터 이듬해 3월까지 근 1년간에 걸쳐 일제가 검거한 181명의 수양동우회 인사 중에는 홍난파도 끼여 있었다. 그는 이 사건에 연루되어 종로경찰서에 수감되어 연일 악독한 일본 경찰의 고문에 시달리는데, 미국 유학 시절 교통사고를 당해 늑골이 골절되어 얻은 늑막염으로 몸이 쇠약해진 홍난파는 이를 이겨내지 못한다.

결국 그때의 늑막염까지 재발하게 되자, 연일 악독한 고문을 반복하던 일경은 만신창이가 된 그를 수감한지 72일 만에 풀어주고 만다. 허나, 그의 석방에는 "향후 일본에 협조한다"는 단서가 붙어 있었다.

석방된 홍난파는 일제가 설립한 관변단체 '조선문예회'에 가입하여 친일을 시작한다.

이때 그가 작곡한 친일가요는 「정의의 개가」, 「장성(長城)의 파괴」, 「공군의 노래」등 일제가 중.일전쟁을 승리로 이끌기 위한 군의 사기진작 차원에서 만든 노래가 대부분이었다.

하지만 그 무렵 그의 건강은 하루하루 사양길로 접어들고 있었다. 원래 지병이 있었던 데다, 친일활동으로 인한 마음고생으로 인해 더욱 나빠졌던 것이다.

그는 적십자병원과 경성요양원(현 삼육서울병원) 등을 오가며 치료에 전념했으나, 결국 결핵균이 뇌로 전이되어 뇌결핵과 늑막염의 합병증으로 사경을 헤매게 된다.

이제는 회복할 가망이 없다고 생각한 그는 부인 이대형을 향하여 "내가 죽거든 꼭 연미복을 입혀서 화장해 주시오."라는 유언을 남기고 삶의 끈을 놓고야 만다.

그날은 해방을 4년 앞 둔 1941년 8월 30일이었고, 그의 나이 마흔 넷이었다.

홍난파 가옥에서 공원 위쪽에 자리한 서울기상관측소 방향으로 몇 걸음 올라가면 길가에 심어진 주목나무 앞에 '베델의 집터'였음을 알리는 표지판이 보인다.

이곳이 바로 구한말 '대한매일신보'를 창간하여 침략자 일본의 만행을 만방에 알리기 위해 애쓰다가 서른여덟 젊은 나이에 세상을 떠난 영국인 베델(Ernest T. Bethell : 1872~1909)이 살던 집터이다.

한국식 이름을 배설(裵說)이라고 하는 베델이 이 땅에 첫 발을 딛은 것은 러일전쟁이 발발한지 약 한 달 뒤인 1904년 3월 10일이었다.

영국의 유력 일간지 〈데일리 크로니클(Daily Chronicle)〉 신문사가 일본 '고베'에서 무역업에 종사하던 33세의 젊은 청년 베델을 대한제국 특파원으로 임명했던 것이다. 한국에 파견된 베델은 그 해 4월 14일에 발생했던 경운궁 대화재 사건을 '한국 황궁의 화재'라는 제목의 기사를 본사에 송고하여 특종 한 건을 터뜨린다.

▼
베델의 집터를 알리는 표지석.
1904년 대한매일신보를 창간하여 일제의 만행을 전 세계에 알리기 위해 애쓰다가 서른 여덟 젊은 나이에 죽은 영국인 베델이 살던 곳이다.

어니스트 베델 집터
裵說家址
Site of Ernest Thomas Bethell's House

1904년 조선에 온 영국인 베델(한국명 배설裵說, 1872~1909)은 이해 7월 『대한매일신보大韓每日申報』를 창간하여 항일 언론활동을 힘껏 지원하였다. 이곳은 그가 조선에 와서 정착해 사망할 때까지 가족과 함께 산 한옥 터이다.

A native of England, Ernest Thomas Bethell (1872-1909) founded 「The Korea Daily News」 in July 1904. He was a strong advocate of anti-Japanese journalistic activities in Korea. This is the site of hanok(Korean traditional house) in which Bethell and his family resided, from the time of his arrival in Korea, until his death.

2016년 4월 서울특별시

그러나 그는 곧 '데일리 크로니클'의 특파원을 그만 두고, 자신이 직접 신문사를 운영하기로 결심하는데, 이는 일제의 침략 정책으로 곤경에 처한 한국의 실정을 해외에 널리 알리고자 함이었다. 신문사의 이름을 〈대한매일신보(大韓每日申報)〉라 정한 베델은 자신이 사장이 되고 양기탁(梁起鐸 : 1871~1938년)을 총무로 앉힌 다음 1904년 7월 18일 종로구 전동(磚洞 : 지금의 수송동)에서 창간호를 발행했다.

주필에 박은식(朴殷植 : 1859~1925)을 그
리고 집필진에는 신채호(申采浩 : 1880~1936)
를 비롯한 민족지사들을 앉힌 베델은 창
간호부터 일제의 침략정책을 신랄하게 비
판했다. 국한문으로 된 〈대한매일신보〉와
영문판으로 된 〈Korea Daily News〉를 동
시에 발행하는 이 신문은 국내는 물론, 해
외에까지 폭 넓은 독자층을 확보해 나가면
서, 창간 초기부터 일제의 심기를 건드리
기 시작했다.

▲
영국인
베델이 발행했던
대한매일신보.

창간 이듬해인 1905년 11월 17일, 을
사늑약이 체결되자, 베델과 뜻을 같이하
던 황성신문사 사장 장지연은 11월 20일자 사설에서 「이날에 목 놓아
통곡하노라(是日也放聲大哭)」라는 제목을 달아 일제의 만행과 을사늑약
의 부당함을 통렬하게 비난했다.

이에 일경은 장지연을 체포 구금하고 황성신문의 정간조치를 취
해 버렸고, 소식에 접한 베델은 황성신문을 대신하여 주저 없이 일본
의 만행을 전 세계에 알렸다.

날이 갈수록 일본에 대한 비판이 거세지자 통감부는 영국 측에
베델의 처벌을 요구하지만, 영국은 언론의 자유를 명분으로 이를 피
해 나간다.

그러나 베델은 전혀 위축되지 않고 한층 더 일제의 만행을 적나

라하게 비판했고, 1907년 5월부터는 오히려 한글 전용신문을 추가로 발행하여, 1개 신문사에서 3개 국어로 된 신문을 발행하는 진기록을 세운다.

대책을 강구하던 일제는 영국 측에 베델의 처벌을 더욱 강하게 요구했다. 이에 난처해진 영국 총영사관은 1907년 10월 베델을 영사재판에 회부하여 '근신 6개월'의 처분을 내렸다.

그 후 베델은 한동안 자중했으나, 1908년 3월 23일, 친일 외교 고문이던 '스티븐스'가 샌프란시스코에서 전명운, 장인환 두 의사에게 저격당하자 이를 대대적으로 보도했다.

이를 계기로 통감부는 '신문지법'을 개성하여 '한국에서 발행되는 신문은 외국인이 발행하더라도 발매를 금지하고 압수할 수 있다'는 조항을 신설하기에 이른다. 베델 추방의 법적 근거를 마련한 일제는 베델에게 "일본의 한국 보호제도를 전복하며 일본인을 배척 선동했다"는 혐의를 씌워 두 번째 영사재판에 회부했다.

피의자 신분이 된 베델은 1908년 5월부터 발행인 명의를 자신의 비서로 재직하던 영국인 만함(萬咸, Marnham)으로 바꾸고서 법정으로 향했는데, 1908년 6월 18일에 속개된 재판에서 금고 3주일에, 벌금 1,000불을 납부하라'는 선고를 받는다.

O 후 매일신보를 폐간시키기로 방침을 정한 일제는 1908년 7월 양기탁을 '국채보상의연금 횡령' 혐의를 씌워 구속하고, 일본의 언론을 총동원 하여 "베델이 국채보상의연금을 횡령했다"는 터무니없는 내용을 대대적으로 보도하게 했다.

이에 베델은 '일본 언론의 보도내용이 전혀 터무니없다'는 해명서를 각종 국제 언론사에 보내는 한편, 자신을 무고한 언론사를 상대로 명예훼손 혐의로 법정 소송에 들어갔다. 1908년 12월 9~10일 양일간에 걸쳐 영국고등법원에서 열린 재판에서 베델은 승소했고, 그 즉시 한국으로의 발길을 돌렸다.

한국으로 돌아온 베델은 "나는 어떠한 탄압이 있더라도 죽는 날까지 대한매일신보를 지키고 한국민을 위해서 싸울 것이다"라고 선언했다. 그러나 베델이 한국으로 돌아온 후, 일제는 그의 일거수일투족에 촉각을 곤두세운다. 어려운 환경 속에서도 만함과 더불어 신문 발행에 혼신의 힘을 쏟던 베델은 한국으로 돌아온 지 반년도 채 못 된 1909년 5월 1일 서른여덟의 한창 나이로 갑자기 세상을 떠나고 만다.

▲ 베델

사망의 직접적인 원인은 '심장확장증'이었으나, 주변 사람들은 일제의 탄압과 오랜 법정투쟁에서 그의 몸은 진작부터 적신호가 왔던 것으로 추정했다.

베델은 죽음을 앞두고 "나는 비록 죽더라도 신보는 영생케 하여 한국민족을 구하라"는 유언을 남겼다. 이처럼 자신의 조국인 영국보다도 우리 한국을 더 사랑했던 베델의 몸은 그의 뜻에 따라 양화진 외국인 묘지에 묻혔다.

베델이 죽고 나자 대한매일신보 사장 만함은 1910년 6월 14일 돌연 판권 일체를 전(前) 사원이었던 이장훈에게 매도하고 우리나라를 떠나버렸다.

그 후 한일 합방이 되던 1910년 8월 29일 조선총독부에 강제 매수된 〈대한매일신보〉는 다음 날인 8월 30일자부터 앞의 '대한'이란 두 글자를 떼어버리고 〈매일신보〉로 변경하여 총독부의 기관지로 전락했다.

해방이 되자 이 신문은 미 군정청에서 관리하다가 1945년 11월 23일자부터 〈서울신문〉으로 제호를 바꾸어 오늘에 이르고 있다.

월암공원의 복원된 성곽은 서울기상관측소 아래까지 이어진다. 이곳에서 서북쪽으로 방향을 튼 성곽노선은 원 성곽도 아니고 복원 성곽도 아닌 어설픈 모습으로 약 40여 미터쯤 이어지다가 빌라주택 직전에서 원 성곽을 흘긋 보여주고는 건물 틈으로 숨어버린다.

숨은 성곽을 찾기 위해 골목길을 돌아들면 먼저 '새문안 빌라'가 눈에 들어온다. 새문안 빌라를 지나면 계속해서 고만고만한 빌라주택으로 이어지는데, 좀 전에 숨어든 성곽은 이곳에서 다시 만날 수 있다. 빌라주택 주차장 뒷벽 담장이 바로 성곽인 것이다. 이 성곽은 주택 틈 사이에 끼여 있는 까닭에 제대로 보는 것은 허용되지 않는다.

성곽은 집 주인들이 붕괴될 것을 우려하여 시멘트를 덕지덕지 발라 놓아서 보는이의 마음이 그다지 편치가 않은데, 그나마도 몇 걸음 이어지다가 홍파동과 행촌동의 경계지점에서 아예 자취를 감춰버린다.

성곽을 놓치고 나서 주택을 끼고 옆으로 돌아가면 '사직터널' 위가 되는데, 이 부근이 바로 태조 5년 9월에 세워졌던 최초의 돈의문이 세워졌던 자리로 추정되는 곳이다.

사직터널을 지나면 '상록수 어린이 집'에 이어 좀 전에 자취를 감

▼
월암공원 옆 빌라주택 사이에 숨어 있는 성곽. 더러 성돌이 빠져 나가 붕괴 위험이 도사리고 있다.

▲
권율 장군 집터를
지키고 있는 은행나무.
이 나무로 인하여
행촌동(杏村洞)이라는
지명이 생겼다고 전한다.
수령 460여년에 이르는
이 나무는 수고 24m에
나무둘레가 7m에
달한다.

추었던 성곽이 다시 나타난다. 하지만 유감스럽게도 이 성곽은 기단석 위에 새로 쌓은 복원된 성곽이다.

복원된 성곽을 끼고 50여 미터 나아가면 사직공원과 독립공원이 갈라지는 4거리가 닥치고, 성곽은 길을 건너 인왕산으로 치닫는다. 그러나 이곳에서 길을 건너기 전에 먼저 들러야할 곳이 있으니, 비로 '행주대첩(幸州大捷)'의 영웅 권율 장군의 집터가 그곳이다.

4거리에서 불과 30여 미터 거리에 있는 장군의 집터는 수령 460여 년에 이르는 은행나무가 있어서 눈 감은 장님도 쉽게 찾을 수 있다. 보호수로 지정된 이 나무는 수고(樹高) 24m에, 둘레가 7m에 이르고 있으며, 이 은행나무로 인하여 이곳 마을 이름이 행촌동(杏村洞)이 되었다고 한다.

장군이 손수 심었다는 은행나무 아래에 서니, 당시의 상황이 저절로 떠오른다.

율(權慄)은 중종 32년인 1537년 경기도 강화에서 영의정을 역임한 권철(權轍)의 4형제 아들 중 막내로 태어났다.

그는 일찍부터 벼슬길에 나가 조야에 이름을 떨친 부친과는 달리, 벼슬에 뜻이 없어 오로지 학문에만 열중했다. 이러던 권율이 주변의 성화에 못 이겨 식년문과(式年文科)에 급제한 것은 나이 마흔 여섯에 이르던 선조 15년(1582)의 일이었다.

일찍 출사했더라면 이미 판서를 거쳐 정승을 바라 볼 나이였다.

남들보다 늦은 나이에 벼슬길에 나선 권율은 임진왜란이 일어나기 한 해 전에 의주목사로 부임하는데, 그나마도 이듬해 즉 왜란이 일어나던 1592년 초에 파직되고 만다.

그러나 그 해 4월에 왜란이 일어나자 곧 바로 전라도 광주목사에 제수되었고, 이때부터 자신의 진가를 유감없이 드러내기 시작하니, 대기만성이란 말은 이를 두고 한 말인 것 같다.

▲ 권율 장군

광주목사가 된 권율은 1592년 7월 8일 전라도 동복 현감이던 황진(黃進 : ?~1593년)과 더불어 향군(鄕軍) 1,500명을 이끌고 금산 배고개(梨峙)에 진을 치고서 전주로 진격하는 왜군과 일전을 벌인다.

이때 왜군의 지휘관은 전라도 공략의 임무를 띤 제6군 사령관 고바야카와 다카가게(小早川隆景)로서, 그는 1만여 명의 왜군 정예병을 거느리고 있었다. 원래 전라도 공략을 위해 고바야카와에게 배정된 총 병력은 15,700명이었는데, 고바야카와는 후군을 제외한 전 병력을 이 전투에 투입했던 것이다.

배고개에 미리 매복해 있던 권율의 부대는 이처럼 아군보다 근열 배나 많은 고바야카와 부대를 여지없이 섬멸하여 왜군의 전라도 진격 야욕을 일찌감치 꺾어놓는다. 권율에게 일격을 당한 고바야카와가 북으로 달아나자, 그는 내친 김에 한양까지 탈환하고자 왜군을 뒤쫓아 북상길을 서두른다.

한양으로 향하던 권율은 전열을 가다듬기 위하여 전략의 요충으로 꼽히는 수원 인근의 독산성에 진을 친다. 그는 이곳에서 약관 20세의 나이로 왜군 총사령관으로 출전한 우키다 히데이에(宇喜多秀家 : 1573~1655년)의 공격을 받지만, 그 유명한 '세마대(洗馬臺)의 전설'을 탄생시키며 그의 공격을 물리친다.

산성에서 겨울을 난 권율은 해가 바뀐 1593년 2월, 휘하장병을 거느리고 한강 언덕에 있는 행주산성에 집결하여 한양 수복의 기회를 노린다. 이때 행주산성에는 전라도 순찰사로 승진한 권율 휘하의 2,300명과 승병장 처영(處英)이 이끌고 온 700명, 그리고 김천일의 의병까지 합쳐 모두 3,800명이 포진해 있었다.

곧 왜군의 대부대가 공격해 올 것이라는 소식에 접한 권율은 이들 장수들과 함께 결전의 태세를 갖추고 있었다.

한편 이에 맞서는 왜군의 병력은 그 열 배에 가까운 3만여 명에 이르렀고, 지휘관들 또한 하나같이 왜군 최고의 맹장으로 소문난 자들이었다.

당시 이 싸움을 지휘했던 왜군 장수들의 면면을 살펴보면, 한양 도성에 최초로 입성하고서 평양성까지 진격했던 고니시(小西行長), 풍신수길의 오른팔로 불리던 이시다(石田三成), 1월 27일 벽제관에서 명나라 도독 이여송의 본진을 깨뜨린 고바야카와, 그리고 여기에 더하여 총사령관 우키다까지 왜군의 내로라하는 장수들은 거의가 포진해 있었다.

왜군이 이처럼 이 싸움에 많은 병력을 투입하고, 그들의 맹장으로 불리는 장수들을 총동원했던 이유는 만약 이곳에 주둔하고 있는 권율의 부대를 섬멸하지 못하면 평양성에 이어 수도 한양성 조차 내주게 될지도 모른다고 우려했기 때문이다.

전투는 2월 12일 새벽, 동이 트기가 무섭게 시작되었다.

싸움이 시작되자 왜군은 병력을 7진으로 나누어 고니시와 이시다 그리고 구로다(黑田長政)가 이끄는 1~3대를 필두로 파상적으로 밀고 들어왔다. 그러나 이들은 모두 제1방어선을 뚫지 못하고 격퇴당하고 만다. 이에 총사령관 우키다가 직접 본대를 이끌고 공격에 나섰으나, 그 역시 제2방어선 앞에서 무너져 버린다.

이어서 5대장 요시카와(吉川廣家), 6대장 모리(毛利輝元)의 두 대가 합세하여 돌격을 감행했지만, 이들 역시 수많은 희생자를 내고서 결국에는 퇴각하고 만다.

▼
행주대첩 전투그림.

종일토록 맹공을 퍼부어도 전혀 성이 흔들릴 기미가 보이지 않자, 초조해진 왜군은 어둡기 직전 마지막 총공격을 감행한다. 그러나 권율은 전혀 흔들리지 않고 군·관·민을 총동원하여 결사적으로 맞선다. 종일토록 계속되는 전투에 화살은 바닥을 드러냈고, 무기는 고갈되었다.

최후의 결전을 결심한 권율은 부녀자들로 하여금 앞치마에 돌을 담아 나르게 하며 죽기로 항전했으나 불가항력으로 성이 함락될 위기에 직면한다.

헌데, 이때 기적이 일어났다.

경기 수사 이빈(李薲 : 1537~1603)과 충청도 수군절도사 정걸(丁傑 : 1514~1597)이 군선 두 척에다 화살과 병력을 가득 싣고 한강을 거슬러 강기슭에 도착했던 것이다.

이를 본 조선군 진영에서는 함성이 일어났고, 반대로 왜군 진영은 순식간에 전열이 흐트러진다. 퇴각하는 왜군들은 죽은 동료의 시체를 모아 기름을 붓고서 그 위에 불을 질렀다.

들판에는 불에 그슬리거나 미처 태우지 못한 시체가 산을 이룬 가운데 시체 타는 냄새가 천지를 뒤덮었다. 또한 이날 전투에서 총사령관 우키다를 비롯한 왜군 장수들 대부분이 부상했다고 하니, 일반 병사들의 상태야 어떠했겠는가.

행주대첩은 이순신의 '한산대첩' 김시민의 '진주대첩'과 더불어 임진왜란 3대 대첩 중의 하나로 꼽히는데, 권율은 이때의 공로를 인정받아 '도원수'에 제수된다.

행주대첩이 끝나자 조선군은 내친김에 한양성까지 수복하고자 열을 올렸으나, 명나라는 왜군과의 강화를 서두른다. 그것은 명으로서는 더 이상의 희생을 줄이고 자기네와는 별 상관도 없는 이 전쟁에서 명예롭게 발을 빼기 위한 명분을 찾기 위함이었다.

　　한편 왜군은 군량은 바닥을 드러내고 있는데다 조선의 군세가 날로 강성해지자 두려움을 느낀 나머지 명의 강화 제의에 적극적으로 찬동하고 나섰다.

　　결국은 양측의 뜻대로 진행되어 왜군은 한양에 입성한지 근 1년 만인 4월 18~19일 양일간에 걸쳐 한양에서 퇴각을 단행했으며, 조선군의 한양 입성은 왜군이 물러간 다음날인 4월 20일에야 이루어졌다.

　　이처럼 한양수복에 결정적 공훈을 세운 권율은 임진왜란이 끝나고서 한 해가 지난 선조 32년(1599) 건강을 잃어 관직을 떠나게 된다. 임진왜란 7년 전쟁을 치르면서 몸과 마음이 탈진한데다, 전쟁이 끝나자 긴장이 풀렸던 탓이다.

　　관직을 떠난 권율은 그만 애석하게도 그 해도 넘기지 못하고 63세로 생을 마감하고 마니, 나라에서는 선무공신 1등에 영의정으로 추증하고, 충장공(忠壯公)의 시호를 내려 그의 공을 기렸다.

권율 장군 집터 곁에는 '딜쿠샤'란 이름을 지닌 건물이 있다. 이 건물은 3·1만세 운동을 최초로 전 세계에 알린 미국인 알버트 테일러(Albert Taylor : 1875~1948)가 1923년 세운 뒤에 그 별칭을 '딜쿠샤'라 짓고서 1942년 일제에 의해 강제로 추방될 때까지 19년 동안 거주했던 집이다.

딜쿠샤(Dilkusha)는 힌두어로 기쁨, 희망, 그리고 이상향을 뜻하는 말이다.

테일러가 이 건물의 이름을 딜쿠샤라 지은 유래는 1917년 인도 봄베이에서 결혼식을 올린 후, 신부 '메리 테일러'와 함께 인도여행 중 그곳에 소재하는 어느 고성(古城)의 명칭이 마음에 들어 이곳에 새 집을 짓고 나서 그 고성의 이름을 붙였다고 전해진다.

당시 테일러가 이곳에 집을 지은 이유는 권율 장군 집터에 있는

▲
딜쿠샤.
행촌동 권율 장군 집터 곁에 있는 이 건물은 3·1만세 운동을 최초로 전 세계에 알린 알버트 테일러에 의해 1923년에 세워졌다. 딜쿠샤는 힌두어로 희망, 기쁨, 그리고 이상향을 뜻하는 말이다.

은행나무가 마음에 들어서였다는데, 그 후 이 집은 주한 외국인들의 사교 공간으로 자리 잡는다. 지하 1층 지상 2층으로 된 딜쿠샤의 연면적은 624㎡(약 190평)에 달한다.

1963년 국유화된 딜쿠샤는 한동안 관리가 안 되어 인근주민들 사이에서 '귀신 나오는 집'으로 불릴 정도로 거의 폐가를 방불케 했으며, 인근 주민들이 무단 점거하여 많을 때는 15가구까지 입주한 적도 있었다.

이렇던 딜쿠샤가 다시 빛을 보게 된 것은 2006년 알버트 테일러의 아들인 '브루스 테일러(Bruce Taylor)'가 내한하고 부터인데, 이때 브루스는 아버지가 활동했던 사연을 관련자료와 더불어 소상하게 밝히게 된다.

일제강점기 AP통신 특파원이었던 알버트 테일러는 1919년 2월 28일, 신촌 세브란스 병원에서 아들 브루스 테일러가 태어나던 날, 담당 간호사가 침대 밑에 숨겨놓은 '3·1 독립선언서'를 발견하고 이를 일본 도쿄로 보내 AP통신사망을 통해 전 세계에 알린다.

뿐더러 그 해 4월 15일 화성시 향남면에서 일어난 '제암리 학살 사건'을 영국인 의사 스코필드(1888~1970) 박사와 함께 미국으로 타전하여 국제여론화 시키는 데도 앞장섰다.

이렇게 두 번에 걸쳐 큰일을 해낸 테일러는 일경에 검거되어 서대문형무소에서 6개월간의 옥고를 치른다. 그는 석방된 후에도 우리 한국의 일이라면 발 벗고 나서는 바람에 일경의 감시대상 1호가 되었다.

이후 일경은 1941년 태평양 전쟁이 발발하자 그를 자택에 연금

시켰다가 이듬해 미국으로 강제 추방해 버렸다. 미국으로 돌아간 테일러는 1948년 "내가 죽거든 한국 땅에 묻어 달라"는 유언을 남기고 숨을 거둔다. 이에 유족들은 고인의 유언에 따라 유해를 한국으로 옮겨 양화진 외국인 묘소 안에 있는 아버지 '조지 테일러' 묘지 곁에 나란히 묻어 주었다.

그의 아버지 조지는 1896년(고종 33) 조선에 들어와 '알렌'이 따낸 세계 3대 금광의 하나로 꼽혔던 평안북도 운산 금광 개발권을 인수한 인물로 알려져 있으며, 그 역시 한국에 묻히기를 원하여 아들보다 먼저 양화진에 묻혔던 것이다.

역사학적으로는 물론, 건축사적으로도 그 가치를 인정받고 있는 딜쿠샤는 2016년 2월 26일 서울시와 문화재청이 원형대로 복원하여 3·1운동 100주년이 되는 2019년 3·1절에 일반에 공개하기로 합의하였다.

소식을 들은 브루스 테일러의 딸 제니퍼 테일러는 2016년 3·1절에 서울역사박물관을 찾아 조부모가 남긴 의복과 문서, 편지 등 유품 349점을 기증하여 97년 전에 할아버지가 이룬 업적을 더욱 빛나게 하였으니, 이들은 4대에 걸쳐 한국을 사랑했던 것이다.

4거리에서 길을 건너 성곽을 따르는 길은 성곽 안과 밖 양쪽으로 갈라진다. 이 중에서 안쪽 여장을 따르게 되면 최근에 공원으로 조성된 그늘을 따라 걸을 수 있고, 바깥쪽 성체를 따르게 되면 마을 버스가 다니는 도로를 따라 걷게 되는데, 바깥쪽 길을 택할 경우 원 성벽을 바라보며 걸을 수 있다. 그러므로 성곽 탐방이 주목적이라면 당연히 바깥쪽 길을 택해야 한다.

바깥쪽 성벽은 이제까지와는 달리 암갈색을 띠고 있을뿐더러, 성벽 아래로는 화단을 꾸며 놓아 겨울 한 철을 제외하고는 일 년 내내 꽃을 감상할 수 있다. 전에는 성곽 안쪽 지역 전체를 군(軍)에서 통제했던 관계로 선택의 여지없이 이곳 바깥쪽 길을 택해야 했었으나, 이제는 이 길을 택하는 사람은 어쩌다가 있고 대개는 안쪽 길로만 몰려든다.

바깥쪽으로 들어서서 암갈색 성곽을 바라보며 아스콘 포장도로를 따라 걷다보면 교남동 방향으로 꺾어지는 지점에서 성곽 안쪽으로 통할 수 있는 암문(暗門)을 만나게 된다.

원래 암문이란 유사시에 무기와 군량, 그리고 병력의 이동을 위하여 적이 모르는 곳에 만든 비밀문을 말한다.

그러나 서울성곽의 암문은 8개 모두가 1970년대 중·후반 주민들의 통행 편의를 위해 만들었고, 이곳 암문도 그 무렵에 만든 문이다. 이 암문은 불과 10여 년 전까지만 해도 일 년 내내 닫혀 있었으나, 안쪽에 공원이 조성되면서부터 개방을 단행했다.

암문 앞에 이르면 도로를 버리고 본격적으로 성곽을 따르게 된다.

성체를 따라 몇 걸음 나아가면 왼쪽으로 교남체육공원으로 내려서는 계단이 나오는데, 이곳에서 성곽은 오른쪽으로 휘어 돌아간다. 전에는 S자로 휘어지는 이 일대에 개목장이 버티고 있었던 까닭에 일찌감치 교남체육공원으로 우회할 수밖에 없었으나, 이제는 개목장을 철거하여 직진이 가능하게 되었다.

커브를 돌아 예전 개목장 터에 이르면 '鳳山(봉산)'이라 새겨진 각자를 만나게 된다.

개목장 철거로 인하여 길 자체도 편해졌지만 이곳에서 봉산 각자를 만날 수 있다는 것은 상당히 깊은 의미가 있다. 이 구간은 세종 4년에 이루어진 개축 당시에 황해도 사람들이 쌓은 구역인바, 이 봉산 각자로 인하여 그것이 물리적으로 증명된 것이다.

▲
황해도 봉산 각자가
존재하는 이곳에
예전에는 개목장이
버티고 있어서
우회해야 했었으나,
최근에 이를 철거하고
공원화했다.

봉산 각자를 지나면 이내 인왕산 순환도로를 만나게 되며, 이곳에서 인왕산으로 오르는 길 역시 성곽 안팎으로 나뉜다. 뿐더러 방금 지나온 길과 마찬가지로 안쪽 길을 택하면 복원된 여장을 따르게 되고, 바깥쪽으로 들어서면 원 성곽을 따르게 된다.

바깥쪽 탐방로는 불과 얼마 전까지만 해도 해묵은 아카시아 숲만 가득하여 접근을 거부하던 곳이었으나, 이 나무들을 베어내고 최근에 탐방로를 만들었다.

검회색 성벽을 따라 몇 걸음 진행하면 탐방로 왼쪽으로 흡사 스님이 장삼을 걸친 듯한 모습의 바위가 보이니, 사람들은 이 바위를 일러 중을 닮았다 하여 '선(禪)바위'라 불러왔다.

서울시 민속자료 제4호로 지정된 선바위는 그 모습이 기이하여 옛날부터 아들을 기원하는 사람들의 기도처로 삼아왔기에 일명 '기자암(祈子岩)'이라고도 불리는 이 바위에는 도성 창축과 관련하여 다음의 전설이 전해온다.

▶
선바위.
서울시 민속자료
제4호이다.
도성을 창축할 때
불교가 성할 것을 두려워한
정도전에 의해
이 바위를 성곽 밖으로
내놓고 쌓았다는
전설이 있다.

도성 창축을 계획할 무렵 개국공신 정도전은 선바위를 성 밖으로 내놓고 쌓아야 한다고 주장했고, 무학대사는 성 안으로 넣자고 주장했다.

까닭인즉 선바위를 성 안으로 넣을 경우 고려 때와 마찬가지로 또다시 불교가 성하고 유학(儒學)이 쇠할 것이고, 이 바위를 밖으로 내어 놓으면 반대로 불교가 힘을 못 쓰고 유학이 흥할 것이라는 속설 때문이었다.

쌍방의 주장이 워낙 팽팽하여 결론을 못 내고 밤을 맞게 되었는데, 공교롭게도 그날 저녁 한양에는 눈이 내렸다. 헌데, 희한하게도 지금의 성곽을 경계로 그 안쪽에 내린 눈은 모두 녹아버리고, 바깥쪽에 내린 눈만 그대로 쌓여 있는 것이었다.

이를 본 정도전은 무릎을 치며 "이는 선바위를 성 밖으로 내어놓으라는 하늘의 계시가 분명하다"며 태조의 동의를 구하는데 성공했다. 이에 무학은 "이제는 중이 선비의 책 보따리나 짊어지고 다니게 생겼다"며 탄식했다고 한다. 예전에는 한양 도성을 가리켜 일명 '설성(雪城)'이라고도 불렀는데, 이는 바로 여기에서 유래한 것이다.

선바위 아래에는 일제의 강압으로 남산에서 쫓겨 온 '국사당'이 자리한다.

국사당(國祀堂)은 원래 나라의 제사를 모시는 신성한 곳이었으나, 1925년 일제가 강제로 이곳으로 쫓아 낸 뒤에는 태조 당시 국사(國師)로 대접받던 무학대사를 상징하는 '국사당(國師堂)'으로 이름을 바

▲
인왕산 국사당.
일제는 남산에 있던
국사당을 1925년 남산 옛
식물원 터에 조선신궁을
세우고 나서
이곳 인왕산 선바위
아래로 쫓아냈다.

꾼 뒤에 개인 소유가 되었고, 1973년 7월 16일 '중요민속자료 제28호'로 지정되었다.

국사당 내부 벽면에는 '중요민속 자료 제17호'로 지정된 무신도를 비롯하여, 이태조, 무학대사, 최영장군, 명성황후 등의 영정이 그려져 있으니, 이는 다시 말해서 이곳에는 중요민속 자료가 두 종류가 있다는 얘기다.

개인의 굿당으로 전락한 국사당에서는 사람들의 복을 비는 굿판이 수시로 행해진다. 이곳에서 굿을 할 때는 대개 통돼지도 잡고 구경꾼에게 떡도 돌리는데, 이럴 때면 뒤에서 입 닫고 구경만 하고 있으면 떡을 얻어먹을 수 있다. 말 그대로 '굿이나 보고 떡이나 먹지'를 실제로 체험할 수 있는 곳이 바로 인왕산 국사당이다.

선 바위에서 돌아 나오면 이내 성곽 안쪽으로 통할 수 있는 육교 앞에 이른다.

이곳에서 육교를 타고 넘기 전에 계속해서 성곽을 끼고 바깥쪽으로 오르는 길이 보이고 있으나, 이 길은 곡장 부근에서 막히므로 애초에 육교를 넘어서는 게 현명하다.

육교를 넘어서면 최근에 복원된 여장으로 이어지는데, 상앗빛을 띠고 있는 이곳 여장은 방금 지나온 검회색의 체성과는 바둑판의 흑돌과 백돌만큼이나 차이가 크다.

세상 사람들 모두가 묵은 것 보다는 햇것을 좋아하지만, 성곽만큼은 해묵은 것을 좋아한다. 그러나 이곳 인왕산 성곽은 그 독특한 분위기로 인해 전혀 그 차이를 느낄 수 없다.

상앗빛 여장 너머로는 달팽이 바위를 비롯한 갖가지 기기묘묘한 바위가 연이어 나타나고, 오른쪽 산기슭의 솔 그늘이 드리워진 길을 걷다 보면, 묵은 성곽 곁을 걷는 것인지 햇 성곽 곁을 걷는 것인지 아무 생각도 안 난다. 상앗빛 여장을 쓰다듬으며 경사진 계단을 오르다 보면, 성곽은 왼쪽으로 급하게 꺾어지며 흡사 맹장주머니 형태를 이루는데, 이러한 성곽을 일러 흔히 '곡장(曲墻)'이라 부른다.

▼
인왕산 달팽이 바위.
선바위와 곡장 사이에
위치한다.

곡장이란 침입하는 적을 조기에 발견하여 좌우에서 협공하기 위해 밖으로 돌출시켜 쌓은 성을 말한다. 이 중 각이 진 것을 치성(雉城)이라 하고, 원형으로 쌓은 것을 곡장이라 부르고 있는바, 이곳 인왕산 곡장은 국내에 산재하는 모든 곡장 중에서 그 특징이 가장 잘 드러났다고 한다.

적을 공격하기 위해서는 무엇보다 전망이 뛰어나야 한다.

이에 걸맞게 이곳 곡장에 서면 인왕산 일대는 물론, 건너편 무악산까지 거침없이 내다보여 속이 뻥 뚫릴 지경이다. 군부대가 주둔하

▼
인왕산 곡장.
이 곡장은 전국에 있는
곡장 중에서 곡장으로서의
특징이 가장 잘 드러났다고
한다. '이괄의 난'때 이괄이
왕으로 옹립한 흥안군은
이곳에 올라 건너편
무악산에서 이괄의 군대와
관군간의 전투장면을
구경했다고 한다.

고 있어 접근을 거부하고 있는 이곳 인왕산 곡장에는 '이괄의 난'과 관련하여 다음의 이야기가 전해온다.

인조반정을 주도한 김류와 이귀 일당은 인조 2년 1월, 서북면 부원수로 평안도 영변에 주둔하고 있는 이괄(李适)을 제거하여 권력을 독점하고자 그의 아들 '이전'과 이괄의 부장 '한명련'을 역모 혐의를 씌워 호송을 시도했다. 이에 당대의 용장으로 불리던 이괄은 금부도사의 목을 단 칼에 날려버리고 나서, 반역의 깃발을 높이 드니, 때는 인조 2년(1624) 1월 24일이었다.

서울을 향해 파죽지세로 밀고 올라온 이괄은 영변을 떠난 지 불과 열흘 만에 도성을 접수해 버린 다음, 선조의 열 번째 아들 흥안군 제(瑅)를 용상에 앉혔다. 이에 인조는 허겁지겁 공주로 달아나고, 조정대신들은 갈피를 못 잡고 우왕좌왕 헤맨다.

이때 이괄의 상관으로 도원수의 직책을 맡고 있던 장만(張晚)은 평양에 머물고 있었다.

부원수가 반란을 일으켰으니, 도원수인 장만으로서는 당연히 길목인 평양에서 이괄의 진군을 차단해야 했으나, 뒤에서 어슬렁거리며 이괄의 뒤를 따라 추격의 흉내만 내고 있었다.

비록 자신의 휘하라고는 하나, 성난 파도처럼 서울을 향해 밀고 올라가는 이괄은 장만이 상대하기에는 분명 벅찬 상대였던 것이다.

멀찍이서 뒤를 따르던 장만이 건너편 무악산에 당도한 것은 2월 초열흘이었고, 그날 저녁 무렵부터 서울에는 거센 동풍이 몰아치기 시작했다. 다음날 새벽이 돼서야 장만의 토벌군이 무악에 진을 쳤다는 보고를 받은 이괄은 "까짓 장만의 군대쯤이야 아침 해장감도 안 된다"며 코웃음 쳤다.

이어서 이괄은 군사들에게 명하여 "이괄 장군이 장만의 군대를 깨부수는 장면을 보신 후에 조반을 드세요"라고, 도성민들에게 선전까지 해댔다.

예나 지금이나 구경 싫다는 사람 보았는가. 더군다나 구경중의 으뜸은 싸움구경이라고 했다. 신이 난 도성민들은 조반도 미룬 채 인왕산으로 내달았다.

이리하여 동풍이 몰아치는 2월 열 하룻날 아침, 인왕산 성곽위에는 구경나온 사람들이 빨랫줄에 빨래 널리 듯 했다. 그 중에서 1등석은 단연 이곳 곡장이었고, 그날의 최고 귀빈은 이괄이 새 임금으로 떠받든 흥안군이었다.

마침내 세계 역사상 그 유례가 없는 관중을 동원한 전투가 시작되었다.

싸움이 시작되자 이괄의 호언대로 장만의 군대는 처음부터 지리멸렬 맥을 못 췄다. 하늘도 이괄의 편을 드는지 동풍은 계속해서 불어댔고, 바람을 등에 업은 이괄의 군대는 장만의 군대를 정신없이 몰아붙였다. 그러나 하늘이 끝까지 이괄의 편을 들지 않는다는 것을 깨닫는 데는 그리 오랜 시간이 필요치 않았다. 지난 저녁부터 거세게 몰아치던 동풍이 별안간 서북풍으로 바뀌었던 것이다.

이괄은 자신의 군대가 다 이긴 줄 알고 꽹과리를 두들기며, 좋아하다가 갑자기 바뀐 풍향에 크게 당황했다.

더구나 자신이 그토록 업신여기던 장만의 휘하에는 당대의 명장 정충신(鄭忠信)이 있다는 것을 미처 깨닫지 못했었다. 지난 저녁에도 특공대를 꾸려가지고 무악 봉수대를 기습 점령한 후, 봉수군으로 하여금 아무 일도 없다는 듯이 봉화를 평시처럼 올리도록 하여 이괄 측을 속이는데 결정적 역할을 했을 만큼 정충신은 지략과 용맹을 겸비한 장수였다.

풍향이 바뀌자마자 정충신은 고춧가루에 재를 섞어 날리며 짓쳐 내려가니, 이괄의 군대는 눈을 뜰 수가 없었고, 삽시간에 전열이 흐트러져 버렸다.

말머리를 돌린 이괄이 패잔병을 이끌고 돈의문에 당도해보니 아침에 출전할 때 활짝 열고 나갔던 문이 어느새 굳게 닫혀있는 게 아닌가. 아무리 조석으로 변하는 게 세상인심이라지만 이괄은 믿을 수 없었다. 뒷덜미를 조여오는 추격군 때문에 돌변한 민심만을 탓하고 있을 형편이 못되었던 이괄은 다시 서소문을 향해 말을 몰았다.

그러나 굳게 닫힌 서소문 앞에서 이괄은 또다시 절망해야 했다.

다급해진 이괄은 숭례문으로 말머리를 돌려 도성 안으로 뛰어들었다. 도성민들이 미처 숭례문까지는 닫을 새가 없었던 것이다.

도성 안으로 들어와 보니, 이미 도성민들은 이괄을 역적으로 인정하고 있었다. 남의 헛간 구석에서 쥐죽은 듯 숨어 있던 이괄은 밤 2경(밤 10시) 무렵 광희문을 통하여 도성을 탈출하는데 성공했다.

하지만 믿는 도끼에 발등 찍히는 것은 고금(古今)이 다르지 않았다.

그토록 믿었던 심복중의 심복인 기익헌과 이수백이 자신의 상관
이며 동지였던 이괄 부자와 한명련을 비롯한 주동자 9명의 목을 베어
버리니, 기세등등하던 이괄의 반란은 너무나 어이없게 끝나고 만다.

이후 사람들은 도원수 장만이 부원수인 이괄의 반란군을 막지
못하고 뒤에서 어슬렁거리며 따라왔다고 해서 '장만이 볼만이' 라
고 빈정대었으며, 또 이괄이 자신의 군대가 다 이긴 줄 알고 꽹과리
를 두들기며 좋아하다가 패퇴한 것을 가리켜 '이괄이 꽹과리'라는 말
을 유행시켰다.

장을 지나면 이어서 '범바위'라 부르는 거대한 암봉(岩峰)이 닥친다. 범바위에는 성곽 대신 철계단이 설치되어 있는데, 이는 범바위가 성곽 역할을 대신하기 때문이다. 그러나 이름과는 달리 막상 범바위에 올라서면 범의 형상은 그 어디에도 없다.

까닭을 설명하자면 암봉 전체의 형상이 범을 닮았으므로 멀리 떨어진 곳에서나 범의 모습으로 보인다는 얘기다.

다시 말해 범바위가 아니라 '범봉'이라고 해야 맞는 것이다.

하늘 아래 존재하는 범바위 중에서 으뜸의 크기를 자랑하는 범바위에 올라서면 서울 시내가 한 눈에 들어오는데, 특히 종로와 명동을 비롯한 서울의 심장부 전망이 일품이다.

서울 주변에 위치하고 있는 산 중에서 시내 전망은 인왕산을 당할 데가 없고, 인왕산에서는 이곳 범바위를 당할 데가 없다고 해야 할 만치 이곳의 전망은 뛰어나다.

범바위에 올라 시내를 내려다보면 마치 지붕에서 안마당 내려다보는 것과 진배없다. 말할 것도 없이 어지간한 간판은 육안으로 확인될 정도이니 더 이상 무슨 설명이 필요하겠는가.

◀
인왕산 범바위.
곡장 근처에 있는
이 바위는 멀리서 보아야
범의 형상으로 보인다.

▲
복원된 인왕산 성곽이
흰 빛을
드러내고 있다.

범바위를 지나면 복원된 성곽 옆으로 자연 암석을 파서 만든 바위 계단으로 이어지다가 중턱에서부터는 바위 틈사이로 난 오밀조밀한 길로 바뀐다. 바윗길이 끝나면 바닥 전체가 암반으로 이루어진 곳이 닥치는데, 사람들은 이곳 일대를 일러 '인왕산 치마바위'라 부른다.

이곳이 치마바위라는 명칭을 얻게 된 데에는 조선의 열한 번째 임금 중종과 그의 비 단경왕후에 얽힌 다음과 같은 애절한 사연이 숨어 있다.

조선의 열 번째 임금 연산군은 천하의 개망나니로 소문난 임금이었다. 그는 채홍사와 채청사를 동원하여 전국에 있는 젊고 예쁜 미녀들을 강제로 끌어다가 '흥청(興淸)'이란 이름을 지어준 다음, 그들과 함께 허구한 날 술판으로 세월을 보냈다.

오늘날 돈을 마구 써대면서 술판을 즐기는 것을 일러 '흥청망청한다'라고 표현하는 것은 바로 여기에서 유래된 말이다.

연산군의 흥청놀음이 이쯤에서 끝났다면 그가 서른한 살 젊은 나이에 용상에서 쫓겨나는 비극은 결코 없었을 것이다. 그의 흥청 놀음은 말년에 더욱 광기(狂氣)를 보이는데, 종당에는 자신의 큰어머니인 월산대군의 부인 박씨 마저 겁탈하는 짐승 같은 행태를 벌였고, 이에 수치심을 견디지 못한 박씨 부인은 목을 매고 만다.

당시는 삼강오륜을 최고의 덕목으로 여기던 시절로서, 만약 일반 사가에서 이런 일이 벌어졌다면 그는 강상(綱常)의 법도를 어지럽힌 죄목으로 당장에 멍석말이를 당할 일이었다.

그러나 그는 일국의 지존인 왕이었다. 귀 달린 사람은 모두가 눈살을 찌푸렸으나, 그렇다고 왕에게 감히 강상의 법도를 따질 수도 없는 일이어서 모두가 속으로만 끌탕을 했다.

그 무렵 무술이 뛰어난 박원종(朴元宗 : 1467~1510)이라는 사람이 있었다. 당시 박원종의 벼슬은 지중추부사였는데, 연산군이 겁탈한 박씨 부인은 그의 누이였다.

누이의 소식을 전해들은 박원종은 이를 갈았다. 박원종 자신의 원한도 못 견딜 일이었지만, 무엇보다도 나라를 위해서는 연산군을 반드시 몰아내야겠다고 다짐했다.

그는 거사할 동지로서 전 이조참판 성희안(成希顔 : 1461~1513)과 현 이조판서 유순정(柳順汀 : 1459~1512)을 끌어들였다.

이들 세 사람은 차기 왕으로 연산군의 이복동생인 진성대군을 세우기로 결의한 후, 연산군의 처남인 신수근을 찾아가서 자신들의 거사 계획에 동참해 줄 것을 유도하기 위해 "딸과 누이 중 누가 더 가깝습니까?"라며 그의 속내를 질렀다.

이 말의 숨은 뜻은 신수근의 딸은 이번 거사에 신왕(新王)으로 추대하려는 진성대군의 부인이고, 신수근의 누이는 현 임금인 연산군의 비(妃)이므로, 우리가 연산군을 몰아내고 당신의 따님을 왕비에 앉혀 줄 것인즉, 우리와 함께 거사를 도모하는 게 어떠냐는 의미였다.

신수근은 눈치도 빨랐지만 이해(利害)를 따지는 데는 타의 추종을 불허하는 사람이었다.

이치상으로는 누이보다는 딸이 훨씬 더 가깝다.

하지만 이 일에 섣불리 끼어들었다가 만에 하나 일이 어그러지는 날에는 멸문지화를 당하기 십상이다. 딸을 왕비로 만들려다 공연히 집안이 결딴나느니, 차라리 임금의 처남으로 남아 편한 여생을 보내는 게 훨씬 안전하다고 생각했다.

여기까지 계산한 신수근의 대답은 "글쎄올시다. 아직 금상의 보령(寶齡)이 창창하시니 좀 더 지켜봅시다"라며 한 발 물러섰다. 연산군의 나이가 이제 겨우 서른 한 살 밖에 안 되었으니, 그가 개과천선 할 때까지 기다리자는 얘기였다.

선뜻 나설 것으로 여겼던 신수근이 뜨뜻미지근하게 나오자 이들은 몹시 당황했다.

'왕을 내 몰아야 한다'는 말을 다른 사람도 아닌 왕의 처남에게 직접 발설했으니, 만약에 이 말이 왕의 귀에 들어가기라도 하는 날에는 목이 열 개라도 살아남기 어려운 일이었다.

신수근의 집을 나온 이들은 기밀 누설을 우려한 나머지 거사일을 앞당기기로 했다.

그리고 마침내 1506년 9월 2일 저녁, 박원종이 지휘하는 반정군은 신수근의 집으로 달려가 신수근의 목부터 날리고 나서 거사에 돌입했다.

반정이 성공하자 계획대로 진성대군은 보위에 올랐고, 그의 배필이며 신수근의 따님인 신씨 부인은 자동적으로 왕비에 책봉되었다.

허나 문제는 그 다음이었다. 임금의 장인이며 왕비의 생부를 죽이고서 뒤가 켕기지 않을 장사가 어디에 있겠는가.

이에 그들은 아예 후환의 뿌리를 일찌감치 도려내기로 작정했다.

그리고 '역적의 딸을 중전의 자리에 그대로 둘 수는 없는 일'이라며 열아홉의 앳된 임금 중종을 향해 신비(愼妃)를 당장에 폐비시키라며 윽박지르기 시작했다.

이 말에 중종은 강하게 반발했으나, 한 번 폐비시키기로 작정한 그들은 결코 물러서지 않았다. 당연한 것이, 지금은 비록 중종이 나이가 어려 힘을 쓸 수 없는 애송이 임금이지만, 세월이 지나 차차 왕권이 안정되는 날에는 자신들의 앞날은 바람 앞에 등불신세를 면치 못할 것이 불을 보듯 뻔했기 때문이다.

일주일간의 줄다리기 끝에 결국 엊그제 보위(寶位)에 오른 새내기 임금은 굴복하고 만다.

이리하여 중종 보다 한 살 연상으로 갓 스물 밖에 안 된 신비는 왕비가 된지 겨우 일주일만에 폐비가 되어 이곳 인왕산 아래 옥인동 친정집으로 쫓겨나고 말았다.

열세 살의 어린나이로 진성대군과 혼인하여 원앙의 금슬을 누리던 신비는 어느 날 갑자기 타의에 의해 왕비가 되었다가 또다시 타의에 의해 폐비가 되었으니, 신비의 가슴은 한으로 얼룩졌다.

며칠 전에는 아무 죄도 없는 친정아버지를 죽이더니, 이제는 역적의 딸이라는 누명을 씌워 자신마저 쫓아낸 박원종 일파에 대한 원한이 골수에 사무쳤지만 저항할 방법은 없었다.

신비는 그날 이후 틈만 나면 인왕산을 올랐다.

그리고 대군 시절 남편이 좋아하던 다홍치마를 바위에 널었다. 해만 뜨면 이 일이 반복되자 마침내 소문은 구중궁궐 속에 파묻혀 지내는 중종의 귀에도 들어갔다. 반신반의한 중종이 경회루에 올라 인왕산을 바라보니, 신비가 치마를 너는 모습이 눈에 들어왔다. 당장이라도 인왕산으로 달려가고 싶었지만, 그것은 될 일이 아니었다.

그날 이후 중종은 신비가 그리워지면 경회루에 올랐고, 사람들은 신비가 치마를 널던 바위를 가리켜 '치마바위'라 부르기 시작했다.

O 토록 애절한 사연이 깃들어 있는 치마바위는 일제강점기 말
에 감히 상상도 못했던 일이 벌어지는데, 그 사유를 들어보면
더욱 기가 막힌다.

일제는 자신들이 일으킨 중·일 전쟁을 승리로 이끌고자 우리 조
선 민중들까지 전쟁터로 내몰기 위해 별별 방법을 다 동원시킨다.

그들은 이때 서울시내 한복판인 경복궁 근처에서 눈만 들면 바
라보이는 이곳 인왕산 치마바위 중턱에 '東亞靑年團結(동아청년단결)'
이란 글자를 새기고서 그 옆에는 '皇紀 二千五百九十九年 九月 十
六日(황기 2천5백99년 9월 16일)'과 '朝鮮總督南次郞(조선총독남차랑)'이란
글자를 새겼는데, 글자 한 개의 크기는 자그마치 사방 3.6m에, 깊
이는 15㎝에 이르렀다고 한다.

이 글씨의 흔적을 확인하려면 '기차바위 3거리'에서 창의문 방면
으로 향하다가 최근에 성곽 무너졌던 구간을 지나 성곽을 넘기 직
전에 세워진 이정표에서 수성동계곡(水聲洞溪谷) 가는 길로 내
려서야 한다.

▶
일제가 훼손한 인왕산 치마바위.
단경왕후가 치마를 널어 그 이름을 얻었다는 이곳
치마바위는 1939년 일제가 '동아청년단결' 등의
글자를 새겨 더럽혀진다. 글자의 크기는 사방
3.6m이고, 깊이는 15cm였다고 한다. 사진
중앙 부위의 'L'자를 이루는 소나무 숲
주위가 글자를 새겼던 곳이다.

이곳에서 몇 발짝 진행 후, 또다시 닥치는 갈림길에서 오른쪽으로 몇 걸음 내려서서 치마바위를 바라보면 정상에서 아래쪽으로 약 40여 미터쯤 되는 곳 바위 암반에 'ㄴ'자를 이루는 소나무 무더기가 보이는데, 이곳이 바로 문제의 글자가 새겨졌던 자리다.

해방 후, 일제의 잔재를 지우고자 정으로 쪼아내는 바람에 글씨를 읽는 것은 불가능하나, 글씨가 새겨졌던 흔적은 지금도 역력하다. 또한 큰 글씨 왼편에는 잔글씨로 '일본과 조선 청년들이 단결하여 대동아공영권을 이루어야 한다'는 취지의 본문이 새겨졌던 흔적도 보인다.

당시 일제가 이곳 치마바위에 새겼던 글자 중에서 '동아청년단결'은 동아시아의 청년들의 단결을 강조하는 말이고, '남차랑'은 제7대 미나미 총독의 한자식 이름이다. 또 '황기'는 일본의 기년법을 말하는바, 이 말은 일본인들이 자신들의 개국신화의 주인공이라 주장하는 진무천왕(神武天王)이 즉위했다고 하는 기원전 660년을 가리킨다.

따라서 2599-660=1939이므로 이 글씨는 1939년에 새겨졌다는 말이다.

不│마바위를 비켜서면 '삿갓바위'가 웅크리고 있는 인왕산 정상 (해발 338m)에 다다른다. 인왕산은 이 태조가 한양으로 도읍을 옮긴 이후, 도성 서쪽에 자리한다 하여 도성의 우백호라 불리며 일찍부터 주목을 받아왔다.

태조가 한양에 궁궐을 세울 때 정도전은 옛 법도를 따라 북악을 주산(主山)으로 하자고 주장했으나, 무학은 이곳 인왕산을 주산으로 하여 그 아래 궁궐을 세운 다음, 북악을 좌청룡으로 하고, 남산을 우백호로 삼아야 한다고 주장했다.

인왕산을 주산으로 삼게 되면, 정룡(正龍)의 상징인 좌청룡(북악산)이 방룡(傍龍)으로 상징되는 우백호(남산) 보다 강하게 되어 앞으로 태어나는 왕가의 자손들은 큰 아들이 작은 아들보다 강하게 되어 왕가의 후계구도가 저절로 바로잡힌다는 논리였다.

그러나 결국에는 무학의 주장은 관철되지 못했고, 그 후 무학의 예언대로 조선의 왕자들은 5백년 내내 장자는 비실거리고, 작은아들들이 기세를 떨쳤다는 이야기가 전해온다.

도성 서쪽에 자리하여 그 산세가 범상치 않았던 인왕산은 산 전체가 기기묘묘한 바위로 가득한데, 그 바위들은 모양에 따라 각자 자신만의 이름을 가지고 있다.

먼저 초입에서 만났던 선바위를 필두로 달팽이바위, 범바위, 해골바위, 코끼리바위, 두꺼비바위, 장승바위, 매바위, 기차바위 그리고 이곳 정상에 있는 삿갓바위까지 헤아릴 수조차 없을 만치 많은 바위가 있다.

▲
인왕산 정상의
삿갓바위.

바위만이 아니다. 봄이면 진달래와 철쭉이 온 산에 가득하고, 가을이면 노란 단풍 사이로 팥배나무 열매가 빨갛게 익어가는 이곳 인왕산 기슭에는 샘터 또한 많아서 목마른 이들의 갈증을 풀어주기도 한다.

빼어난 경관을 자랑하는 인왕산에는 조선시대 이래 이름난 별서(別墅)도 많았는데, 그 중의 으뜸으로는 안평대군의 무계정사(武溪精舍)와 흥선대원군의 석파정(石坡亭 : 서울시 유형문화재 제22호)을 꼽는다.

무계정사는 안평대군이 도원(桃園)에서 놀던 꿈을 꾼 뒤 인왕산 기슭에 별서를 세운 다음 이곳에다 만권 서적을 쌓아놓고 선비들과 더불어 시문과 풍류를 즐기던 곳이다.

그 후 계유정난으로 안평대군이 역적으로 몰려 죽고 나자 별서는 폐허가 되었고, 지금은 그 터 바위에 안평대군의 글씨로 알려진

'武溪洞' 세 글자만 남아 있다.

또한 석파정은 조선 철종 때 영의정을 지낸 김흥근(金興根)이 별장을 지어 '삼계동정자(三溪洞亭子)'라 칭했던 곳으로 예전에는 주변 경치가 매우 빼어났었다.

황현의『매천야록』에 따르면 흥선대원군은 이 별장이 마음에 들어 김흥근에게 별장을 팔기를 청했으나 김흥근은 일언지하에 거절했다.

이에 대원군은 김흥근에게 "정히 팔기가 싫으면 별장을 하룻밤만 빌려달라"고 간청했다. 이마저 차마 거절할 수가 없었던 김흥근이 하룻밤 지낼 것을 허락하자, 대원군은 일부러 아들 고종과 함께 묵었고, 나중에 이를 알게 된 김흥근이 "임금이 묵고 가신 곳에 신하가 감히 어떻게 살겠는가"라며 헌납하였다는 이야기가 전해온다.

경관이 빼어났던 인왕산은 이름난 화가들의 작품도 많은데, 그 중에서 조선조 4대 화가의 한사람인 겸재(謙齋) 정선(鄭敾 : 1676~1759)의 「인왕제색도(仁王霽色圖 : 국보 216호)」가 최고의 걸작으로 꼽힌다.

조선시대 이래 인왕산은 한양에서 알아주는 불교성지이기도 했다.

인왕산이라는 이름을 갖게 한 인왕사(仁王寺)를 비롯해서, 선승들의 수도처로 유명한 금강암(金剛菴), 세조가 지었다는 복세암(福世菴), 바위굴 속에 부처를 앉힌 천향암(天香庵)까지 도성의 내사산 가운데 가장 많은 사찰을 품고 있는 것이다.

예로부터 인왕산은 호랑이 많기로도 한 몫 하던 산이어서 이 산

줄기에 있는 무악재를 넘으려면 군사들의 호위를 받기도 했었다.

또한 인왕산은 바위가 많아 국내 근대 등반의 태동기로 불리는 일제강점기에는 암벽꾼들에게 많은 사랑을 받던 산이기도 하다. 당시엔 등산인구도 적었을 뿐 더러, 교통편이 좋지 않아서 북한산이나 도봉산을 찾으려면 당일치기가 불가능 하던 시절이었다.

이처럼 모든 것을 갖춘 인왕산이건만 한때는 사람들의 접근을 거부하기도 했었는데, 그것은 바로 1·21사태의 후유증이었다.

이 산이 다시 개방된 것은 김영삼 정부초기인 1993년 3월의 일이었으니, 25년 만에 다시 인왕산을 찾을 수 있게 된 시민들은 문민정부에 아낌없는 박수를 보냈다.

人 갓바위에서 내려서면 철계단 두 개가 연이어 나타난다. 두 번
人 째 철계단의 마지막 발판을 내려서면 흡사 책을 펼쳐 세워놓
은 듯한 바위가 앞을 막아서는데, 사람들은 이 바위를 일러 생긴 그
대로 '책바위'라 부른다.

책바위를 지나면 붉은 황토가 깔린 평지길로 이어진다.

황토길에 복원된 여장을 끼고 몇 걸음 나아가면 이내 '기차바위
3거리'에 이른다.

3거리에서 왼쪽 철계단으로 내려서서 상명대학교 방향으로 1시
간 가량 나아가면 한양도성의 보조성곽으로 축
조된 '탕춘대성'을 만날 수 있다. 이곳에 이르면
누구나 탕춘대성이 궁금하겠지만 성의 길이가 대
략 10리에 이르므로 별도로 날을 잡아서 둘러보
아야 제대로 볼 수 있다.

전에는 이곳 3거리에서부터 성곽 안쪽과 바
깥쪽으로 갈라졌으나, 최근 들어 안쪽 여장을 복
원하고서 바깥쪽 길은 폐쇄시키고 안쪽 길만 살
렸다.

안쪽 길은 경사가 심하여 계단으로 이루어져
있는데, 이 계단은 옛 방식대로 강회(剛灰)를 섞어
만들기는 했다. 그러나 강회의 배합 비율이 안 맞
은 탓인지, 만든 지 불과 몇 해밖에 안됐는데도
어느새 사람이 다닐 수가 없을 정도로 파손이 심

▲ 인왕산 성곽. 바위 틈 사이로 쌓여진 복원된
  성곽돌이 바위보다 더 하얗다.

하여 결국에는 그 옆으로 나무 계단을 새로 만들어 사용하고 있다.

원래 조선시대에는 모든 건설 현장에서 시멘트 대신 강회만을 사용했는데, 이 강회는 완전히 굳고 나면 시멘트보다도 단단하다.

대원군 집권 시절인 1868년에 일어났던 오페르트 도굴사건 당시 도굴에 실패했던 원인도 사실은 대원군의 생부 남연군 묘소에 엄청나게 많은 강회를 썼기 때문이다. 하지만 이곳처럼 배합비율이 안 맞게 되면 단 얼마 견디지 못하고 이처럼 파손에 이르고 마는 것이다.

기차바위 3거리에서 창의문으로 향하노라면 군부대 갈림길 50여 미터 못미처 해묵은 여장에서 각자(刻字)가 연이어 나타나는데 내용은 아래와 같다.

甲申 九月 日 ~ 갑신 9월 일
看役 韓國良 ~ 간역 한국량
監官 梁國佐 ~ 감관 양국좌
邊首 李重坤 ~ 변수 이중곤
嘉慶 十一年 ~ 가경 11년
丙寅 十月 日~ 병인 10월 일
看役 崔日成 ~ 간역 최일성
監官 李東翰 ~ 감관 이동한
邊首 龍聖輝 ~ 변수 용성휘

▲ 복원 전의 인왕산 여장. 검은 여장에 오히려 정감이 더 갔었다.

▲ 복원 전의 인왕산 성곽.

위의 각자 중 갑신년은 순조 24년(1824)을 말하고, 간역은 공사를 살핀다는 뜻이니, 지금의 감리에 해당되는 말이다. 감관은 공사의 감독관을 뜻하고, 변수는 목수나 공장(工匠)을 한자화 시킨 말로, 우리 말로는 편수라 부른다.

'가경'은 청나라 제7대 황제인 인종 때의 연호로 가경 11년이면 조선의 23대 순조 6년(1806)에 해당되며, 그 해가 바로 병인년이다.

가경 각자를 지나 여장을 끼고 돌아가면, 여장 곁으로 나지막한 나무대문이 앞을 막아서고, 길은 오른쪽으로 'ㄱ'자로 꺾어진다. 이곳에 나무대문을 세워 탐방객을 우회시키는 이유는 물을 것도 없이 군부대가 주둔하기 때문이다.

이곳 군부대 영내에도 성곽은 끊어지지 않고 계속 이어지는데, 그 중 일부는 원 성곽이고, 일부는 복원된 성곽이다. 복원된 성곽에는 '서울城郭 淸雲地區 重修 起工. 1978. 1. 4. (서울성곽 청운지구 중수 기공)'이라는 글귀를 새겨 놓아 이곳 성곽복원의 착공연도를 알려주고 있다.

'ㄱ'자로 꺾어진 길로 들어서서 계단을 딛고 내려서면 인왕산 순환도로를 만나게 된다. 순환도로를 따라 창의문 방향으로 나아가는 길 아래쪽에는 종로구에서 해맞이 명소로 자랑하는 '청운공원'이 자리하고 있다.

공원을 옆에 끼고 휘어진 길을 돌아가면 시인 윤동주(尹東柱)의 대표작 '서시'의 제목을 따서 건립한 '序詩亭'이 나타나고, 서시정을 지나면 '윤동주 시인의 언덕'에 이른다.

창의문이 발아래로 내려다보이는 이 언덕은 불과 2000년대 초

▲ 서시정. '윤동주 시인의 언덕' 바로 옆에 있다.

까지만 해도 불량주택이 난립했었다. 그 후 서울시에서는 그 주택들을 철거한 뒤에 공원으로 조성하여 '청운공원'이라는 이름을 붙였다. 청운공원 내에 있다는 의미였다. 이 공원이 다시 윤동주 시인의 언덕으로 거듭난 것은 2009년 7월 11일의 일이다.

종로구청은 윤동주 시인의 문학정신을 기리기 위하여 인왕산 자락에 위치하는 이 언덕에 그의 대표작 '서시'가 담긴 시비(詩碑)를 세우고 '윤동주시인의 언덕'이라 명명했다. 그리고 윤동주시인의 언덕이 조성 되지 만 3년이 지난 2012년 7월 25일에는 이 언덕 아래쪽에 '윤동주문학관'을 새로 개관했다.

문학관에는 윤동주의 사진 자료를 비롯하여 친필 원고와 시집 등을 비치해 놓았다. 이외에 그의 일대기를 보여주는 영상실이 따로 있는데, 그 '영상 일대기'를 바탕으로 스물여덟 젊은 나이에 일제의 생체실험으로 희생된 윤동주의 삶을 재조명해 본다.

윤동주는 1917년 12월 30일 중국 길림성 화룡현(和龍縣) 명동촌(明東村)에서 명동학원 교사이던 윤영석(尹永錫)의 장남으로 태어났으며, 어릴 때의 이름은 해환(海煥)이었다.

영리하면서도 감성적이었던 해환은 어려서부터 문학적 재능이 뛰어났다. 해환은 이미 명동소학교 5학년 시절 자신보다 불과 3개월 앞서 태어난 고종 4촌 송몽규(宋夢奎)와 더불어 〈새 명동〉이라는 등사판 잡지

▼
윤동주 문학관.
'윤동주 시인의 언덕' 아래
위치한다.

를 만들어 주위를 놀라게 했다.

해환은 1931년 명동소학교를 마치고 중국의 관립학교인 대랍자(大拉子) 학교를 다니다가 가족이 용정으로 이사하자, 이듬해 용정의 은진중학교에 진학하는데, 이때부터 자신의 이름을 '동주'로 쓰기 시작한다. 중학교 시절 동주는 교내 잡지를 발행하고, 축구선수로 뛰는가 하면 교내 웅변대회에서 1등을 하여 주위의 이목을 집중시킨다.

1935년 평양 숭실중학교 3학년에 편입했으나, 이듬해 일제의 신사참배를 거부했다는 이유로 학교가 폐교 당하자, 용정으로 돌아온 그는 광명중학으로 다시 편입한다.

1938년 초 광명중학을 졸업한 그는 어려서부터의 꿈이었던 문학을 전공하고자 그해 4월 평생의 단짝 친구인 송몽규와 함께 서울에 있는 연희전문학교 문과에 입학했다.

윤동주가 연희전문학교를 다니던 1940년을 전후한 시기는 중·일 전쟁의 절정기여서 조선은 물론, 그가 태어난 만주지역까지 온통 뒤숭숭 하던 시절이었다.

연희전문 4학년 때인 1941년 혹독한 식량 절약정책으로 인하여 윤동주는 기숙사를 나와 누상동에 있는 소설가 '김송'의 집에서 하숙 생활을 시작한다. 그는 함께 하숙생활을 하는 2년 후배 정병욱과 더불어 자하문길을 걸어 인왕산을 자주 찾았는데, 그때 그가 찾았던 장소가 바로 지금의 '윤동주 시인의 언덕'이다.

1941년 11월 졸업을 앞둔 그는 지금까지 써 놓은 시 중에서 18편을 추린 다음, 여기에 「서시」를 보태어 『하늘과 바람과 별과 시』라는

▲
'윤동주 시인 언덕'의
가을 풍경.

제목의 시집을 완성시킨다.

　그는 이 시집을 3부 복사하여 그 중 1부는 자신이 보관하고, 1부
는 후배 정병욱에게, 그리고 나머지 1부는 스승인 이양하 교수에게
주면서 출판을 주선해 달라고 부탁했다. 그러나 원고를 받아 든 이
교수는 난색을 표하며 출판을 보류할 것을 권했다고 하는데, 아마도
이양하의 생각은 일제의 검열을 통과하기도 어려울뿐더러 윤동주 신
변에 위험도 따를 수 있다고 판단했던 듯하다.

　한편 윤동주로부터 『하늘과 바람과 별과 시』를 건네받은 정병욱
은 뒷날 일제의 학도병으로 끌려가면서 이 원고를 전남 광양에 살고
있던 어머니에게 맡기고서 전선으로 향한다.

　아들에게서 원고를 받아 든 정병욱의 어머니는 일제의 감시망을
피해 8년 동안이나 원고를 마루 밑창 속에 숨겼다가 종전 후, 다시 아

들에게 건네준다.

　정병욱은 어머니로부터 건네받은 원고와 윤동주의 또 다른 100여 편의 시를 합쳐 윤동주의 동생 일주와 함께 출판을 단행, 마침내 햇빛을 보게 된다.

　한편 시집 출간이 좌절되고 나서 윤동주는 일본유학을 결심하고서 도일하기 직전인 1942년 1월 '히라누마(平沼)'라는 일본식 이름으로 창씨개명을 단행한다. 일본 유학을 위한 어쩔 수 없는 선택이었으나, 윤동주는 이 일로 인하여 고뇌의 찬 나날을 보내며 깊은 자괴감에 빠져든다.

　그는 창씨개명 5일 전인 1월 24일, 참담하고 고통스러웠던 이때의 심정을 절절하게 토로하는데, 그것은 뒷날 「참회록」이라는 시가 되어 세상에 태어나게 된다.

▲
윤동주

창씨개명을 단행한 윤동주는 1942년 3월 도쿄 릿쿄대학(立敎大學) 문학부 영문과에 입학했으나, 그 해 10월 다시 교토 도지샤대학(同志社) 영문과로 편입한다.

그리고 채 1년도 안된 1943년 7월 여름방학을 맞아 고향으로 돌아갈 채비를 하고 있던 윤동주는 느닷없이 들이닥친 교토경찰서 형사에게 검거되고 만다. 이때 교토제국대학 사학과에 재학 중이던 송몽규도 함께 검거되는데, 일제가 이들에게 씌운 죄명은 '사상불온 및 조선의 독립과 민족문화 선동' 등 다소 복잡했다.

1944년 3월 31일 교토 지방재판소는 윤동주와 송몽규에게 각각 징역 2년씩을 선고하면서, "윤동주와 송몽규는 어릴 때부터 민족학교 교육을 받고서 반일사상을 품고 있었으며, 조선독립을 실현하기 위하여 망동을 일삼았다"라고 판결 이유를 밝혔다.

형이 확정되자 이들은 즉시 후쿠오카 형무소로 이감되었다.

그리고 1년이 지난 1945년 2월의 어느 날, 길림성 간도 명동촌 윤영석의 앞으로 '2월 16일 윤동주 사망. 시신 인수 바람'이라는 청천벽력 같은 전보가 날아든다. 아들의 시신을 수습하기 위해 후쿠오카 형무소로 달려간 부친 윤영석은 그곳에서 피골이 상접한 생질 송몽규로부터 놀라운 얘기를 듣게 된다.

"저놈들이 놓은 주사로 저는 이 모양이 되었고, 동주는 아예 깨어나지를 못했어요."

그동안 풍문으로만 떠돌던 일제의 생체실험이 사실로 드러나는 순간이었다.

하지만 이를 확인할 방법도 없었고, 아무런 증거도 없었다.

설사 증거가 드러났다고 해도 별달리 대책이 있을 것도 아니었다.

그러나 비극은 거기에서 끝나지 않았다.

윤동주의 죽음을 증언한 송몽규 또한 그로부터 20여 일 후인 3월 10일 형무소 감방에서 같은 운명에 처해졌던 것이다. 그리고 그 해 봄, 윤동주와 송몽규의 유해는 용정에 있는 교회묘지에 나란히 잠들게 되니, 재능 많고 패기 넘치던 두 젊은이의 꿈은 이처럼 무참하게 꺾이고 말았던 것이다.

창의문은 도성의 4소문의 하나로서 한양의 서북쪽을 관장하던 문이다.

도성을 창축하던 태조 5년 9월 24일에 창건된 이 문은 양주와 고양 방면을 관장했다.

그러나 문이 세워진지 불과 17년 뒤인 태종 13년(1413)에 이르러 풍수가 최양선(崔揚善)의 "숙청문과 창의문은 경복궁의 양팔에 해당되므로 이 문으로 사람이 통행할 경우 지맥이 손상된다"는 주장에 따라 도성 북쪽 정문인 숙청문과 함께 폐쇄되는 운명을 맞는다.

이후로 산속에 자리한 숙청문은 아예 문이 닫혀 버리지만, 이곳 창의문은 국가의 공역(工役) 등 긴급한 일이 있을 경우에는 왕명에 의하여 일시적으로 통행을 허락하였다.

그리하여 세종 4년에 이루어진 도성 개축공사 때 왕명에 의하여 다시 열리기 시작했으며, 그 뒤로 다시 통제가 느슨해져 나중에는 출입제한이 거의 없어질 지경에 이르렀다.

이렇게 되자 풍수가 이양달이 또다시 문제를 제기하고 나서는데, 이에 대하여 세종은 "이제부터는 왕명을 받고서 출입

▼
창의문 앞의 선비와 지게꾼.
(서울역사박물관)

하는 자 외에는 통행을 금하라"라고 명했다는 기사가 왕 28년(1446) 4
월 15일자 기사에 실려 있다.

임금이 승정원(承政院)에 전지하기를,
"술사(術士) 이양달(李陽達)이 주장하매 "창의문이 경복궁을 누르
고 있으므로, 사람의 통행을 허락하는 것이 매우 좋지 않다고
하였다. 그러므로 길을 막아서 소나무를 심고 항상 잠가 두고 열
지 않은지가 오랜데, 지금 이토록 통행자가 많으니 이는 대단히

▼
일제강점기의 창의문.
(국가기록원)

좋지 못하다. 이제부터는 왕명을 받고서 출입하는 자 외에는 항상 닫아두고 열지 말게 하라" 하였다.

창의문은 이후에도 왕명에 의하여 열고 닫음을 반복하다가, 중종 1년(1506)에 정식으로 개방되지만 얼마 안 되어 또다시 닫힌 것으로 추정되는데 그 시기는 불명확하다.

이처럼 열고 닫음을 반복하던 이 문은 임진왜란을 겪으면서 문루가 화마로 소실되었다.

▼
정면에서 바라 본
창의문.

창의문 문루에는
인조반정 당시
공신들의 명단이
걸려 있다.

그 후 영조 17년(1741)에 훈련대장 구성임이 "창의문은 인조반정 때 의군(義軍 : 반정군)이 통과한 곳이니 문루를 새로 세우고, 공신의 명단을 그곳에 걸게 하는 것이 옳을 것입니다"라고 상소했다.

이에 영조는 그의 의견에 따라 문루를 새로 세우고 나서, 문루 위에 인조반정 정사공신(靖社功臣)의 이름을 걸라고 명했다.

그리하여 반정 1등 공신으로 김류, 이귀, 김자점, 심기원, 신경진, 최명길, 이흥립, 이서, 구굉, 심명세의 10명과, 2등 공신으로 이괄, 김경징(김류의 아들), 이시백(이귀의 아들), 원두표 등 15명, 그리고 3등 공신 28명을 포함하여 총 53명의 이름이 걸린다.

이들 중에서 1등 공신으로 책정된 김자점과 심기원은 뒷날 역모를 도모하여 삭제되고, 2등공신으로 책정된 이괄은 반정 이듬해에 난을 일으키는 바람에 삭제되었다.

창의문은 정면 3칸, 측면 2칸의 우진각 지붕으로 되어있다. 이 문이 18세기 후반에 중건되었다는 확실한 증거가 발견된 것은 1956년 이 문을 보수할 때 장여(長欐) 속에 숨어 있던 묵서(墨書)명에 의해서였는데, 당시 발견된 묵서에는 '乾隆六年辛酉六月十六日午時上樑 : 건륭 6년 신유 6월 16일 낮 12시 상량)'이라고 씌어 있었다.

건륭은 청나라 제6대 황제인 고종(高宗)의 연호로서 건륭 6년은 우리 조선의 영조 17년(1741)을 가리키는 말이다.

창의문은 한양도성 4소문 가운데 유일하게 임진왜란 이후 18세기에 중건되어 큰 변형 없이 남아있는 문으로서 조선 후기 도성 문루의 건축양식을 그대로 보여주고 있는바, 문화재청은 이러한 창의문의 가치를 인정하여 '보물 제1881호'로 지정하여 보호하고 있다.

창의문 천장과 홍예 중앙에는 봉황의 그림이 있는데, 이는 이곳 지형이 지네의 모습을 닮아 그 기세를 누르고자 지네의 천적인 닭을 상징하는 봉황을 그려 놓은 것이다.

도성의 서북쪽을 관장하기 위해서 세워진 창의문은 이치상으로 보아 '서북문(西北門)'이라고 불러야 맞겠으나, 이 문은 단 한 번도 서북문으로 불린 적이 없고, 문의 속칭으로 '장의문(藏義門)' 내지는 '자하문(紫霞門)'이라는 이름을 지니고 있다.

이 문을 장의문이라고 부르는 까닭은 종로구 신영동에 있던 마을 이름을 예전에 장의동이라 했던데서 유래되었다. 자하문의 유래 또한 인근의 자하동에서 따온 말인데, 자하동은 지금의 종로구 청운동 일대를 일컫던 이름이다.

한자로 '붉은 노을이 깃드는 마을'이라는 뜻이 내포된 자하동은 조선 시대부터 경관이 빼어나기로 소문났던 마을이다. 또한 인왕산과 북악산 안부(鞍部)에 위치하고 있는 이곳은 예전부터 '자하문고개' 또는 '세검정고개'로 칭해왔다. 이처럼 유서 깊고 경관이 빼어난 자하문고개 마루에는 1·21사태 당시 북한 무장공비에게 희생당한 고 최규식 경무관의 동상과 정종수 경사의 순직비가 있어서 지나는 이들의 발길을 다시 한 번 멈추게 한다.

원래 이 두 사람이 순직한 정확한 위치는 이곳에서 시내 쪽으로 약 500여 미터 가량 떨어진 경복고등학교 후문 근처이지만 여러 가지 정황상 이곳에 세운 것이다.

▼
최규식 경무관의
동상.

1968년 1월 21일 저녁에 발생한 1·21사태는 북한 124군 부대 소속 무장 게릴라 31명이 청와대 습격을 시도했던 사건으로 아직도 우리 기억 속에는 그때 받았던 충격이 어제 일처럼 생생하다.

1968년 1월 21일 밤 9시 40분 경.

자하문 임시 검문소에 근무하던 종로 경찰서 소속 정종수·박태안 두 형사는 세검정 쪽에서 올라오는 약 30여 명의 괴한들을 발견하고 앞을 막아섰다.

원래 이곳에는 검문소가 없던 곳인데, 이틀 전인 19일 파주 법원리 뒷산에서 땔나무를 하던 우희제 4형제가 우연히 맞닥뜨린 무장공비를 당국에 신고하

여 서울시내는 이미 갑호비상령이 발령되었고, 이로 인해 이곳 자하
문 고개에다 임시검문소를 설치했던 것이다.

"당신들 누구요?"

"우리는 CIC 방첩대다. 지금 훈련을 마치고 부대로 복귀중이다"

"뭐, 방첩대라고? 그러면 신분증을 보이시오."

"신분증은 부대에 두고 나와서 수중에 없다. 알고 싶거든 우리를
따라와라."

계속해서 고압적인 자세로 나오는 30여 명에 이르는 괴한들을
제압할 방법이 마땅치 않자, 두 형사는 무전으로 본서에 상황을 알리
고 이들의 뒤를 따라 고갯길을 내려가기 시작했다.

두 형사는 단 1분이라도 이들의 걸음을 늦추고자 대열의 맨 후부
에 있는 사나이(124군 부대 정치부 조장 김춘식)에게 이런저런 말을 붙이며
안간힘을 쓰고 있는데, 괴한들은 어느 새 청운중학교를 지나 경복고
등학교 후문에 다다르고 있었다.

경복고교 후문을 지나 막 커브를 돌려는 찰나 앞에서 헤드라이
트 불빛과 함께 경찰 지프 한 대가 막아서더니, 경찰관 셋이 내리는
게 보였다.

"나는 종로경찰서장인데 당신들은 누구요?"

종로서장 최규식이 무전 연락을 받고 경찰관 두 명을 대동하고
출동했던 것이다.

"우리는 CIC 방첩대원인데, 지금 훈련을 끝내고 효자동 사령부로
복귀하는 중이오."

"그렇다면 신분증을 보이시오."

"훈련 중이라 수중에 신분증이 없오."

"여기는 내 관할이오. 당신들 신분이 확인되기 전에는 절대 보내줄 수가 없소."

이렇게 실랑이를 벌이고 있을 때 청와대 쪽에서는 군홧발 소리가 어지럽게 들리고, 고개 위에서 버스 두 대가 연이어 내려오는 게 보였다. 공비들은 그 버스에 지원 병력이 탄 것으로 착각했다.

그 순간 총 조장 김종웅의 입에서 "국방군 출동이다. 튀어라!"라는 고함이 터짐과 동시에 그의 기관단총이 불을 뿜었다. 그러자 공비들의 기관단총이 일제히 불을 뿜었고, 권총을 뽑아들었던 최규식 서장은 가슴에 관통상을 입고 그 자리에서 절명했다.

이어서 공비들은 수류탄을 뽑아 버스를 향해 던졌다. 버스 안은 순식간에 아수라장으로 변하면서 차에 타고 있던 청운중학교 3학년생과 20대 회사원 한 명이 현장에서 즉사하는 참사가 벌어졌다.

이때 정종수와 박태안 두 형사는 후부에 있던 김춘식을 바닥에 쓰러뜨렸다. 그 순간 김춘식은 허리춤에서 권총을 뽑아 두 형사를 향해 난사했다. 다행히 박태안은 총알이 비껴갔으나, 정종수는 그 자리에서 나뒹굴었다. 일대는 아수라장으로 변했고, 청와대 외곽을 경비하던 수경사 30대대 병력이 즉각 출동했다. 조명탄이 터지고 주위가 대낮처럼 환해지자 공비들은 사방으로 튀기 시작했다. 현장을 아수라장으로 만들어 버린 공비들은 시내를 벗어나 세검정을 비롯하여 북악산과 인왕산, 그리고 일부는 멀리 노고산까지 달아났다.

○| 때 김신조는 대원 몇 명과 함께 경복고쪽으로 방향을 잡았다. 경복고교 운동장을 가로질러 내달리던 이들은 어둠속에서 사람이 어른거리자 그대로 집중사격을 가했다. 죽은 사람은 경복고 수위였는데, 그는 갑자기 총소리가 콩 볶듯 나고 수류탄이 쾅쾅대며 터지자 놀라서 뛰어나왔다가 변을 당한 것이다.

경복고교 수위를 살해한 김신조 일당은 무리지어 달아나는 것이 위험하다고 생각한 나머지 각자 흩어져 달아나기로 했다.

혼자가 된 김신조는 인왕산 서북능선을 타다가 홍제동 부근 산기슭에서 잠복중인 아군에게 발각되어 바위를 엄폐물로 삼고 서로 대치 상황이 되는데, 그는 자신의 자서전 『나의 슬픈 역사를 말한다』에서 당시의 상황을 이렇게 회고했다.

다시 총탄이 쏟아졌다. 나는 수류탄을 꺼내들었다.

"나와라, 자수하고 나오면 산다"

자수를 권고하는 군인들의 목소리는 오히려 내가 곧 죽을 것이란 경고처럼 들렸다.

"잡히면 무조건 죽는다. 곤욕과 멸시를 당하다가 배신자가 되어 죽지 말고 잡히면 즉시 자폭해라" 라고 했던 지도원의 말이 떠올랐다. 그래, 기왕에 죽을 바엔 깨끗이 이 자리에서 죽자. 다시 수류탄을 들어 안전핀에 손가락을 걸었다. 그러나 마음 저 밑바닥에선 그래도 살고 싶다는 생각이 자꾸만 솟구쳐 올라왔다. 그때 내 나이 스물일곱, 푸른 청춘이었다. 그래, 살고 보자.

나도 모르는 새 나는 이미 두 손을 치켜들고 한 걸음 한 걸음 앞으로 나아가고 있었다.

생에 대한 애착은 그들이라 해서 다르지 않았고, 김신조는 이렇게 해서 생포되었다. 생포된 김신조가 처음으로 내뱉은 말은 "내레 청와대를 까부수고, 박정희의 모가지를 따러 왔수다"라고 하여 온 국민을 전율케 했다. 그러나 시간이 지나면서 차차 안정을 되찾자, 그는 침투목적을 묻는 질문에 모든 것을 털어 놓는다.

당시 남파된 대원은 북한 민족보위성 정찰국 124군부대 소속으로 총 31명에 달했다. 대원 각자에게 지급된 장비는 방아쇠를 한 번 당기면 30발이 쏟아지는 소련제 PP기관단총 1정, 소련제 PP권총 1정, 수류탄 8발 및 전차용 수류탄 2발, 실탄 300발, 대검 1개, 라디오 1개, 그리고 구급약품과 비상식량을 포함하여 무게가 약 25㎏에 달했다.

이들은 1월 16일 밤 10시 황해북도 연산군 124군 부대를 출발하여 18일 새벽 휴전선 철조망을 헝겊으로 싸서 끊고 얼어붙은 임진강을 걸어서 넘었다. 그 후 파주 법원리 삼봉산에서 우희제 4형제를 풀어주고 서울로 향한 것은 1월 19일 오후 8시 경이었다.

특수훈련을 받은 대원들은 25㎏의 중무장 상태에서 파주 법원리를 출발하여 미타산→앵무봉→노고산→진관사를 거쳐 20일 새벽 5시 경에는 북한산 비봉에 도착했다. 이들은 눈 쌓인 산길을 낮도 아닌 야간에 25㎏의 군장을 메고 시속 10㎞의 속도로 달렸으니, 일반적인 군 상식으로는 도저히 설명이 안 되는 놀라운 행군 속도였다.

비봉에서 저물기를 기다린 이들은 그날 저녁 8시 경, 청와대 습격을 위해 북악산을 향해 출발했다. 비봉에서 산을 타고 북악산을 가려면 문수봉과 보현봉을 거쳐야 하는데, 이 길은 밝은 대낮에도 가기 힘든 험한 바윗길로 되어 있다. 거기에 쌓인 눈은 정강이를 넘었으며, 그동안 무리한 행군에 따른 체력은 바닥난 난 상태였다.

밤새도록 길을 찾아 헤맸으나 날이 밝도록 길을 찾지 못했고, 결국 이것이 작전을 수행하는데 결정적 실패요인으로 작용했다.

이때 남파되었던 31명의 대원은 아군의 소탕작전으로 일망타진되었는데, 그 중 29명은 사살되고, 1명은 생포되었으며, 1명은 아군의 포위망을 뚫고 북으로 달아났다.

이처럼 그들의 시도는 실패로 끝나게 되었지만 1·21사태로 인한 사회적 파장과 피해는 엄청났으며, 또한 많은 변화도 따랐다.

정부는 이 사건 이후, 향토예비군과 함께 제3사관학교를 창설했다. 또 이제까지는 서울시민에게는 시민증을, 그리고 지방민들에게는 도민증으로 발급하던 신분증을 각자의 지문이 찍힌 주민등록증으로 대체하여 일괄적으로 발급하기 시작했다.

당시 이 사건으로 희생된 사람들은 모두 43명에 이르렀다.

그 중 1사단 15연대장 이익수 대령(李益秀 : 준장으로 추서)을 포함하여 33명은 군 장병이고, 나머지 10명 중 2명은 경찰관, 그 외 순수민간인 희생자가 8명에 달했다.

자유민주주의를 수호하는데는 언제나 이처럼 비싼 대가가 따르는 모양이다.

1·21 사태의 여파는 사건의 주 무대였던 인왕산과 북악산으로 파급되어 그날 이후 이 두 개의 산은 일반인의 출입을 전면 통제하기에 이른다.

두 개의 산 중 청와대와 약간의 거리를 두고 있는 인왕산은 1993년 3월부터 개방되었으나, 청와대 뒷산인 북악산은 그 뒤에도 계속해서 통제했다. 그 후 노무현 정부에서는 39년간이나 묶여있던 이 산을 2007년 4월 5일부터 개방을 단행했다.

이 산의 개방코스는 삼청각에서 시작하는 숙정문 안내소와, 와룡공원에서 시작하는 말바위 안내소, 그리고 이곳 창의문에서 시작하는 '창의문 안내소' 이렇게 3곳이다.

지금 북악산은 전면 개방 되었다고는 하지만 일정한 절차와 규칙에 따라 탐방을 허용하고 있으며, 안보상 민감한 지역은 아직도 개방을 불허하고 있다. 또한 월요일과 공휴일 다음날은 개방 자체를 안 하고 있으며, 그 외의 날이라 할지라도 탐방 전에 반드시 신분증을 소지해야 하는 번거로움이 따른다.

창의문 안내소에서 신분증을 제시하고 자신의 인적사항을 기재하면 출입을 허락하는 표찰을 발급해 주는데, 이 표찰은 나중에 반드시 반납해야 한다.

표찰을 받아 목에 걸고서 안내소를 출발하면 길은 성곽의 여장을 따라 이어진다. 이곳 성곽의 특징은 바깥쪽 체성은 복원이 아닌 원 성곽 일색이나, 안쪽 여장은 1975년부터 약 5년간에 걸쳐 새로 쌓은 성곽과 검회색 원 성곽이 혼재되어 있다.

1·21사태 당시 이곳 북악산에서 총격전을 벌여 본 군(軍)은 성곽의 기능이 창과 칼을 잡고 싸우는 재래전뿐 만 아니라 총을 들고 싸우는 현대전에서도 그 효율성이 뛰어나다는 것을 알게 되었고, 이에 청와대 뒷산인 이곳 북악산 지역부터 복원을 서둘렀다.

이 혼재된 여장 옆으로는 높이 1m 쯤 되는 철책으로 막아 놓았으며, 탐방객들에게는 넓이 약 2m 가량의 탐방로 외에는 더 이상의 접근을 허용치 않는다. 혼재된 여장을 따라 몇 걸음 오르다 보면 검은색 원 여장에 각자가 나타나는데, '嘉慶 十九年 十月 日(가경 19년 10월 일)'의 8글자만 판독이 가능하고, 나머지 부분은 판독이 불가하다.

가경 19년이면 1814년의 일로 겨우 200여 년 세월에 그 단단한 화강암에 새겨진 글자가 판독이 안 될 정도로 흐려진 것을 보면 200년이란 세월의 무게가 저절로 느껴진다.

가경 각자를 지나고 나면 곧 이어 암문이 나타나고, 암문을 지나면 시멘트 계단은 목재 계단으로 바뀌는데, 이곳 오른편 길가에 '紫北正道'라고 새겨진 아담한 모습의 화강암이 서있는 게 보인다.

북악산을 오르는 사람이라면 누구나 한 번쯤은 고개를 갸웃했을 법한 '자북정도'의 의미는 '자하문 북쪽의 정의로운 길'을 나타내는 문구로서, 그 말 속에는 1·21사태 당시 이곳에서 북한 무장공비를 무찔렀음을 내포하고 있다.

자북정도를 지나면 평지로 이어지는 여장에서 또다시 각자가 나타난다. 약 20m 간격으로 나타나는 두 곳의 각자를 순서대로 옮겨본다.

嘉慶 九年 가경 9년
甲子 十月 갑자 10월
牌將 吳再敏 패장 오재민
監官 李東翰 감관 이동한
邊首 龍聖輝 변수 용성휘

辛酉 十月 日 신유 10월 일
牌將 徐衛信 패장 서위신
監官 劉孝澤 감관 유효택
邊首 龍成惇 변수 용성돈

위의 각자 중, 가경 9년은 순조 4년 즉 1804년을 말하는바, 이 해가 바로 갑자년이다. 패장은 공사장에서 가장 작은 규모의 책임자를 말하며, 1패의 인원은 약 40~50명쯤 된다. 그리고 신유년은 순조 1년에 해당하는 1801년을 말한다.

각자를 지나고 나면 이른바 돌고래 바위가 나타난다. 이곳 길가에 웅크리고 있는 바위가 흡사 돌고래를 닮았대서 생긴 이름이지만, 그런 것도 같고 아닌 것도 같고 알쏭달쏭하기만 하다.

돌고래 바위를 지나면 가풀막을 따라 백악마루를 향해 치닫는 성곽이 장관을 이루는데, 그 모습이 마치 허물 벗은 용처럼 다가온다.

사람들은 이곳 가풀막부터는 누구나 코를 땅에 끌며 헉헉거린다. 특히 노약자들은 수입목으로 된 가드레일을 잡고서 쩔쩔매기 일쑤인데, 힘주어 잡다 보면 손에 나무가시가 박히기도 한다. 목재 계단의 수리는 거의 매년 이루어지고 있으나, 몰려드는 탐방객으로 인해 삐걱대고 씰기죽거리는 곳이 많아서 사람들은 늘 불안을 느낀다.

▶
창의문에서 백악마루로
치닫는 성곽의 모습.
거대한 용을
떠올리게 한다.

이 길은 창의문 마당에서부터 백악마루까지 내내 계단으로만 되어있다. 그 숫자가 무려 1,000개쯤 된다고 해서 '천계단길'이란 이름을 지니고 있는 계단의 정확한 숫자는 안내소에서 백악마루 3거리까지가 965개이다. 개방 초기에는 그 숫자가 875개였으나, 후에 90개가 늘어났다. 이 길은 창의문 마당에서부터 백악마루까지의 계단을 모두 합하면 1,070개에 이를 정도로 만만치 않은 길이다.

이토록 심한 가풀막을 오르노라면 이곳에 성곽을 쌓느라 애쓰던 옛 선조들의 모습이 눈에 선하다. 빈 몸으로 오르기도 이렇게 숨이 찬데, 이 험악한 지형에 그 무거운 돌을 어떻게 날라다 쌓았을까?

이 구간은 태조가 창축할 때에는 평안도 백성이 쌓았고, 세종이 개축할 때에는 황해도 백성이 쌓았다. 더구나 세종이 개축할 당시에는 38일이라는 짧은 공사 일정으로 인하여 공사 도중 사고와 질병으로 죽은 사람이 자그마치 872명에 이르렀다고 한다.

차제에 이곳 목재계단을 석재로 바꾸고 계단 숫자를 872개로 만들어 길 이름을 '872 계단길'로 명명한다면 이곳을 오르는 사람들이 옛 선조들의 노고를 직접 몸으로 느낄 수 있지 않을까 생각해 본다.

코방아를 찧을 듯한 가풀막을 따라 한 발 한 발 오르다 보면 어느 순간 '백악쉼터'가 나타난다. 백악마루 직전에 만나는 이 쉼터는 시원스레 내다보이는 전망과 더불어 일 년 내내 시원한 바람이 불어 다리

▼
백악마루에 세워진 표지석. 해발 342m라 쓰여 있다.

▶
백악마루를
지키고 있는
상투 바위.

쉼을 하기에는 더 없이 좋다. 쉼터에서 잠시 숨을 돌리고 가파른 계단
길을 따라 오르면 이내 3거리에 이르게 되고, 3거리에서 오른쪽으로
꺾어들면 이 산의 정수리 백악마루에 올라선다.

백악마루에는 정수리답게 '상투바위'가 있으니, 내시신의 맏형 격
인 이곳 백악 정수리(해발 342m)에 있다 해서 붙여진 이름이다.

백악마루에서 사방을 내다보면 서울을 에워싸고 있는 내사산이
병풍처럼 다가온다. 뿐더러 바로 발 앞에는 육백년의 고도(古都) 서울
시내가 한 눈에 들어오고, 뒤쪽으로 눈을 돌리면 수리봉에서 문수봉
으로 치닫는 비봉능선이 장성(長城)처럼 늘어섰다.

또한 쾌청한 날에는 서해바다의 크고 작은 섬들이 가뭇하게 다
가오기도 한다. 그 옛날 이태조는 한양의 주산인 이곳 백악마루에 올
라 도성의 설계를 서둘렀다. 그 뜻을 이어받아 온 백성이 힘을 합쳐
성을 쌓으니, 그것이 바로 오늘날의 서울성곽이다.

이제 다시 한 번 마음을 가다듬고 이곳 창축의 발원지 북악에서
부터 태조가 쌓았던 성곽을 따라 힘찬 발걸음을 내딛어 보자.

백악마루에서 창축의 출발점을 찾으려면 잠시 전에 지났던 백악 삼거리로 몇 걸음 내려서야 한다. 이는 이 산의 지형상 이곳 백악삼거리에서부터 축성을 시작했기 때문이다. 이 성의 축성을 명했던 태조는 이곳 삼거리에서 하늘 '天'자로 시작하여 낙산과 남산 그리고 인왕산을 지나 앞서 지나왔던 '백악쉼터' 못미처에서 조상 '弔'자로 마치게 했던 것이다.

삼거리에서 동쪽으로 한 걸음 내딛으면 시작부터 가파른 계단길로 이어진다.

▲ 일제강점기 북악산 서울성곽의 모습. 곡장 쪽에서 바라본 모습이다.

계단을 따라 잠시만 내려가면 이내 길은 평탄을 유지하는데, 길 오른쪽으로 등 굽은 소나무 한 그루가 나타난다. 이른바 '1·21사태 소나무'라는 이름을 지닌 이 나무에는 정강이에서부터 등줄기까지 수없이 많은 흉터가 보인다.

1·21사태 당시 무장공비와 아군 사이에 벌어진 총격전의 흔적이라는데, 그 흉터가 자그마치 열다섯 군데나 되어 그날의 치열했던 전투장면을 다시 한 번 떠올리게 한다. 1·21사태 소나무를 지나면 이어서 청운대(靑雲臺)가 나타난다.

전에는 이름조차 갖지 못했던 이 언덕의 이름을 '청운대'라 지은 까닭은 자라나는 우리 청소년들에게 푸른 꿈을 안고 드넓은 창공으로 훨훨 날아오르라는 뜻에서 지은 이름이란다.

청운대에서 시내를 내려다보면 조선의 법궁(法宮) 경복궁과 그 앞으로 곧게 뻗어나간 세종로가 한 눈에 들어온다.

사람들은 대개 이곳의 확 트인 시내 전망에 홀려 바로 곁에 있는 각자를 놓치기 일쑤인데, 실은 북악산에서 가장 진하고 뚜렷한 각자가 이곳 청운대에 존재한다.

그러나 막상 각자를 발견하고 살펴보고자 하면 곁에 있던 초병이 득달같이 달려와 제지한다. 쇠망치로 내리쳐도 끄떡없을 성곽을 무슨 까닭에 못 보게 하느냐고 물으면 이들은 한결같이 '문화재보호'를 내세우며 막무가내로 막아선다.

사정이 이러므로 '승강이'라는 절차를 겪고 나서도 끝내는 멀찍이 떨어져 확인할 수밖에 없는 이곳 각자의 내용은 다음과 같다.

乙酉 九月 : 을유 9월

看役 金壽龍 : 간역 김수룡

監官 梁國佐 : 감관 양국좌

邊首 李重坤 : 변수 이중곤

嘉慶 九年 甲子 十月 日 : 가경 9년 갑자 10월 일

牌將 吳再敏 : 패장 오재민

監官 李東翰 : 감관 이동한

邊首 龍聖輝 : 변수 용성휘

▲
청운대 여장에 새겨진
각자의 모습.
북악산 각자는
문화재보호를 명분으로
접근을 막고 있다.

위의 각자 중 을유년은 순조 25년인 1825년을, 가경 9년은 앞에
서 만났던 1804년을 말하며, 이 해가 바로 갑자년이다.

청운대를 지나면 개방 당시 급조한 '청운대육교'를 넘어야 한다. 육교를 넘어서서 체성을 따르노라면 태조와 세종 그리고 숙종대의 성곽이 각각 그 특징을 달리하며 교대로 나타나는데, 그중에서도 방형(方形)으로 다듬어 쌓은 숙종대의 성곽이 대세를 이룬다.

사람들은 튼튼하고 정교한 성을 얘기할 때 흔히 남미의 잉카성을 들먹이며 칼끝도 안 들어 갈만치 정교하다는 표현을 쓰고 있으나, 이곳의 성곽이야말로 칼끝은 고사하고 송곳도 안 들어갈 만치 정교하다. 숙종대에 쌓았으니 이미 흐른 세월만 해도 300여 년인데, 20여 척에 이르는 성벽이 한 치의 흔들림도 없이 서 있는 것을 보면 감탄이 절로 나온다.

감탄을 자아내며 성곽을 휘돌아 가면 성벽을 뚫어 사람이 통행할 수 있도록 만든 자그마한 암문이 나온다. 암문을 지나 경사진 길을 따라 오르면 갑자기 성곽이 비틀듯이 꺾어지니, 여기가 바로 앞서 지나온 백악마루 그리고 청운대와 함께 '북악산 3대 전망대'로 꼽히고 있는 '북악산 곡장'이다.

이토록 전망 좋은 곡장에 서면 북한산 보현봉에서 형제봉을 지나 북악의 구준봉(狗蹲峰)으로 이어지는 산 능선이 한눈에 들어온다. 다시 말해서 북한산과 북악산이 한 줄기로 이어졌음을 이해하려면 이곳 곡장에 올라야 하는 것이다. 이처럼 전망은 물론 북악 최고의 전략 요충지로 꼽히는 이곳 곡장에도 각자가 존재한다.

▼
'ㄴ'자 공법으로 쌓은 성곽.
대부분의 성곽은
밀림 방지를 위해 이처럼
'ㄴ'자 공법으로 쌓는다.

하지만 각자가 곡장 바깥쪽 성벽에 있는 까닭에 그 내용을 확인
하려면 군 당국의 허가가 필요하다. 뿐더러 허가를 받았다 하더라도
각자의 위치가 사람의 키를 웃도는 곳에 거꾸로 뒤집혀 있는데다 마
모까지 심하여 판독이 쉽지 않다. 무등까지 타고 억지를 부린 끝에 밝
혀 본 그곳 각자의 내용은 대략 아래와 같다.

　嘉慶 五年 五月 : 가경 5년 5월
　築城 牌將 出身 李亨○ : 축성 패장 출신 이형○
　石手 邊首 龍聖輝 刻 : 석수 변수 용성휘 각

북악산과 인왕산 각자의 특징은 거의 모두가 조선의 순조 재위
연대와 비견되는 가경 연호(1795~1820년) 일색이다. 이로 미루어 두 지
역의 여장 보수는 거의가 순조(재위 : 1800~1834년) 대(代)에 이루어진 것
으로 보이며, 각자가 뒤집혀진 것은 이곳 성곽을 복원할 때 작업하던
인부들이 각자 생각을 미처 못했던 것으로 여겨진다.

▲ 태조대의 성곽.

▲ 세종대의 성곽.

▲ 숙종대의 성곽.

▲ 혼축 성곽. 위쪽의 여장 전체와 여장 아래쪽의 하얀색 작은 돌로 쌓은 성곽은 1970년 대 중반에 복원한 성곽이고, 좌측 성곽은 숙종대 성곽이다.그리고 우측 중간 성곽은 태조대의 성곽이고, 우측 최하단은 세종대의 성곽이다.

곡장을 돌아 나와 숙정문을 향하노라면 진한 솔숲으로 인해 저절로 힘이 솟는다.

소나무는 이곳뿐만이 아니고 북악산 전체에 골고루 퍼져 있으나, 곡장에서 숙정문으로 내려가는 길가에는 소나무 외에 다른 나무는 눈을 씻고 보아도 안 보인다.

때문에 이곳에 이르면 여름에는 시원해서 좋고, 겨울에는 그 청초함에 정이 가서 좋다.

콧노래를 부르며 걷다 보면 어느새 '촛대바위'가 닥친다.

높이가 13m에 이른다는 촛대바위는 앞에서 머물렀던 청운대에서만 몸통까지 감상할 수 있고, 정작 이곳에서는 일인들이 박아 놓았었다는 쇠말뚝 박혔던 상투 부분만 보인다.

아쉬움을 뒤로 하고 촛대바위에서 돌아 나와 여장을 따르노라면 이내 숙정문에 다다른다.

도성의 북쪽을 관장하던 숙정문은 태조 5년 9월 24일 2차 창축할 때 세워졌으며, 창건 당시의 이름은 숙청문(肅淸門)이었다.

원래 도성의 4대문 이름에는 유교사상에서 지고(至高)의 가치

▲ 촛대바위. 높이 13m에 이르는 이 바위는 청운대에서 보아야 몸통까지 보인다. 뒤쪽에 뾰족하게 세운 돌이 일인들이 박아 놓았었다는 쇠말뚝 박혔던 자리이다.

▲ 원래 도성문의 현판은 우에서 좌로 쓰는 것이 원칙이지만, 숙정문과 혜화문은 복원한 문이기 때문에 좌에서 우로 쓰였다.

▲ 숙정문의 안쪽 풍경. 도성의 8대문 중 유일하게 산 속에 자리잡은 숙정문 주위는 소나무를 비롯한 많은 나무가 우거져 있다.

로 여기는 오상(五常)의 큰 덕목인 인, 의, 예, 지, 신에서 한 글자씩을 따서 지었다.

이에 따라 동대문은 흥인문(興仁門), 서대문은 돈의문(敦義門), 남대문은 숭례문(崇禮門)이라 지었으나, 북대문에는 북쪽의 상징인 '지(智)' 대신에 엉뚱하게도 '청(淸)'자를 넣었다.

이는 짐작컨대 북쪽을 천시하는 풍수 사상에서 온 것으로 보이며, 4대문에 해당하는 이 문의 속칭도 북대문(北大門)의 가운데 글자인 '大'자를 빼고 그냥 '北門'이라 칭한 것도 같은 맥락에서 이해해야 한다. 이 문의 천대는 여기에서 그치지 않는다.

문이 세워진지 17년 뒤인 태종 13년(1413)에 풍수학자 최양선은 지맥 손상을 이유로 숙청문과 창의문의 통행을 막아야 한다는 상소를 올렸고, 태종은 그의 주장대로 두 문을 폐쇄하고 길에 소나무를 심어 인마의 통행을 금해버렸다.

이리하여 숙청문을 이용하던 사람들은 혜화문을, 창의문을 이용하던 사람들은 돈의문을 이용할 수밖에 없었다. 세워진지 불과 20년도 못되어 그 기능을 잃어버린 숙청문이지만 나라에 극심한 가뭄이 들면 어김없이 열렸다.

이는 북쪽은 음(陰)을 상징하고, 남쪽은 양(陽)을 상징한다는 풍수 사상에 기인하여 양을 억제하고 음을 부양(扶養)해야 가뭄이 해소된다는 음양오행(陰陽五行) 사상에서 나온 것이다.

숙청문을 닫게 된 데에는 이밖에 좀 엉뚱한 이유도 있다.

조선 순조 때 유학자로 이름을 떨친 홍석모(洪錫謨)가 지은 「동국

세시기(東國歲時記)」에 보면 "도성의 북문을 숙청문이라 하는데, 이 문
은 항상 닫아두고 이용하지 않는다. 그러나 그 부근의 계곡이 아름답
고 그윽하여 정월 보름 이전에 항간의 부녀자들이 세 번에 걸쳐서 놀
고 간다. 이렇게 하면 그 해의 액(厄)을 막을 수 있다고 한다"라는 내
용이 나온다.

　이를 핑계로 집안에만 갇혀 있던 사대부가의 부녀자들이 정월 보
름 이전에 이곳 숙청문에 와서 놀기를 즐겼고, 그러다 보니 자연 사내
들의 심기가 불편했을 것임은 묻지 않아도 짐작이 된다.

　대책에 골몰하던 사대부가의 사내들은 '숙청문은 음기(陰氣)가 강
한 까닭에 이 문을 열어 놓게 되면 장안의 부녀자들이 음란해진다'라
고 주장하여 이 문을 닫게 되었다는 것이다.

　창건 이후 내내 닫아 두었던 숙청문은 연산군 10년(1504)에 동쪽
으로 조금 옮겼다고 전해지는데, 이때 '홍예'만 세우고 문루는 안 세

윘다고 한다.

그러나 1976년 이 지역의 성곽을 복원하면서 태조가 창건할 당시의 제도에 의하여 문루를 세우고 '肅靖門(숙정문)'이란 현판을 달았다고 하며, 글씨는 고(故) 박정희 대통령의 친필로 알려져 있다.

이곳 숙정문 현판 글씨는 좌에서 우로 쓰여 있는데, 이는 우에서 좌로 쓰인 다른 문과는 완전히 반대의 형식이다. 이 문의 현판 글씨만 달리 쓰게 된 이유는 현대식으로 썼기 때문이다.

또한 여기에서 한 가지 의문이 드는 것은 '창건 당시부터 내내 숙청문으로 불리던 이 문이 언제부터 숙정문으로 바뀌었느냐'이다. 이에 대한 정확한 기록은 없으나 다만 중종 4년 6월 3일 실록 기사에 다음과 같은 내용이 보인다.

숭례문을 닫고 숙정문을 열어 져자를 옮기어 북을 못 치게 하니, 이는 한재 때문이었다.

閉崇禮門, 開肅靖門, 徙市勿擊鼓, 旱災故也

정문을 지나고 나면 오래지 않아 패찰을 반납해야 하는 '말바위 안내소'에 이르는데, 말바위 안내소 직전 낮은 언덕에는 목재 데크시설이 보인다.

사람들은 이곳 데크에서 식사를 하거나, 아니면 잠시 쉬어가기를 즐긴다. 그러나 데크를 편리하게 이용은 하면서도 이곳이 39년간이나 묶여있던 북악산 개방 기념행사가 거행된 장소라는 사실을 아는 사람은 드물다.

북악산 개방 기념행사는 2007년 4월 5일 제62회 식목일 행사를 겸하여 행해졌다. 행사에는 노무현 대통령 부부가 주빈으로 참석했는데, 노 대통령은 그 자리에서 북악산을 개방하게 된 소회를 밝힌다.

▼
이 기념석은
삼청각에서 숙정문으로
오르는 길가에 있다.

2003년 2월 25일부터 임기를 시작한 노 대통령은 불과 1년 후인 이듬 해 3월 12일, 선거법 위반과 측근 비리 등의 혐의로 탄핵소추를 당하여 대통령의 직무를 정지 당하는 헌정 사상 초유의 사태가 발생했다.

이런 때 우리네 서민 같으면 전국일주 여행을 한다거나 아니면 이 산 저 산을 떠돌며 등산이라도 할 텐데, 대통령의 처지에선 이게 허용될 리 없었다.

마음은 한 없이 답답하고 우울했으나, 그렇다고 무턱대고 맥 놓고 있기도 무료했던 대통령이 청와대 뒤쪽에 있는 북악산엘 올라보니, 그곳의 경치가 상상했던 것 보다 훨씬 좋더라는 것이다. 그러던 어느 날 문득 이토록 좋은 산을 나 혼자서만 즐겨서는 안 되겠다는 생각이 들더란다.

다행히 직무가 정지 된지 두 달 후인 5월 14일, 헌법재판소 재판관들이 탄핵소추안을 기각시킴으로써 그는 다시 대통령의 직무를 수행할 수 있게 되었다. 그 며칠 후, 대통령은 경호실장을 불러 "북악산 개방을 검토해 보라"고 지시했다.

헌데 전혀 예상치 못한 반응이 돌아왔다. 경호와 보안에 문제가 있어 불가하다는 것이었다. 청와대 외곽 경호를 담당하는 수방사 역시 같은 대답을 했다. 고심하던 대통령은 그렇다면 청와대 경호와 보안에 틈이 생기지 않도록 보완책을 마련하라고 새로운 지시를 내렸다.

그리하여 관계자들이 3년 가까이 준비하여 시험 삼아 개방한 곳이 2006년 4월 1일 말바위에서 숙정문을 거쳐 촛대바위까지의 1.1㎞ 구간이었다. 이후 그동안 드러난 문제점을 보완, 마침내 2007년 4월 5일 북악산 전 구간을 개방하여 국민들에게 큰 선물을 안길 수 있게 되었으니, 세상사 모두 '새옹지마(塞翁之馬)'가 아니겠는가.

말바위 안내소를 지나 솔숲을 따르면 이내 경사를 띠게 되고, 그 경사를 따라 몇 걸음 더 오르면 성곽을 넘나드는 '말바위육교'가 닥친다. 육교를 밟지 않고 그대로 직진하여 한 걸음 더 올라서면 바로 말바위 정수리이나, 정작 말바위는 정수리 아래쪽에 위치한다.

말바위라는 이름에 대한 유래는 두 가지로 요약된다.

흡사 말(馬)의 모습을 닮아서 이런 이름이 붙었다는 설과 북악산 줄기가 이곳 말바위에서 끝나므로 끝 '말(末)'자를 써서 '末바위'라 했다는 설이 그것이다. 말바위 전망대에 서면 서울의 도심이 한 눈에 들어온다. 앞이 탁 트인 까닭이다.

말바위를 지나 성곽을 끼고 가던 길로 직진하면 창덕궁의 주봉인 응봉(鷹峰)이 닥친다.

그러나 이곳 응봉에는 군부대가 주둔하는 까닭에 접근이 불가하다. 그러므로 왔던 길로 되돌아가서 잠시 전에 지났던 '말바위 육교'를 넘어야 성곽을 따를 수 있다.

육교에 올라서면 서울 동북쪽에 위치하는 성북동 마을이 안마당처럼 내려다보인다. 이 마을은 경관이 뛰어나서 외국대사들의 관저를 비롯하여 이런 저런 명소가 많은데, 이곳에서는 그 명소들이 한 눈에 들어온다.

▼
말바위의 모습.
말을 닮았대서 '말바위'라
했다는 설과
북악산의 산줄기가
이곳에서 끝난다고
해서 끝 '末'자를 써서
'말바위'라 했다는
두 가지 설이 전해진다.

우리나라 최초의 사립미술관으로 이름 높은 간송미술관, 독립운동가 만해 한용운(韓龍雲 : 1879~1944)이 총독부 건물이 보기 싫다며 북향으로 짓고서 만년을 보냈다는 심우장(尋牛莊), 순종의 아우 의왕(義王) 이강(李堈 : 1877~1955) 공이 거처했던 성락원, 평생 박물관인이라 불리던 최순우의 옛집, 해마다 왕후가 친잠례를 행했다는 선잠단지, 1972년 남북적십자회담이 열렸던 삼청각 등등 이를 다 꼽자면 열손가락이 모자랄 지경이다.

이들 여러 명소 중에서 사람들의 시선을 가장 오랫동안 잡아매는 건물은 단연 '간송미술관'이다. 간송(澗松) 전형필(全鎣弼 : 1906~1962)이 서른세 살 젊은 나이에 세운 이 건물에는 국내의 유수한 문화재들이 산을 이루는데, 이 문화재들은 모두가 간송이 자신의 사재(私財)를 털어 사들인 문화재들이다.

현재 이 미술관에 소장되어 있는 문화재 중에는 국보급 12점에 보물급만 해도 10점에 이르고 있으며, 그 중에서 으뜸은 국보 70호로 지정된 '훈민정음해례본'이다.

▼
말바위 육교.
북악산 개방 당시
성곽을 넘어다니기
위해 만들었다.

말바위 육교를 내려서서 오른쪽으로 돌아가면 먼저 질릴 만큼 높은 성벽을 만나게 된다.

높기로 말하면 서울성곽 전체 구간에서 첫 손가락으로 꼽을만한 이곳 성벽에는 푸른 이끼가 돋아 있어 고색창연한 느낌마저 든다.

그러나 이 길은 2015년 말부터 통행을 금지시켰다.

안내문에 써진 금지 내용을 살펴보면 "배부름과 균열현상으로 인하여 성곽이 붕괴 될 위험이 있으므로 시민의 안전을 위해서 통행을 금지한다"라고 써 놓았다. 하지만 이 정도의 배부름 때문에 200여

▲ 푸른 이끼가 돋아 있는 말바위 육교 부근의 성곽. 당국에서는 이 멀쩡한 성곽이 배부름 현상을 보인다는 이유로 멀리 우회로를 만들었다.

미터나 우회해야 한다는 것은 순전히 억지라는 생각이 든다.

서울성곽을 돌다 보면 이 정도의 배부름 현상은 곳곳에 산재하고 있을 뿐 아니라, 경신고교 담장 같은 경우는 이보다 훨씬 심한데도 배부름 얘기는 이짜도 없다.

실제로 배부름 현상이 심각하여 통행을 금지시켰다면 그 즉시 보수공사에 들어가야 마땅하거늘, 통행을 금지한지 2년이 다 가도록 감 감무소식이니, 그 진짜 속내가 궁금하다.

통행금지로 인하여 골짜기 아래로 멀리 돌아 오르면 그제야 성벽을 따라 걷게 된다.

내리받이로 이루어진 탐방로를 따르다 보면 누워 있는 용을 닮아 그 이름을 얻었다는 와룡공원(臥龍公園)에 이르게 되는데, 이곳부터 길은 성곽 안팎으로 갈라진다. 원래 이곳 와룡공원 바깥쪽은 불

▶
취병으로 막힌 탐방로.
이 취병으로 인해 아래
골짜기로 한참이나
우회해야 한다.
취병은 생울타리를
말한다.

과 얼마 전까지만 해도 가시덤불이 우거졌었다. 그것도 정도가 심하여 엔간한 고집으로는 들어설 엄두조차 못 냈던 이곳에 탐방로가 만들어지니 감회가 새롭다.

새 탐방로를 따라 내려가면 흔히 '토끼굴'이라 불리는 암문이 나오는데, 여기서부터는 토끼굴을 통하여 안쪽으로 들어서야 한다. 새 탐방로가 이곳에서 끝나기 때문이다.

토끼굴을 통하여 안으로 들어서면 서울성곽 최고의 '단풍명소'가 나타난다. 와룡공원에서부터 과학고교 후문까지 내내 단풍길로 이어지는 이 길은 과학고교 부근에 이르면 단풍가로수가 아예 단풍터널로 바뀐다. 이 멋지고도 특이한 단풍터널은 늦가을이나 돼야 절정을 이루는데, 그때가 되면 소문을 듣고 몰려든 탐방객으로 때 아닌 호황을 맞는다.

서울성곽에는 이곳 말고도 낙산마루에서 동대문으로 내려가는 길과 장충동 신라호텔 부근, 그리고 남산 정상일대를 비롯하여 단풍명소가 곳곳에 산재하고 있으나, 그 중에서도 이곳 단풍지대가 단연 으뜸이다.

▲ 와룡공원 단풍길은 더 이상 말이 필요 없다.

▲ 와룡공원 단풍길은 이처럼 오색단풍이어서 더욱 멋있다.

▲ 와룡공원 바깥쪽 성곽의 단풍. 이곳에는 성곽 옆으로 주택이 있어 탐방로가 중간 중간에 막힌다.

▲ 단풍터널은 과학고교와 와룡공원 중간 지점에서 끝난다.

▲ 과학고교 바깥쪽 단풍. 설악산의 단풍을 웃돈다. 유감스럽게도 이토록 멋진 곳에 아직 탐방로가 없다.

단풍터널 끝 지점에 이르면 오른쪽으로 서울과학고등학교를 끼고 걷게 된다.

과학고교는 원래 조선 중엽 노론의 거두였던 우암 송시열 (1607~1689)의 집터였다. 당시 이 일대를 호령했던 우암의 집터는 그 넓이가 수천 평에 이를 정도로 넓었다고 한다.

지금도 이 학교 교정에는 '금고일반(今古一般 : 예나 지금이나 다름없다)' 과 '영반(詠磐 : 시를 읊는 바위)' 이라는 송시열의 글씨가 새겨진 바위가 남아 있다. 이 바위는 성곽에서 직선거리로 불과 40여 미터 거리에 위치하나, 교정 출입이 자유롭지 않아 막상 접근은 곤란하다.

송시열이 살았다해서 예전에는 송동(宋洞)이라 불리던 이 일대는 봄이면 온갖 기화요초가 잔치를 벌였고, 그중에서도 특히 앵두꽃이 좋았다고 전해진다.

후에 이 터에는 구한말 걷기의 달인으로 이름 높은 이용익 (1854~1907)이 설립한 보성중·고등학교가 세워지는데, 그 보성학교가 과학고로 바뀌기까지는 실로 많은 세월이 흘렀다.

이용익이 맨 처음 학교를 세운 것은 이 땅에 신문물이 밀려들던 1906년으로, 서울 박동(현 수송동)에 학교를 세우고 '사립 보성중학교' 라 명명했다.

그 후 의암 손병희(孫秉熙 : 1861~1922)가 학교를 인수하여 운영하기도 했으며, 이곳 혜화동으로 이전한 것은 1927년의 일이다.

1940년에는 간송 전형필이 다시 학교를 인수하여 운영하는 등 우여곡절을 겪던 이 학교가 보성고등학교라는 명칭을 얻은 것은

1950년의 일이다. 그 뒤 보성고교는 1989년 3월 송파
구 방이동으로 이전했고, 그 해 10월 지금의 과학고등
학교가 이곳에서 개교식을 거행한 후, 지금까지 자리
를 지켜오고 있다.

성곽은 이곳 과학고교 후문에서 길을 건너 경신고교
담장을 끼고 돌지만, 길을 건너기 전에 방금 지나온 구간의
바깥쪽 성벽을 돌아보고 가야 마음이 개운하다.

▲
송시열

이 구간의 성벽이 의외로 빼어나기 때문이다.

하지만 과학고교 후문 옆에 있는 주머니공원 형태의 '성북동쉼터'
를 거쳐 토끼굴까지 가는 길에는 성곽에 바짝 붙여 지은 집들로 인하
여 길 찾기가 은근히 까다롭다.

이 코스로 가려면 먼저 성북동쉼터에서 왼쪽으로 잡아들어야
한다.

도중에 골목길도 나오고 더러는 헤맬 수도 있지만, 어느 길을 택
하던 간에 결국에는 '북정마을 안내도'가 서 있는 3거리에 닿게 된다.
3거리 20여 미터 못미처에서 왼쪽으로 꺾어들면 앞에서 만났던 토
끼굴에 이르고, 3거리에서 오른쪽 언덕길로 200여 미터 남짓 가면
심우장에 이를 수 있다.

고학고교 후문에서 길을 건너서면 왼쪽으로는 돈가스 전문점이 늘어서 있고, 오른쪽에는 경신고교 담장이 버티고 섰으니, 바로 이 담장이 서울성곽이다. 세종대에 축조 된 성곽 돌은 의외로 커서 하품이 나올 만한데, 앞에서 말한 대로 맹꽁이배를 하고 있어서 보는 이의 마음이 그다지 편치가 않다.

승용차 한 대만 만나도 비켜설 자리가 없을 만치 비좁은 골목길을 따라가면 세종대의 성곽은 숙종 대의 성곽으로 바뀐다. 이 구간의 성곽 축조는 강원도 담당이었던지라 성벽에는 '江陵(강릉)'이라 새겨진 각자가 존재하고 있으나, 막상 발견하기는 쉽지 않다.

초입에서는 제법 웅장하게까지 느껴지던 성곽은 차차 낮아져서 나중에는 아래쪽으로 한 두 개 층만 남겨놓는다. 그나마도 불과 50여 미터를 이어주고는 시멘트 블록으로 바뀌고, 시멘트 블록은 다시 철책 담장으로 바뀌는데, 이 담장을 따라가면 경신중·고교 후문에 이르게 된다.

경신학교는 원래 배재학당 이웃인 정동에서 출발했다.

새문안교회를 세운 언더우드가 1885년 개화의 요람인 정동 자택에서 조선인 학생 몇 명을 데리고 신교육을 시작한 것이 경신학교의 태동이었다. 이렇게 출발한 경신학교는 이듬해 3월 언더우드가 자신의 집에 붙어있던 건물을 빌려 교사(校舍)로 꾸민 다음, '언더우드 학당'이라는 이름으로 학교의 형태를 갖추기 시작한다.

그 후 1901년에는 종로구 연지동으로 이전하였고, 4년이 더 지난 1905년에는 '경신학교'라 개칭하였으며, 1941년에는 다시 성북구 정릉동으로 옮겨갔다.

그리고 마침내 휴전 2년 후인 1955년, 지금의 자리인 종로구 혜화동으로 이전하여 오늘에 이르고 있는 것이다. 이토록 뿌리 깊은 경신학교는 서울성곽을 탐방하려면 필수적으로 지나야 한다. 성곽이 이 학교 담장 옆 운동장으로 흘러갔기 때문이다.

경신학교를 지나면 주택가로 이어진다. 주택가 골목길을 따라 몇 걸음 나아가면 오른쪽으로 혜성교회의 뾰족한 첨탑이 보이는데, 성곽은 이 교회 마당 아래로 돌아나간다.

전에는 성벽을 가리고 있는 주택으로 인하여 교회 마당에서 내려다보아야 감질나게나마 성벽을 볼 수 있었다. 그러나 요 몇 해 전에 주택이 헐리고 텃밭으로 바뀌게 되어 이제는 편하게 될 줄 알았더니, 그 둘레에 펜스를 둘러치는 바람에 도로아미타불이 되고 말았다.

여성교회를 지나 빌라주택 몇 동을 지나면 '두산빌라' 주택에서 사라졌던 성곽이 다시 나타난다. 검회색 빛깔을 띠고서 듬직하게 서 있는 성곽은 묻지 않아도 세종 때의 것임을 짐작케 한다.

높이 또한 엄청나서 여장이 없는데도 고개를 들어야 위가 보일 지경이다.

휘도는 성곽을 따라 계속 전진하면 그 성곽 위로 숨어 있는 건물 한 채가 보이는데, 바로 이 건물이 서울성곽을 깔고 앉아 말이 많던 구 서울시장공관이다.

지하 1층, 지상 2층에 연면적 206평의 목조로 된 이 건물은 일제강점기인 1940년 완공 되어 20여 년 가까이 개인주택으로 사용되다가, 1959년부터 20여 년에 걸쳐 대법원장 공관으로 사용되었다.

▼
성벽 위에 서울시장 공관이 자리한다고 해서 말이 많던 곳이다. 검회색의 원 성곽 위에 있던 이 공관은 현재 한양도성 전시관으로 바뀌었다.

1981년에는 다시 서울시장 공관으로 사용되기 시작했으나, 서울성곽 복원에 걸림돌이 된다는 이유로 여론이 계속해서 들끓었다. 이에 서울시에서는 2013년 10월 시장공관을 다른 곳으로 이전한 뒤, 리모델링을 거쳐 2016년 11월 3일 '한양도성 전시관'으로 개관했다.

전시관으로 갈라지는 3거리에서 곧장 길을 건너 산죽(山竹)과 성벽 사이를 지나면 티끌 하나 없이 말끔한 혜화문(惠化門) 앞에 서게 된다.

▼
혜화문.
서울의 동북쪽을
관장하기 위해
소문(小門)으로 세워진
이 문은 북쪽 대문인
숙정문이 닫히자
사실상의 대문(大門)
역할을 하던 문이다.

도성을 창축하던 태조 5년 9월 24일 세워진 이 문의 원래 이름은 홍화문(弘化門)이었다. 그러나 성종 14년(1483)에 창경궁을 새로 지으면서 그 동쪽 정문의 이름을 홍화문이라 짓는 바람에 두 문의 혼동을 피하기 위하여 중종 6년(1511)부터 혜화문으로 개칭했다.

또한 이 문은 성문을 세운지 17년 후인 태종 13년(1413)부터 도성의 북대문인 숙청문의 통행을 막으면서 실질적인 북대문 역할을 했던 문이기도 하다.

조선 초에는 여진족 사신이 도성으로 들어오기 위해서는 필수적으로 이 문을 통해야 했었으니, 까닭은 여진 오랑캐는 도성의 4대문으로 출입할 수 없다는 것이 이유였다.

태조 대에 세워진 이 문은 원레 문루가 없었다는 설이 있으나, 이에 대하여 실록에서는 정확히 밝혀 놓은 것은 없고, 혜화문 문루에 대한 기사로는 영조 20년(1744) 8월 6일자에 비로소 나타난다.

혜화문에는 원래 문루가 없었는데, 임금이 어영청(御營廳)에 명하여 이를 창건하게 하고 편액을 걸었으니, 곧 세속에서 동소문이라 일컫는 문이다.

▼
혜화문 천장에 그려진 봉황 그림.
옛날 이 부근에는 새들이 많아 그 피해가 극심해지자 새들의 제왕에 해당하는 봉황을 그려 새들을 물리치려 했다고 한다.

이렇게 영조 대에 세워진 문루는 72년이 지난 순조 16년(1816)에 중수하고, 다시 고종 6년에 보수했던 것으로 전해진다.

그 후 일제강점기인 1928년 문루가 퇴락하여 이를 헐어내고 홍예만 남겨 두었다가, 1939년 혜화동과 돈암동 사이에 전차길이 생기면서 아예 문 자체가 철거되었다.

혜화문 홍예 안 천장에는 봉황의 그림이 그려져 있는데, 거기에는 이유가 있다. 옛날 이 문 일대는 새들의 천국이어서 문을 세운 뒤 새들의 피해가 극심해지자, 새들의 제왕에 해당하는 봉황을 이 문에 그려놓아 새 떼들의 접근을 막으려 했다는 것이다.

혜화문이 세워졌던 이곳은 원래 높은 고갯길이었으나 이 문을 헐고 전찻길을 낼 때 한 차례 낮추었고, 그 후 도로를 확장하면서 또 한 차례 낮추었다. 지금의 혜화문은 1994년 원래 있던 동소문 고개에서 약간 북쪽에 위치하는 이 자리로 옮겨 복원했다. 따라서 이 문의 현판도 숙정문의 경우처럼 좌에서 우로 쓰였다.

숭례문 화재 사건 무렵까지만 해도 혜화문은 접근하기가 은근히 까다로웠다.

무슨 까닭에서인지 그때는 보물 1호에 해당하는 흥인지문에도 없던 경비원이 이곳에는 주재했었는데, 그들의 인원이 부족했는지 평일에만 근무를 시켰다.

까닭에 이곳은 경비원 근무시간인 평일 09시부터 18시까지만 개방했고, 토요일을 포함한 일·공휴일에는 늘 문이 닫혀 있었다. 사정이 이렇기에 어쩌다가 주말을 맞아 이곳을 찾으려던 사람들은 으레 허탕을 쳐야 했었다.

그러다가 감히 상상도 못했던 숭례문 화재사건이 터지자, 부랴사랴 흥인지문에 경비원 제도를 신설하고서 이곳의 경비원을 그쪽으로 돌려버렸다. 갑자기 경비원이 없어진 혜화문은 전 보다 통행이 자유롭게는 되었으나, 문제는 여전히 남아있었다.

서울성곽 성문에는 앞서 애기 한대로 경비원이 없는 대신에 소화기를 비치했는데, 그 방법이 기상천외 했다. 소화기를 문루 누각 안에 두고서 협문을 자물쇠로 꼭꼭 잠가 놓았던 것이다. 잠가놓은 이유를 물으면 어김없이 '도난방지'를 내세웠다. 그러니까 이들의 머릿속에는 귀중한 문화재가 불타는 것 보다 몇 푼 안 되는 소화기의 도난이 더 신경 쓰였던 것이다.

그 당시 나는 이 기막힌 현실에, "소화기를 누각 안에 두고 문을 잠가놓으면 화재시에 어쩔셈이냐?"고 관계처에 누차 전화를 했다. 그들의 반응은 대체로 두 가지로 나타났다.

그 하나는 "네! 네! 알겠습니다. 곧 상부에 보고하여 시정토록 하겠습니다."하며 건성으로 대답하는 것은 그나마 양반이고, 전화를 받고 나서 "네까짓 게 뭔데 감히 감 놔라, 배 놔라 하느냐?"는 식으로 불쾌한 듯한 반응을 보이는 것이 나머지 하나였다.

이러던 차에 숭례문 화재사건이 터졌다.

나는 이때다 싶어 그 즉시 언론사에 이 기막힌 현실을 알렸다.

그러자 반응은 예상보다 훨씬 빠르게 나타났다.

전화를 건지 며칠 후 현장에 가보니 문루 안에 곱게 모셔두었던 소화기가 협문 밖으로 쫓겨나 있었던 것이다. 숭례문 화재로 인한 약발이었다.

혜화문에서 건너편 낙산성곽으로 오르려면 동소문 고객마루에 최근에 설치한 횡단보도를 건너야 한다. 횡단보도를 건너면 낙산성곽으로 오르는 달팽이 계단으로 바로 이어지고 있으나, 이곳을 잠시 접어두고 몇 걸음 더 진행하면 성곽 안쪽에 자리 잡은 가톨릭대학교 정문에 이른다.

가던 길을 멈추고 군이 이곳까지 오게 된 이유는 이 학교 캠퍼스에 자리한 서울성곽을 살펴보기 위해서다. 외부인의 출입을 전면 금지하고 있는 가톨릭대학교가 자리한 이곳 혜화동 일대를 조선 시대에는 '백동(栢洞)'이라 칭했었다.

이 마을이 백동이라 불리게 된 연유는 조선 태종대의 좌의정을 역임한 박은(朴訔 : 1370~1422)이 달과 더불어 노래하던 '백림정(栢林亭)'에서 유래한다.

이 유서 깊은 백동이 천주교와 첫 인연을 맺은 것은 구한말의 일이다.

일제가 조선의 병탄을 위해 마지막으로 용을 쓰던 1909년 3월, 독일 오틸리엔 성(聖) 베네딕트 수도회가 이 땅에 진출하여 이곳 혜화동에 3만 평의 부지를 구입하여 수도생활을 시작하면서 이곳과의 인연은 시작된다.

그 후 1928년 소신학교가 이곳으로 이전하여 수업을 받기 시작함으로써 이곳은 사제 교육의 요람으로 거듭난다. 교명을 바꾸어 가며 우여곡절을 겪던 이 학교는 1994년 11월 성심여자대학교와 통합하여 '가톨릭대학교'로 발돋움했다.

미래의 사제들을 키워내는 교정 안에는 숲이 울창하다. 숲은 아늑하고 조용하여 이곳에 들면 마치 깊은 산 속 사찰에라도 온 것 같아서 저절로 마음이 차분해진다.

아늑한 숲 속에는 '목자(牧者)의 길'이 있고, 그 옆으로 서울성곽의 성가퀴가 길게 늘어서 있다. 근래에 새로 복원한 성가퀴를 따라 혜화문 방향으로 나아가다 보면 옛 모습을 품고 있는 검회색 성가퀴에 다음의 각자(刻字)가 눈에 들어온다.

▼
가톨릭대학교
교정 안 풍경.
보이는 길이
미래의 사제들이 사색하는
'목자의 길'이다.

築城 監官 張萬豊 축성 감관 장만풍

冶所 監官 黃起春 야소 감관 황기춘

書員 車壽敬 서원 차수경

庫直 金光浩 고직 김광호

石手 邊手 李四福 석수 변수 이사복

使喚軍 林用碧 사환군 임용벽

己亥 五月 日 기해 5월 일

　위의 각자 중 '야소'의 의미는 임진왜란 발발 후, 국가에서 설치한 병장기를 제조하던 대장간을, 고직은 창고지기를, 그리고 사환군은 조선시대 군에서 심부름 내지는 공역을 담당하던 하급군인을 일컫던 말이다.

　하단의 기해년은 정확한 것은 아니나, 숙종 45년에 해당하는 1719년일 가능성이 높다.

O곳 가톨릭대학교 교정에는 한때 '갈멜'이란 이름의 수녀원이 자리하고 있었다.

'갈멜수녀원'은 제2공화국 시절 국무총리를 지내다가 5·16 군사혁명 당시 장면(張勉 : 1899~1966) 총리가 피신했었던 장소로 유명하다.

1961년 5월 16일 새벽. 자신의 집무실인 반도호텔(지금의 롯데호텔 자리)에 머물고 있던 장면 총리에게 갑자기 전화벨이 울린다.

수화기를 들어보니 "총리 각하! 지금 탱크로 무장한 수천 명의 군인들이 한강을 건너 시내로 진입하고 있습니다. 한 시 바삐 피하셔야겠습니다"라는 현석호 국방장관의 다급한 목소리가 들려왔다. 혼비백산한 장 총리는 호텔에서 뛰어 나와 가까운 미 대사관으로 달렸다. 대사관 문을 두드렸으나 문은 굳게 닫혀 있었다. 다급해진 장 총리는 다시 안국동에 소재하는 미 대사관의 직원 숙소를 찾았으나, 그 문 역시 자물쇠가 걸려 있는 것이었다. 절망을 느낀 장 총리는 마지막이라는 심정으로 이곳 수녀원의 문을 두드리자 그제야 문이 열렸다.

수녀원으로 숨어 든 장 총리는 외부와의 연락을 일체 끊어버렸다. 뜬 눈으로 밤을 지새운 장 총리는 17일 오후 늦게서야 평소 가깝게 지내던 한창우 경향신문 사장과 비밀리에 접촉했고, 뒤이어 장 총리의 행방을 찾던 총리 고문인 미국인 위태커가 한 사장을 통해 장 총리의 은신처를 알게 됐다. 위태커가 18일 오전 수녀원으로 가서 장 총리를 설득하자, 더 이상 버틸 수 없다고 판단한 장 총리는 백기를 들어버린다.

이리하여 장면 정권은 출범한지 겨우 9개월 만에 역사의 무대에서 사라지고 말았다.

동소문고개에서 낙산 언덕으로 가려면 앞서 지나쳤던 고갯마루에 새로 만들어진 달팽이계단으로 올라야 한다. 계단을 올라서면서 곧 바로 시작되는 성벽은 복원이 아닌 원 성벽으로 이루어져 있다. 오랜 세월 탓에 검회색 빛을 띠는 성벽은 높이 또한 만만치 않아서 이제야 성곽다운 성곽을 만났다는 느낌이 든다. 뿐만 아니라 기차가 산모롱이를 돌아가듯 언덕모롱이를 휘도는 성벽은 사람의 눈길을 잡아매기에 충분하다.

거기에 더하여 탐방로까지 뚜렷하니, 발걸음조차 가볍다.

지금은 이렇듯 탐방로가 잘 갖추어져 있지만 불과 10여 년 전까지만 해도 이곳에는 탐방로가 없었다. 지금 사람들이 걷고 있는 이 자리에는 탐방로 대신 불량주택들이 밀집한 가운데 성곽은 그 집들 뒤에 꼭꼭 숨어 있었던 것이다.

법률상으로는 국가지정문화재의 경우 그 문화재에서 100m까지는 건축 제한을 받게 되어 있으나, 서울성곽은 그 특수성을 감안하여 20m 이내만 건축제한을 받도록 대폭 완화시켰다고 한다.

그러나 이것은 어디까지나 책 속에나 있는 문구일 뿐 실제로는 이 법규가 거의 지켜지지 않는 게 작금(昨今)의 현실이다. 기왕에 멸실된 구간은 그렇다 치고, 현재 성곽이 살아있는 지역도 이런 건물들로 인하여 성곽복원의 걸림돌이 되고 있음은 물론, 심지어는 탐방로조차 못 만들고 있으니 실로 딱한 일이 아닐 수 없다.

까닭에 이곳에 탐방로가 만들어지기 전에는 이 구간을 탐방하려면 애 깨나 먹었다.

길에서 한참이나 떨어진 곳에 성곽이 보여 좁고 가파른 골목을 올라 기껏 다가가 보면 으레 성곽 코 앞에서 발길을 멈춰야 했다. 더 군다나 겨울철이 되면 가파른 골목길은 얼음 강판으로 변해 있어 때 로는 아이젠을 착용하기도 했었다. 이처럼 상전벽해만큼이나 변한 이 곳 낙산 구간이건만 탐방객은 그다지 많지 않다. 그저 어쩌다가 몇 사 람 다니는 정도다.

평일은 물론이요, 주말에는 심지어 정체 현상까지 빚는 인왕산이 나 북악산에 비하면 이곳 낙산 지역에 이토록 사람이 적다는 것은 분 명 뭔가 문제가 있다는 얘기다.

▼
낙산성곽.
성곽의 모습이
마치 기차가
산모롱이를 도는 것 같다.
성곽 안쪽은
가톨릭대학교다.

거기에는 여러 가지 원인이 있겠으나, 가장 큰 이유는 탐방로가 도중에 끊어진다는 것과 조경 탓일 것이다. 성곽은 그 특성상 계속해서 이어져야 그 진가를 발휘하는 법인데, 이곳 낙산지역은 동소문로에서 건너편으로 이어지지 못하고 있는 까닭에 이곳에서 탐방객은 완전히 맥이 빠져버리는 것이다.

게다가 조경문제는 더욱 심각하다. 인왕산과 북악산에는 자연적으로 조성된 숲이 울창한데 반해, 주택을 헐어내고 새로 공원으로 조성한 이곳에는 무엇 하나 정 붙일만한 데가 없다. 요즘에는 아파트 단

▼
동대문성곽공원에서
내려다 본 흥인지문 전경.
옹성의 내부가
바닥까지 드러난다.

지 내지는 손바닥만 한 '쌈지공원'이라 해도 으레 각종 꽃나무와 조
경수가 숲을 이루는데, 이곳의 형편은 그 흔한 진달래 철쭉 한 그루
없으니 어느 누가 이곳을 찾겠는가.

　기왕에 말이 나온 김에 하는 말이지만 이러한 사정은 이대부속
병원 터에 조성된 '동대문성곽공원'의 경우는 이보다 한 수 더 뜬다.
동대문성곽공원에 오르면 도성의 8대문 중, 유일하게 설치된 흥인지
문의 옹성을 내려다 볼 수 있음은 물론, 주변 일대를 조망할 수 있으
므로 공원을 제대로만 조성했다면 일 년 내내 발 디딜 틈도 없을 만
치 붐볐을 것이다.

　헌데, 현재 이 공원에는 겨울철에는 아예 탐방객 자체가 없다
고 해야 맞을 정도이고, 꽃 피고 단
풍드는 봄, 가을에도 파리를 날리
고 있는 형편이다. 그럴 수밖에 없
는 것이 언덕으로 되어 있는 공원
에는 그 중앙부에 엉성하게 심어진
소나무 몇 그루 외에는 어느 것 하
나 정 붙일데라곤 없으니, 어느 누
가 이곳을 찾겠는가. 그리고 한쪽
귀퉁이에 달랑 세워져 있는 정자
에는 엔간하면 노숙자들이 판을 벌
이고 있으니, 이 노릇을 어찌해야
하는가.

▼
동대문성곽공원.
나무가 없어
황량한 느낌마저 드는
이 공원은 도심에
위치하면서도 일년내내
사람들의 발길이 뜸하다.
오른쪽에 보이는
정자에는 노숙자들이
진을 칠 때가 많다.

이곳 낙산 기슭에 축성된 성벽에는 陰城(음성), 木川(목천), 永同(영동), 鴻山(홍산) 등의 각자가 보인다. 알기 쉽게 말해서 이곳은 충청도 사람들의 축성 구역이었다는 얘기다.

그 순박한 충청도 백성들이 이 먼 곳까지 끌려와 추위와 배고픔을 견디며 얼마나 많은 고생을 했을까. 또 감독관들은 촉박한 축성기일을 맞추려고 얼마나 심하게 닦달하며 욕을 해댔을까. 그때 상황을 떠 올리고 있자니 갑자기 코끝이 찡해진다.

옛 생각을 떨쳐버리고 낙산마루를 향하다 보면 마을 입구에 '장수마을' 표지석 뒤로 아담한 정자가 나타난다. 정자에서 잠깐 머물렀다가 성곽 곁으로 다가서면 비탈길 초입에 백제의 마지막 도읍이었던 '扶餘(부여)'라 새겨진 각자가 존재하나, 워낙 글씨가 흐려 막상 확인하기는 쉽지 않다.

부여 각자를 지나 비탈길을 휘돌아 가면 이내 암문에 다다른다.

암문을 통해 성곽 안으로 들어서면 근래에 조성한 공원이 나타나니, 이곳이 바로 낙산마루이다. 전에는 이곳 낙산마루 역시 앞서 지나온 삼선동 구간처럼 감히 접근할 엄두도 못 냈었다. 자그마치 1,300여 가구에 이르는 낙산 시민아파트가 버티고 있었기 때문이다.

그랬던 이곳에 그 아파트를 철거하고 놀이광장을 비롯한 여러 가지 편의 시설을 만들고서 공원을 꾸민 것은 2002년도의 일이다. 흐르는 세월과 더불어 어리기만 하던 나무들은 어느새 울창한 숲으로 바뀌어 무상한 세월을 실감케 한다.

낙산(駱山)은 원래 낙타를 닮았다고 해서 얻은 이름으로, 낙타산 (駱駝山) 또는 타락산이라고도 불러왔다. 북악에서 바라보아 서울의 좌청룡(左靑龍)에 해당하는 이 산의 높이는 해발로 따져 겨우 125m 에 불과하다. 우백호에 해당하는 인왕산의 높이가 338m인 점에 비하면 그 절반에도 못 미치는 것이다.

이처럼 태생적으로 약한 혈을 타고 났던 낙산마루에는 백악마루에서부터 흘러온 성곽의 허리를 잘라내고서 그 자리에 마을버스 종점을 만드는 바람에 가뜩이나 약한 혈이 더욱 약하게 되었다.

▲
낙산공원.
서울시에서는 이곳에 있던
1,300여 가구에 이르는
시민아파트를 철거하고
공원으로 조성했다.

저에는 마을버스 종점 곁에 위치하는 낙산 정수리에 군부대 막사가 있었으나, 최근 들어 막사를 철거하고 그 자리에 통나무 의자들을 설치했다.

하지만 이곳 역시 이용객은 없다.

주변에 단 한 그루의 조경수도 없어 삭막한 기분이 드는 까닭이다.

원래 이 자리는 방금 지나온 공원마냥 이런저런 나무를 심었어야 했다. 거기에 멋진 정자라도 세워졌다면 말 그대로 금상첨화였을 것이다.

정수리에서 성가퀴를 따라 내려가면 자그마한 배드민턴장이 나타나고, 배드민턴장을 벗어나면 갑자기 분위기가 확 바뀐다. 소나무와 단풍나무 그리고 느티나무를 비롯한 수많은 종류의 나무들이 제각각 자신의 자태를 뽐내고 있는 이곳은 낙산공원에서 차분한 경치로 한 몫 하는 곳이다.

이곳에서 아래쪽으로 몇 걸음 더 내려가면 '홍덕이 밭'이라는 이정표가 나타난다. 이정표가 가리키는 화살표를 따라가면 먼저 '낙산정'이 닥치는데, 이곳 낙산정에 오르면 그 뛰어난 전망에 가슴이 확 뚫린다.

바로 앞에는 한양의 동궐(東闕)이라 일컫는 창덕궁과 창경궁의 용마루가 푸른 숲 속에서 날름거리고, 고개를 들어 멀리 내다보면 서울의 주산인 북악에 이어 그 왼쪽으로 서울의 우백호라 불리는 인왕산이 우뚝하다.

뿐만 인가. 좀 더 멀리 눈을 돌리면 북한산과 도봉산까지 내다보
이는 곳이 바로 이곳이다.

낙산정에서 내려와 불과 여나믄 발짝만 더 가면 자그마한 남새밭
이 나타난다. 앞에서 만났던 이정표에 씌어진 '홍덕이 밭'이다.

팻말에는 홍덕이 밭에 대한 유래가 적혀 있고, 밭에는 무 배추를
비롯한 이것저것 야채가 심어져 있는데, 기왕에 이곳에 온 김에 홍덕
이 얘기 좀 한번 해보자.

▲
낙산정.
이곳에 서면 발 아래로
창경궁과 창덕궁이 보이고,
멀리 북악산과 인왕산
그리고 북한산까지
내다보인다.

인조 15년(1637) 정월 그믐날 삼전도에서 인조로부터 항복을 받아 낸 청 태종은 조선의 뒷꼭지를 눌러두고자 소현세자와 그 아우 봉림대군을 인질로 요구한다.

청태종의 요구에 따라 세자 일행이 한양을 떠난 것은 아직 창덕궁 후원에 꽃망울도 맺히기 전인 음력 2월 초여드레였다. 청의 장수들 뜻대로 움직여야 하는 세자 일행이 압록강을 건넌 것은 3월 그믐이었고, 청의 도읍 심양(瀋陽)에 당도한 것은 4월 초열흘이었다.

침략시에는 바람보다 빠른 청의 군대였으나 귀환시에는 피로인(被虜人)과 재물을 챙기느라 한 곳에서 10여 일씩 머물렀기 때문에 굼벵이 보다도 더 느렸던 것이다.

한양을 떠난지 두 달 만에 심양에 당도해보니 거치른 오랑캐 땅에도 이미 봄은 무르익고 있었다. 그러나 봄이라 해서 어디 다 같은 봄이겠는가. 낯선 오랑캐 땅에는 꽃도 풀도 달랐고 어디 하나 정 붙일 데라곤 없었다. 말 그대로 춘래불사춘(春來不似春)이었다.

정든 산천을 뒤로 하고 산 설고 물 설은 오랑캐 땅에서의 생활은 외로움과 고난의 연속이었다.

이때 청은 중원으로 진출하기 위하여 명과의 전쟁 중이었는데, 그럴 때면 소현세자와 봉림대군을 끌고 다니며 자신들이 명군을 깨부수는 장면을 곁에서 보라고 다그쳤다. 장차 조선을 다스려 나갈 미래의 제왕과 그 아우에게 자신들의 능력을 과시하여 조선으로 하여금 딴 마음을 품지 못하게 하기 위한 고도의 술책이었다.

이렇게 고난에 찬 나날을 보내는 세자 일행에게 청을 상대하는 것보다 훨씬 더 껄끄러운 자가 있었으니, 바로 조선의 역관(譯官) 정명수였다. 정명수는 병자호란 당시 청의 장수 용골대의 통역관으로 출전하여 악명을 떨쳤으며, 세자 일행이 심양으로 끌려갈 때는 채찍을 휘두르며 압박을 가하기도 했던 자이다.

이후 정명수는 심양에서 소현세자가 조선 문제를 해결하는데 결정적 장애가 되었고, 이 때문에 세자 일행은 이중 삼중의 고초를 겪어야 했다. 이런 일을 겪을 때마다 세자와 봉림대군은 심한 압박감과 더불어 입맛을 잃어갔다.

이때 일행이 머물던 심양관에는 홍덕이라는 이름의 수라간 출신의 나인이 있었다.

홍덕이는 세자와 봉림대군이 입맛을 잃고 시름에 잠길 때면 현지에서 가꾼 무 배추로 김치를 만들어 올렸다. 홍덕이의 김치는 일행 모두가 즐겼지만 그 중에서도 특히 봉림대군은 그 김치가 없으면 수저를 들지 않을 정도로 홍덕이가 담가주는 김치에 빠져들었다.

이렇게 심양에서 일곱 해를 넘기는 동안 상황이 바뀌었다.

명과의 전쟁에서 일진일퇴의 공방전을 벌이던 청은 명의 장수 오삼계가 스스로 산해관의 빗장을 풀어주는 바람에 한달음에 내달려 북경에 입성하게 되니, 때

▼
홍덕이 밭의 팻말. 병자호란 당시 청의 도읍 심양으로 끌려간 봉림대군(효종)에게 김치를 담가 주던 수라간 나인 출신 홍덕이와의 아름다운 사연이 서려 있는 밭이다.

는 1644년 5월의 일이었다.

중원대륙을 점령하고 북경으로 도읍을 옮긴 청에게는 더 이상 인질 따위는 필요 없게 되었고, 청의 송환 결정에 따라 소현세자는 인질이 된지 8년만인 1645년 2월에 꿈에 그리던 조선 땅으로 돌아왔다.

세자는 부왕 인조 앞에서 저간의 사정과 청이 지금처럼 부강하게 된 연유를 설명하며, 우리 조선도 하루빨리 구태에서 벗어나 선진 문물을 받아들여야 한다고 역설했다.

허나 불행히도 인조는 그 말을 받아들일만한 그릇이 못 되었다.

소현세자의 말이 끝나자 인조는 세자가 청에 머무는 동안 그들에게 세뇌되어 삼전도의 치욕을 망각한 놈이라고 불같이 화를 내었고, 여기에 눈치 빠른 몇몇 신하들도 가세했다.

사면초가에 빠진 세자는 결국 몸져눕고 말았다.

소현세자가 자리에 눕자 인조는 이 기회에 아예 싹수없는 세자를 갈아치워야겠다고 작정한 나머지, 어의 이형익을 시켜 아들이 마실 약에다 독을 타 버렸다.

소현세자가 죽고 나자 청에 남아 있던 봉림대군에게 급히 귀국하라는 명이 떨어졌다. 1645년 5월에 귀국한 봉림대군은 그로부터 4년이 지난 1649년 인조가 사망하자, 그 뒤를 이어 왕위에 오르니, 바로 조선 제 17대 임금 효종이다.

효종은 그동안 청으로부터 받은 수모와 고초를 떠올린 나머지 즉위와 동시에 복수의 칼날을 갈며 북벌준비를 서둘렀다. 하지만 대신들은 거의 모두 그의 북벌론을 반대하는 입장인데다가 재정은 턱

없이 모자랐다. 효종은 또다시 입맛을 잃을 수밖에 없었는데, 이때 효종 앞에 불려간 것은 심양에서 자신의 진가를 유감없이 발휘했던 김치의 달인 홍덕이였다.

그날부터 홍덕이의 일상은 바빠졌고, 수라간에는 무 배추가 산을 이루었다.

홍덕이 덕에 다시 입맛을 되찾게 된 효종은 그녀에게 큰 상을 내리니, 그것이 바로 지금의 '홍덕이 밭'이다.

▲
홍덕이 밭.
낙산 기슭에 자리한
이 작은 밭에는 병자호란
당시 청의 인질이 되어
심양에서 고초를 겪던
봉림대군과
수라간 나인 출신
홍덕이와의 김치에 얽힌
사연이 깃들어 있다.

홍덕이 밭에서 되돌아 나와 여장을 따르는 길은 내내 공원으로 꾸며져 있다.

이곳은 양지 녘에 새순 돋는 따뜻한 봄이 오면 나지막한 여장 아래로 파란 잔디가 움을 틔우고, 온갖 꽃들이 만개한다. 까닭에 이곳 낙산 언덕길은 젊은 연인들의 발길이 끊이질 않는다.

아늑하고 정감 넘치는 길을 따르다 보면 머지않아 이화장으로 내려가는 암문이 나오고, 암문을 지나서 온 것만큼만 더 내려가면 '한양도성박물관'에 이르게 된다.

▲ 낙산마루에서 동대문으로 향하는 여장 길. 여장 바로 밑은 화단으로 꾸며져 있어 차분한 정감을 자아낸다.

　　2014년 7월 31일 개관한 도성박물관은 이 자리에 있던 '이화여대 부속병원'을 리모델링하여 새로 꾸민 건물이다.

　　박물관 앞에는 2010년 개장한 '동대문성곽공원'이 펼쳐지는데, 원래 이 터에는 조선시대 여진족 사신이 머물던 북평관(北平館)이 있었다. 태종 때 설치된 것으로 추정되는 북평관은 원래 '야인관'으로 부르다가 1438년(세종 20)부터 북평관으로 고쳐 부르기 시작했다.

　　고려 중엽부터 우리와 겯고틀며 그 세력을 다투던 여진족은 조선조가 개창할 무렵에는 그 세가 꽤나 약해져 있었다. 이러한 여진족을 향해 조선의 양반들은 오랑캐라 비하하며 한껏 깔본 나머지 한양으로 내왕하는 여진 사절단의 숫자도 자신들의 입맛대로 조절했다.

　　그리하여 입경하는 야인의 수를 풍년과 흉년으로 나누어 풍년에는 120명, 흉년에는 90명으로 제한했으니, 이들의 가슴속에는 그때 이미 한이 맺혔을 것이다.

그러나 세상은 돌고 돌고 '쥐구멍에도 볕들날'이 있는 법이다.

한껏 몸을 낮추고, 호시탐탐 기회를 엿보고 있던 그들에게도 기회가 왔으니, 그것은 여진족의 영웅으로 추앙받는 청 태조 누르하치(奴爾哈赤)의 출현이었다. 누르하치가 후금(後金 : 청나라의 전신)을 세우고 죽은 뒤 그에게서 제위를 물려받은 청 태종은 명을 치기에 앞서 조선의 항복을 먼저 받아내니, 역사에서는 이를 가리켜 '병자호란'이라 부른다.

조선의 항복을 받아 낸 여진족은 마침내 중원무대를 밟게 되었고, 결국에는 그들의 도읍을 북경으로 옮겨가게 되면서, 이곳에 있던 북평관은 더 이상 그 존재가치를 잃어 자동적으로 사라지게 된다.

그 후 우리 한반도에 개화의 물결이 거세게 불어 닥치던 19세기 말, 이곳 북평관터는 '이화학당'을 세운 스크랜튼 일가와 새로운 인연을 맺는다.

1886년 11월 정동에 이화학당을 개설한 스크랜튼 일가는 이듬해 그 인근에 별도로 집 한 채를 마련하여 여성을 위한 병원을 세우고서 그 이름을 보구여관(保救女館)이라 명명하니, 이 보구여관이 바로 이화여대부속병원의 원조이다. 같은 해 이들은 이곳 낙산 언덕에 '동대문부인진료소'를 세워 보구여관의 분원 형식으로 운영하기 시작한다.

이들 일가는 1892년 미국 감리교 총무로 있던 볼드윈 부인이 보내온 선교비로 동대문부인진료소 곁에 예배당 건물을 짓고서 '볼드윈 예배당(Baldwin Chapel)'이라 명명하는데, 이 예배당이 바로 이곳에 있다가 2013년에 헐린 동대문교회의 전신이다.

이어서 1899년에는 정동에 있던 보구여관과 동대문부인진료소를 통합하여 '동대문부인병원'으로 새롭게 태어나게 된다. 1945년 해방과 더불어 이화여자전문학교가 이화여자대학교로 승격됨에 따라 이 병원 역시 '이화여자대학교 부속병원'으로 자동 승격된다.

　　계속해서 병원시설을 확장하던 이 병원은 1993년 양천구 목동에 병원을 새로 지어 '이대동대문병원'과 '이대목동병원'의 양대 체제로 운영되기 시작한다.

　　그러나 그로부터 26년이 더 흐른 2009년의 어느 날, 그동안 이곳 낙산 언덕을 지키고 있던 이 병원의 종말을 고하는 소식이 들려온다. 서울시가 '성곽공원'을 조성하기 위한 계획의 일환으로 서울성곽을 깔고 앉아있던 이 병원의 매입의사를 밝힌 것이다. 그리고 마침내 병원 건물이 철거되고, 그 자리에 동대문성곽공원이 들어선 것은 2010년 5월의 일이다.

　　서울시는 동대문성곽공원을 조성하고 나서 그때까지 병원 곁에 버티고 섰던 동대문교회도 헐겠다고 나섰다. 교회 측에서는 6백년의 역사를 간직하고 있는 서울성곽도 소중하지만, 120년의 역사를 간직한 동대문교회 역시 그에 못지않게 소중하므로 절대로 헐어낼 수 없다며, 그 자구책으로 법에 호소하였다.

　　하지만 사법부의 판단은 달랐다. 즉 120년의 역사도 무시할 수는 없지만, 6백년의 역사를 간직한 서울성곽의 가치가 훨씬 더 소중하다는 것이었다. 그리고 마침내 사법부의 판결에 따라 탄생한지 121년 만인 2013년 말에 철거되어 세월의 뒤편으로 사라지고 말았다.

산마루에서 바깥쪽 성곽 곁으로 가는 길에는 두 길 가까이 되는 축대와 더불어 그 위로는 개나리가 우거져 있는 까닭에 축대 밑으로 걸을 수밖에 없다.

이렇게 조금만 나아가면 축대가 낮아지는데, 이곳에서 성곽을 살피려면 일단 축대 위로 올라 역방향으로 길을 잡아야 한다. 성곽을 따라 낙산마루를 향하노라면 눈앞에 '平澤 造排始(평택 조배시)'와 '決城(결성)'이란 각자가 나타난다.

두 개의 각자 중 평택 조배시는 '평택 사람들이 가지런히 쌓은 시작 지점'이라는 말이고, 결성은 충청도 홍성에 있는 지명을 말한다. 여기에서 한 가지 짚고 넘어갈 일은 평택은 태조가 이 성을 창축할 당시에는 충청도에 속했었으나, 태조 7년에 경기도에 편입되었다고 한다.

평택 각자를 지나면 곧이어 장님도 알아 볼 수 있을 만큼 커다란 글씨로 '左龍亭(좌룡정)이라 새겨진 각자가 있으니, 이 좌룡정 각자는 서울성곽 전체 각자 중에서 으뜸의 크기를 자랑하고 있다. 좌룡정은 정자의 이름이 아니라 옛날 조선시대 이곳 낙산마루에 활 쏘는 연습을 하던 사정(射亭)이 있었기에 이를 지칭하는 말이다.

조선시대 서울에는 궁술 연습을 위한 사정이 다섯 군데 있었는바, 필운동의 등과정(登科亭), 옥동의 등룡정(登龍亭), 삼청동의 운룡정(雲龍亭),

▼
여진족 사신들이
묵었던 북평관터.
이 표지석은
동대문성곽공원
서쪽 율곡로 건너
인도에 있나.

사직동의 대송정(大松亭), 누상동의 풍소정(風嘯亭) 등을 합하여 '서촌 5사정(西村五射亭)'이라 부른다.

5사정을 비롯한 서울에 있던 이름 있는 활터들은 일제가 우리의 전통 무술을 금지하면서 하나 둘씩 사라지기 시작했는데, 이때 필운동에 있던 등과정도 함께 사라졌다.

현재 사직동 인왕산 초입에 남아 있는 황학정(黃鶴亭) 또한 원래는 경희궁 내 회상전 곁에 있었으나, 조선총독부가 경희궁 건물을 철거할 때 등과정이 있던 현 위치로 옮겨져 지금까지 그 맥을 이어오고 있는 것이다.

좌룡정 각자를 지나고 나면 이내 마을버스 종점으로 인하여 성곽이 끊어지기 때문에 다시 올랐던 방향으로 발길을 돌려 축대에서 내려서야 한다. 이곳에서부터는 내내 단풍과 느티나무가 우거진 공원으로 이어지나, 성곽을 제대로 감상하려면 다시 축대 위로 올라서야 한다.

세종과 숙종대의 성곽이 번갈아 나타나는 성벽을 따르다 보면 이화장으로 통할 수 있는 암문이 나타난다.

○┠문을 지나 계속 바깥쪽 성체를 고수하면 머지않아 '번개 이은세'라고 새겨진 크고도 진한 각자가 보인다. 서울성곽에 새겨진 수많은 각자 중에서 유일하게 한글로 새겨진 이 각자는 앞뒤 정황으로 보아 누군가에 의해 저질러진 낙서로 판단된다.

이은세 각자가 새겨져 있는 성곽 부근은 사납기 짝이 없는 찔레나무로 인하여 접근을 거부하던 곳이었으나, 지금은 찔레나무를 제거하여 그런대로 다닐 만 하게 되었다. 이은세 각자를 지나 조금만 더 내려가면 또다시 암문이 나오고. 암문에서 약 50여 미터 가량 진행하면 '同福始(동복시)'에 이어 그 옆에는 '咸悅(함열)'이라 새겨진 각자가 나타난다. 여기에 새겨진 동복은 전라도 화순 땅에 있는 지명이고, 함열은 익산과 논산 사이에 위치하는 지명이다.

'동복시'는 원래 동복시면(同福始面)이라고 새겨야 이 구간은 동복 사람들이 쌓은 시작지점이라는 의미가 되는데, 어쩐 일인지 말미의 '면'자는 보이지를 않는다.

각자에 나오는 동복 고을은 옛날 방랑 시인 김삿갓(1807~1863)이 방랑생활의 마침표를 찍은 곳으로 유명하다.

또한 임진왜란 당시 제2차 진주혈전에서 용명을 떨친 황진(黃進 : ?~1593년)은 왜란 발발시 이곳 동복현감을 지냈던 것으로 알려져 있다. 그때는 현감이 다스릴 정도의 고을이었으나 지금은 화순군 동복면으로 불리고 있으니, 말하자면 군에서 면으로 강등 당한 셈이다.

동복시 각자에서 또다시 50여 미터 내려가면 井邑(정읍) 각자가 나타나고, 정읍 각자에서 한 굽이만 더 돌아가면 도성의 동쪽을 관장

▲
찔레가시 덤불로
뒤덮였던
낙산 성곽.

하던 동대문이 우뚝하다.

지금은 볼 수가 없지만 2015년까지만 해도 이곳 성곽이 끊기기 직전 성벽에는 각자(刻字)의 보고(寶庫)라 불릴 정도의 많은 각자가 몰려 있었다.

이 각자들은 오랜 풍우에 마모되어 판독이 어려운 다른 지역의 각자와는 달리 상당히 진하게 다가왔었는데, 유감스럽게도 이 각자들의 고향은 이 자리가 아니었단다.

관계자의 설명에 따르면 이곳에 있던 각자들은 일제강점기 주변에 흩어져 있던 각자들을 한 군데로 모아 놓은 것에 불과하다는 얘기다.

이런 사유로 서울시에서는 2015년 말, 이 구간 성벽을 복원할 때 이 각자들의 고향으로 추정되는 자리로 옮기는 게 원칙이라는 판단하에 귀향을 시켰다는 것이다.

각자들의 행방이 궁금하여 추적해보니 이곳에서 지척인 흥인지문 옆 도로 가에 있었다.

옮겨 앉은 각자의 위치를 보건대 그 자리 역시 원래의 고향은 아닌 게 분명했다. 왜냐하면 각자를 새로 앉힌 자리는 원래 성벽이 없던 대로 옆이었기 때문이다.

따라서 어차피 제자리가 아닐진대 꼭 이렇게 옮겼어야 했을까 하는 의문이 든다.

새로 복원한 하얀 성돌 틈에 박혀있는 각자성석을 살펴보니, 흡사 서양인 틈에 섞여 있는 동양인만큼이나 어색해 보였다. 옛말에 '타향도 정이 들면 고향'이라고 했듯이, 기껏 자리 잡고 잘 살고 있는 각자를 어쩌자고 쫓아냈는지 전혀 이해가 안 되지만, 이들 각자에게 무슨 잘못이 있겠나 싶어 그 내용을 옮겨본다.

一牌頭 : 일패두

訓局 策應 兼 督役將 十人 : 훈국 책응 겸 독역장 10인

※督役將은 실제로는 督後將으로 새겨졌는데, 이는 독역장의 오류로 판단된다.

一牌將 成世珏 : 1패장 성세각

二牌將 折衝 全守善 : 이패장 절충 전수선

三牌將 司果 劉濟漢 : 삼패장 사과 유제한

使 韓弼榮 : 사 한필영

石手 都邊首 吳有善 : 석수 도변(편)수 오유선

▲ 쫓겨난 각자 성석. 복원된 하얀 성돌 틈에 박혀 있는 검은 빛깔의 각자 성석이 한없이 초라하고도 어색해 보인다.

▲ 낙산 초입의 각자(刻字) 군단. 이 각자 군단은 2015년 엉뚱한 곳으로 옮겨졌으니 이 옮겨진 각자 군단이 바로 사진 상단에 보이는 '一'자로 된 각자이다.

一牌 邊首 梁六吳 : 일패 변수 양육오

二牌 邊首 黃承善 : 2패 변수 황승선

三牌 邊首 金廷立 : 삼패 변수 김정립

康熙 四十五年 四月 日 改築 : 강희 45년 4월 일 개축

패두　어떤 무리의 40명 안팎의 단위를 '패'라고 말한다. 따라서 패두란 공사
　　　　판의 십장(什長)급을 의미한다.

훈국 책응 겸 독역장 10인　훈국은 훈련도감의 준말이고, 책응이란 국가에서
　　　　공역이나 축 성시 기획담당자를 말하며, 독역장은 공사 감독자를 말한다.

패장　군의 1패의 장을 말하는 것으로서 지금의 소대장급 정도로 추정된다.

절충　조선시대 정3품 무관 벼슬인 절충장군의 준말이다.

사과　조선시대 오위도총부의 정6품의 군직(軍職)을 말한다.

사　　장흥고나 풍저창 등 각 창고의 으뜸 벼슬 내지는 목(牧)이나 도호부의 으
　　　　뜸 벼슬인 종3품 도호부사를 말한다.

석수　석수장이의 준말이다.

도변수　도편수로 발음해야 하며, 석수나 목수의 우두머리를 말한다.

변수　도편수의 아래다.

강희　청나라 4대 황제인 성조(聖祖, 재위 기간 : 1661~1722)의 연호이다. 성조는 흔
　　　　히 강희제로 불리며, 강희 45년은 숙종 32년 즉 1706년을 가리킨다.

흥인지문은 도성의 동쪽을 관장하는 문으로서 속칭 동대문(東大門)이라 불러왔다.

중층(重層) 문루로 이루어진 우람한 모습의 이 문에는 도성의 다른 문에는 없는 옹성(甕城)이 둘러쳐져 있어 한층 더 듬직해 보인다.

원래 이곳은 일 년 내내 물이 솟아나고 군데군데 웅덩이가 많은 늪지대였다.

태조는 왕 5년, 도성을 창축하면서 이곳 흥인지문의 축조공사를 경상도 안동과 성주 고을 백성들에게 맡겼으나, 늪지대인 이곳에 문을 세우려니 먼저 웅덩이에 돌을 채운 다음 땅을 다져야 하는 등 많은 어려움이 따랐다. 그러다 보니 다른 구역에 비해 공력(功力)이 몇 배나 더 들고서도 정해진 기일 내에 마칠 수가 없게 되었다.

▲
옹성으로 둘러싸인
흥인지문의 위용.
흥인지문은 도성의
동쪽 대문으로 세워졌다.
원래 이 자리는 늪지대여서
다른 곳 보다 지반이
약했다고 하며,
이의 보강을 위해
쌓은 것이 옹성이다.

▲
홍인지문의 옹성 내부.
터진 곳이 옹성의
출입구다.

이에 경상도 관찰사 심효생은 추후에 다시 불려올 것을 우려한 나머지,

"동대문의 역사(役事)는 10여 일 더 두고 마치게 하여 바쁜 농사철에 다시 불려오지 않게 해 주소서"라고 상소하였으나, 태조는 이들도 애초에 약속한 날짜에 돌려보냈다.

이러한 연유로 이 문은 결국 도성의 2차 축성이 끝나고 해가 바뀐 태조 6년(1397) 1월에 가서야 완공을 보게 된다. 그러나 지대가 낮고 습하던 곳이어서 다른 문에 비해 취약할 수밖에 없었고, 이를 보완코자 마련한 것이 바로 옹성이다.

창건 당시 정도전은 이 문의 이름을 '홍인문(興仁門)'이라 지었다.

홍인문의 가운데 글자인 '仁'은 공자가 주창(主唱)한 유교의 5대 덕목 가운데 하나로서 오행으로 볼 때는 목(木)에 해당되고, 계절로는

만물이 소생하는 봄이요, 색깔로는 푸르름의 상징인 청색을 나타낸
다. 또한 5방에서는 동쪽을 상징하므로 도성의 동쪽 대문인 이 문에
다가 이런 이름을 붙인 것이다.

　다른 문에 비해 몇 배나 정성을 들여 건설한 흥인문은 지은지 50
년을 넘기면서 문제가 생기기 시작한다. 이때의 사정을 구체적으로
알 수는 없지만 아마도 지반이 약하여 문이 약간 기울어졌던 것으로
추정되는데, 문종 1년(1451) 3월 17일 실록 기사에 보면,-경기, 충청, 전
라도 수군을 동원하여 도성을 수축할 때 공사가 예정보다 빨리 끝났
으므로 군사를 나누어 흥인문과 동소문을 수리하도록 명했다-라는
내용이 나타난다.

　하지만 당시 흥인문의 상태는 생각보다 심각했던데다 그보다 더
시급한 공사가 있었으니, 바로 문종의 부왕인 세종이 묻힌 영릉(英陵)

의 조성 작업이었다. 더구나 즉위 2년 3개월만에 세상을 하직한 문종이었기에 흥인문은커녕 영릉의 조성만 해도 벅찼다.

이래저래 흥인문의 개건은 문종의 뒤를 이은 12살의 어린 임금 단종의 차지가 되고 말았다. 이때에도 상황이 좋지 않았던 듯, 단종 원년인 1452년 9월 30일 사간원에서 다음과 같이 반대하고 나섰다는 실록기사가 보인다.

> "신 등이 듣건대 흥인문을 고쳐 짓는다고 하는데, 지금 산릉(山陵)과 창덕궁의 역사와 겹치고 있으니, 청컨대 이를 정지시켜 백성을 쉬게 하소서."

이에 단종은 다음과 같은 비답을 내린다.

> "선왕께서 일찍이 동문을 고쳐 짓고자 하여 이미 재목을 마련한 데다, 지붕의 기와까지 걷어 낸 상황에서 **만약** 고쳐 짓지 않는다면 장차 무너지지 않겠는가?"

가까스로 신하들을 설득한 단종은 흥인문의 수리를 밀어붙였으나, 이후에도 상황은 여전히 좋지 않게 돌아갔다. 영릉의 조성, 창덕궁의 인정전 건설, 오간수다리의 수구 개축 등 계속해서 일으킨 큰 역사로 인하여 백성들의 허리가 휠 지경이라는 상소가 빗발치자, 단종은 어쩔 수 없이 이듬해 5월 공사를 중단하라 명한다.

하지만 이대로 두면 흥인문이 무너질지도 모른다는 생각에 단종은 밤잠을 이룰 수 없었다. 기회를 엿보던 단종은 중단을 명한지 한 달이 지난 6월에 다시 흥인문의 공사를 재개하라는 명을 내린다.

공사를 재개하여 문의 수리가 거의 마무리 단계에 다다른 9월이 되자, 이번에는 단종의 숙부 수양대군이 공사를 반대하고 나서는 바람에 공사는 또다시 지연된다. 엉거주춤하고 있는 사이에 한 달이 훌쩍 지나가 버리니 어느덧 10월(1453년)이었다.

그리고 그 달 초열흘.

수양대군은 진작부터 준비했던 대로 수하들을 이끌고 계유정난을 일으켜 김종서와 황보 인 등을 제거한 후, 모든 권력을 독차지 해 버렸다.

한 달 전 흥인문 수리를 중지하라는 수양대군의 상소는 이 공사를 단종의 실정(失政)으로 몰아가기 위한 사전 포석이었던 것이다.

○|처럼 우여곡절을 겪으며 단종 대에 시행된 흥인문의 개건공
사는 거의 완벽에 가깝게 이루어져 그 후 400여 년을 아무
탈 없이 지탱했다.

그러나 흥인문을 개건한지 400년을 넘어서자 더 이상 두고 볼 수
없을 만치 퇴락하여 이제는 장마철만 되면 언제 무너질지 모를 정도
로 불안한 상황에 이르게 되었다.

때마침 경복궁 중건을 끝낸 흥선 대원군이 이 사실을 알게 되었
고, 과감한 성격의 대원군은 경복궁 중건공사가 끝난 지 불과 4개월
후인 고종 5년(1868) 10월 2일, 흥인문 개건의 착공에 들어간다. 대원
군은 자신의 성격대로 흥인문의 개건도 전광석화처럼 밀어붙인다. 당
시 훈련도감에서 담당한 개긴 공사는 착공한지
불과 5개월만인 1869년 3월에 완공된다.

이때 공사한 내역을 보면, 기단석을 해체하
여 문지(門址)를 8척이나 돋우고, 그 위에 새로 홍
예(虹霓)를 쌓은 다음, 홍예 위에 문루를 올린 것
으로 되어있다. 이로 보아 이때 흥인문은 개축 차
원을 넘어 아예 신축했다는 표현이 맞을 정도로
바닥부터 용마루까지 전체를 갈아치웠던 것으로
추정된다.

이렇게 대대적으로 개축을 했으면서도 흥인
문에 둘러쳐진 옹성은 미처 개축을 못했던 듯 이
곳 옹성에는 다음의 각자(刻字)가 새겨져 있다.

▲ 흥인지문 3층 누각으로 오르는 계단.
　　누각 3층에 오르면 대낮에도 컴컴하다.

築城監官 出身 崔學淳 : 축성감관 출신 최학순

治石監官 直赴 金相鉉 : 치석감관 직부 김상현

石手邊手 申萬吉 : 석수변수(편수) 신만길

同治十二年 癸酉九月 日 : 동치 12년 계유 9월 일

홍인지문 2층 누각.
기둥이 어마어마하다.
고종 5년(1869년)에
개건했다

　위의 각자에서 동치 12년은 고종 10년을 뜻하는바, 그해가 바로 계유년이다. 그러므로 홍인문의 옹성은 문을 개건하고서 4년이나 지난 1873년에 개축했음이 분명하다.

　1869년 대원군에 의하여 대대적으로 개축된 홍인문을 다시 보수한 것은 그로부터 정확히 89년이 더 지난 1958년에 이루어지는데, 이때에는 그다지 큰 공사가 아니었던 듯, 이렇다 할 만한 기록은 전하지 않으며 그 이후로는 별다른 공사가 없었다.

O 문은 창건 초기부터 흥인문(興仁門)이라 불러왔다. 그러나 도
성민들은 이 문을 일러 흥인문 보다는 동대문으로 부르기를
더 즐겼다.

도성의 동쪽을 지키고 있으니 당연한 일이었는데, 문의 현판은 흥
인문도 동대문도 아닌 '흥인지문'이라 쓰여 있고, 지금은 이것이 이 문
의 공식적인 명칭이 된지 오래다.

그렇다면 애초에 흥인문이라 칭했던 이 문에 왜 이런 이름이 생
겨났으며, 또 언제부터 흥인지문으로 불렸던 것일까?

앞에서 말한 대로 흥인문 터는 원래 웅덩이가 많은 늪지대였던
까닭에 다른 곳에 비해 습하고 지대가 낮았다. 풍수학상으로 보나 전
략상으로 보나 이처럼 도성의 대문이 세워진 곳의 지대가 낮고 지반
이 약하다는 것은 나라의 큰 근심거리가 아닐 수 없는 일이다.

이에 태조는 왕 6년(1397) 정월에 이 문을 완공하고서, 그달부터
옹성을 쌓게 하여 3개월 만인 그 해 4월 옹성 공사를 마치게 했다.

이처럼 옹성까지 둘러치고 나서도 다른 문에 비해 지대가 낮다고
생각한 조정 대신들은 또 다른 대책 마련에 골몰했고, 이에 비보(裨補)
의 차원에서 흥인문 세 글자에다가 용의 형상을 닮은 갈 '之'자를 추
가하여 '興仁之門'이라 고쳤던 것이다.

이 흥인지문이란 말은 태조부터 단종 때까지는 실록에도 발견되
지 않는다.

흥인지문이 처음으로 발견된 것은 조선의 일곱 번째 임금인 세조
때에 비로소 보이기 시작하는데, 세조 1년(1456) 10월 20일자 실록 기

사에는 다음과 같은 내용이 보인다.

> 5사는 광화문 앞길에 서는데, 많으면 종루와 흥인지문까지 이릅니다.(五司 立於 光化門 前路 多則至于鍾樓 興仁之門)

이로 보아 흥인지문이라는 명칭은 적어도 세조 당시부터 써왔던 것임을 알 수 있다.

그러나 세조 이후로는 이 말이 거의 등장하지 않고 있다가 고종 5년 문의 개건 이후로 자주 등장하는 바람에 이 흥인지문이라는 명칭이 대원군이 개건하고부터 바뀐 것으로 알고 있는 사람이 많게 되었다.

도성의 8대문 중 유일하게 옹성을 구축하여 말 그대로 철옹성을 방불케 했던 동대문은 임진왜란 때 개국 이래 최초로 적장의 입성을 허용했으니, 이것이야말로 역사의 아이러니가 아닐 수 없는 일이다.

임진왜란이 일어난 것은 선조 25년(1592) 4월 열 사흘의 일이었다.

16세기 후반 일본 열도를 평정한 도요토미 히데요시(豊臣秀吉 : 1536~1598)의 명에 따라 총 병력 15만 대군을 9개 군단으로 편성한 왜군은 부산성과 동래성을 함락 시킨 후, 군대를 3대로 나누어 북상길을 재촉했다.

고니시 유키나카(小西行長)가 지휘하는 제1군은 밀양→대구→상주→문경을 지나 충주로 향했고, 카토오 키요마사(加藤淸正)가 거느리는 제2군은 울산 영천을 지나 북상길을 서둘렀으며, 구로다 나가마사(黑田長政)가 거느리는 제3군은 김해를 지나 추풍령으로 밀고 올라왔다.

뒤이어 나머지 6명의 적장들도 각기 수하 군단을 거느리고 육지와 바다를 뒤덮으며 파상적인 공격을 감행하며 선조의 목을 죄어왔던 것이다.

급보에 접한 조정에서는 이일(李鎰)을 순변사로 삼아 상주까지 내려 보냈으나, 이일은 왜군을 보기도 전에 도망쳐 버린다. 뒤이어 도순변사의 임무를 띠고 내려간 신립(申砬 : 1546~1592년)은 충주 달천강에다 배수의진(背水之陣)을 치고서 결전에 임했으나, 신무기 조총으로 무장한 고니시 부대에 의해 전멸 당했고, 이에 절망감과 죄책감을 이기

지 못한 신립은 달천강 푸른물에 몸을 던진다.

이후 고니시 부대는 여주 신륵사에서 강원도 조방장(助防將) 원호(元豪)가 거느리는 조선군을 만나 일격을 당하지만, 원호는 자신의 직속상관인 강원관찰사 유영길(柳永吉)의 부름을 받고서 내키지 않는 마음으로 전선을 떠난다.

원호가 떠나고 나자 고니시의 앞을 막아서는 장애물은 그 어디에도 없었고, 무인지경을 달리 듯 내달린 고니시의 부대는 5월 초사흘 술시(戌時 : 오후 8시) 무렵 옹성이 둘러쳐진 흥인문 앞에 도착한다.

문 앞에서 철옹성을 방불케 하는 성곽을 살펴 본 고니시는 "이렇게 튼튼한 성을 두고 무엇이 두려워 화살 한 번 못 날려 보고 도망을 쳤느냐?"고 비웃음 쳤다고 한다.

왜장 고니시의 감탄까지 자아냈던 흥인지문의 성벽은 조선왕조의 쇠퇴와 더불어 맥없이 무너지고 마는데, 여기에는 전차 개설도 한 몫 거든다.

외세의 물결이 성난 파도처럼 밀려들던 1898년, 수도권 일대의 전력 공급을 위해 한성전기회사를 개업한 미국인 콜브란(H. Collbran)과 보스트 위크(H.R. Bostwick)는 고종에게 서대문에서 종로를 거쳐 청량리에 이르는 약 8㎞의 전차선로를 부설하자고 설득하여 고종의 재가를 받아내는데 성공했다.

그 무렵 고종은 을미사변 때 일인들에게 시해 당한 명성황후가 잠들어 있는 청량리에 위치한 홍릉을 자주 찾았는데, 콜브란 등은 이를 적극 이용했던 것이다.

고종의 재가가 떨어지자 콜브란은 1898년 9월 15일 착공식을 거행한 후, 일사천리로 밀어붙인 끝에 이듬해 5월 17일 전차개통식을 갖는다.

이때 도입된 전차는 모두 8대였는데, 이 8대의 전차를 서울 시내까지 운반하는 문제가 큰 난제로 떠올랐다. 고민하던 콜브란 등은 애초에 미국 현지를 떠날 때 전차를 분해한 다음 미국상선을 이용하여 인천항을 거쳐 마포나루까지 운반하기로 했다.

마포에서부터는 수십대의 소달구지를 이용하여 동대문 옆에 있던 차고지까지 운반을 마친 다음 다시 조립하니 드디어 8대의 전차가 서울시내에 그 모습을 드러내게 되었고, 이 광경을 지켜 본 사람들은 전차를 일러 '쇠달구지'라 불렀다.

전차가 개통하던 날은 마침 음력 4월 초파일이어서 이 땅에서 최초로 달리는 '쇠달구지'를 보기 위해 한성 일대는 말할 것도 없고 전국 각지에서 구경꾼이 구름떼처럼 모여들었다.

이때 개통된 전차는 이보다 5년 앞서 개통된 일본 교토에 이어 동양에서 두 번째였고, 그들의 수도 도쿄보다도 무려 3년이나 빠른 것이었으니, 조선 민중들의 놀라움과 호기심은 짐작하고도 남을 만 했다.

당시의 전차는 상등칸과 하등칸으로 분리하여 상등칸은 열고 닫을 수 있는 창문이 있었으나 하등칸은 전혀 가림막이 없어서 만약 비라도 오는 날이면 도롱이나 삿갓을 쓰기도 하는 등 진풍경을 연출했다.

그때는 선로만 개통하고 정거장도 없어서 사람들은 전차를 타려면 아무데서나 손만 들면 되었고, 내릴 때도 역시 내리겠다는 의사만

▲
초기의 전차는 상등실과 하등실로 구분되어 있어서 상등실 승객은 창문이 있어서 비를 피할 수 있었으나, 하등실에는 창문조차 없어서 비 오는날 타게 되면 도롱이나 삿갓을 써야 했었다고 한다. (철도공사 제공)

표시하면 아무데서나 내려주었으며, 차표도 없어서 차를 탄 후 차장에게 현금을 지불해야 했다.

　뿐만 아니라 교통 개념 자체가 없던 시절이라 전차 선로에는 늘 사람들의 왕래가 끊이지 않아 전차는 가다 서다를 반복했던 까닭에 속도는 걷는 것과 별반 차이가 없었다.

　당시 유사 이래 처음 등장하는 전차 때문에 이런저런 불상사도 잦았다. 개통 4개월을 앞 둔 1월에는 약 12m의 송전선 절도 사건이 일어났으며, 체포된 두 명의 범인은 재판도 없이 그 즉시 참형에 처

▼
종로거리를
질주하는 전차.
(서울역사박물관)

해졌다고 한다. 또 개통 열흘째 되는 날에는 탑골공원 앞에서 다섯 살짜리 어린아이가 전차에 치어 죽는 사고가 발생하고 말았다. 아이의 아버지는 도끼를 들고 달려들었고, 성난 군중은 여기에 합세했다.

위기의 순간, 일본인 운전수와 조선인 차장은 겨우 빠져 나왔으나, 전차 2대가 전소되는 안타까운 일이 벌어졌는데, 이를 본 일본인 운전수들은 신변보호가 안 된다는 이유로 전원 철수해 버렸다.

이후 미국인 운전수를 새로 채용하여 운행을 재개한 것은 사건이 나던 때로부터 약 4개월이나 지난 9월 말 경이었으니, 생각해 보면 호랑이 담배 피던 시절의 이야기다.

이러한 과정을 겪으면서도 전차승객은 날로 증가하게 되어 1907년 3월 30일자 고종실록에는 참정대신 박제순과 내부대신 이지용 등이 합세하여 "동대문과 남대문은 그 복판으로 전차가 다니기 때문에 사고가 끊이지 않으므로 문루의 성첩을 각각 8칸씩 헐어내어 전차가 다닐 수 있는 선로를 만들어야 합니다"라고 아뢰었다는 내용이 보인다.

이어서 1907년 7월에는 성벽처리위원회가 설치되었으며, 그 해 10월에 일본 왕자의 조선 방문이 계획되어 같은 해 9월 숭례문 북쪽 성벽이 먼저 헐린다.

그리고 이듬해 2월 일본인으로 조선의 내부차관을 맡고 있던 '기노우치 주시로'란 자가 성벽처리위원장을 겸하면서 도성 철거에 가속도가 붙었고, 이후부터는 장마에 둑 무너지듯 성곽은 걷잡을 새 없이 헐려 나갔다.

이렇게 성곽 철거에 속도를 내던 일인들은 자신들의 목적이 어느 정도 이루어지자 성곽 철거에 약간 주춤한다. 그 후 그들이 또다시 성곽철거를 서두르며 철거 명분으로 내세운 것은 전차 선로의 복선화였다.

그때까지만 해도 전차 선로의 폭은 협궤(挾軌)에 해당하는 1,067㎜(오늘날 국내에서 운행하는 모든 철로는 표준궤간에 해당하는 1,435㎜이다)였으며, 차체 또한 작아서 성문의 홍예를 통과하는데 별 지장이 없었으나, 복선 선로가 깔리면서부터는 얘기가 달라졌다.

서울에서 가장 먼저 복선 선로가 깔린 구간은 종로에서 용산 동자동을 잇는 구간이었고, 뒤이어 단선이던 선로는 앞 다투어 복선화를 서둘렀다. 여기에 더하여 도로 개설까지 한 몫 거들고 나시는 바람에 성곽은 줄줄이 헐려나갔다.

이처럼 일제는 이런저런 명분을 붙여 서울성곽을 마구 헐어내었는데, 그때 헐린 성곽은 아직도 제자리를 찾지 못하고 있는 실정이다.

동대문을 지나면 성곽은 그림자도 볼 수 없다. 때문에 동대문을 지나고부터는 성곽이 쌓여졌던 노선을 머릿속으로 그리며 걸어야 하는데, 동대문에서 출발하여 남쪽으로 약 150여 미터 가량 진행하면 청계천이 나온다. 청계천을 예전에는 개천(開川)이라 칭했었다. 한양으로 도읍을 옮긴 후부터 이 하천에 쌓인 흙과 모래를 인공적으로 파내는 작업을 했다하여 이렇게 불렀던 것이다.

또한 개천을 일러 도성 안으로 흐른다 하여 내수(內水)라 했고, 한강은 도성 밖으로 흐른다 하여 외수라 했다.

태초 이래 우리 한반도의 지형은 동고서저(東高西低)라 하여 동쪽이 높고 서쪽이 낮은데 반해, 서울의 지형은 서고동저라 하여 서쪽이 높고 동쪽이 낮다는 특징을 갖고 있다. 그러므로 반도를 가로지르는 한강은 동에서 서로 흐르고, 도성 안을 가로지르는 개천은 서에서 동으로 흐른다.

개천은 백악의 서쪽 기슭 창의문 근처에서 발원한다.

이곳에서 발원한 물줄기는 인왕산 동쪽 기슭에서 발원한 청풍계천(淸風溪川)과 한 몸이 되고, 다시 남산에서 발원한 물줄기와 합쳐져 도성을 관통하여 동쪽을 향해 흘러간다. 동으로 향하던 물줄기는 성북천과 정릉천을 맞아들인 후, 마장동을 지나면서 남쪽으로 물머리를 튼다. 이 물줄기는 다시 사근동에서 중랑천과 합류하여 한껏 몸을 부풀린 후에 살곶이 다리를 지나 멀리 금강산에서부터 도도하게 흘러온 한강의 품속으로 숨어드는 것으로 그 임무를 마치고 있다.

도성의 중앙을 관통하는 개천은 그 평탄한 지형으로 인하여 유속이 느려 흙과 모래가 산처럼 쌓였던 까닭에 개국 초기의 임금들은 여름만 되면 개천의 홍수 때문에 꽤나 고심해야 했는데, 결국 이 문제를 해결하고자 팔을 걷어붙이고 나선 임금은 3대 태종이었다.

태종은 왕 11년 윤섣달 열 나흗날에 다음과 같은 명을 내린다.

"금일부로 개거도감(開渠都監)을 설치하고, 공조판서 박자청을 제조로 삼아 수로를 팔 기초를 마련하고 전라, 경상, 강원 3도의 군인 52,800명으로 하여금 새 해 정월 보름날부터 역사를 시작하게 하라"

이리하여 태종 12년(1412) 정월 보름날 시작된 공사는 다음 달인 2월 보름에 끝나게 되는데, 이 한 달 동안에 각종 사고와 질병으로 죽은 사람이 자그마치 64명이나 되었다. 이처럼 태종이 대대적으로 준천공사(濬川工事)를 마치고서 한동안은 마음을 놓을 수 있었으나, 세월이 지나면서 개천의 범람은 여전히 계속되었다. 이에 대한 내용이 세종 3년 6월 12일 기사에 다음과 같이 실려 있다.

큰 비가 와서 도성에 냇물이 넘쳐 인가 75호가 떠내려가고 통곡하는 소리가 거리에 가득했다. 어떤 자는 지붕에 올라가서 겨우 목숨을 건지기도 했으나 수많은 익사자가 나왔다. 임금이 이를 가엾게 여겨 그 가족에게 장의용품을 내려주었다.

원래 태조가 창축할 당시의 수문은 지금의 오간수교 자리에 삼간수문(三間水門)이 있었고, 그 남쪽 지금의 동대문역사문화공원에 '이간수문'이 있었다.

신하들은 도성에 물이 범람하는 원인이 도성의 수문 수효가 적은 탓이라 여기고, 삼간수문과 이간수문을 모두 두 개씩 늘리자고 청하여 세종의 허락을 받아낸다. 이리하여 세종 4년에 도성을 개축하면서 삼간수였던 문에 2간을 늘려 오간수문을 만들었으나, 이간수문의 증설은 취소되고 말았다. 아마도 여력이 없었거나 아니면 이곳은 수량이 적어 2간수만 해도 충분하다고 생각했던 모양이다.

어쨌거나 오간수문은 이렇게 탄생되었고, 이간수문은 그대로 굳어졌으며, 이후부터는 개천의 범람으로 인한 백성들의 피해가 크게 감소되었다.

그러나 세월이 지나면서 또다시 토사가 쌓이기 시작하여 조선 중엽에 이르러서는 심각한 문제를 일으키기 시작했으니, 그것은 개천의 평탄한 지형과 더불어 홍수 때면 한강물의 역류 때문이었다. 이것을 근본적으로 해결하려면 또다시 대대적인 준천 공사를 벌여야 했지만, 역대 왕들은 이에 대한 엄두를 못 냈다.

결국 이를 해결하고자 결단을 내린 임금은 21대 영조였다.

승정원일기에 의하면 영조는 개천의 대대적인 준천공사를 하기로 결심하고 왕 36년(1760)에 이에 대한 구체적인 계획을 세운다. 공사에는 총 20만 명이 동원되는데, 이 중 15만 명은 부역으로 동원하고, 나머지 5만 명에게는 삯을 주기로 했다.

계획이 완료되자 개천에 얼음이 풀리기 시작하는 음력 2월 18일부터 공사를 시작하여 그 해 4월 15일에 마치게 되는데, 이때 개천 바닥에서 파낸 흙이 산을 이루니, 이를 '가산(假山)'이라 했다고 전한다.

○ 간수문은 일제가 도성을 허물기 시작할 무렵인 1908년, 수문 위주에서 다리 위주로 그 기능이 근본적으로 바뀌는데, '오간수교'라는 다리 이름도 이때 생긴 것이다.

그 후 일제는 「조선하천령」을 제정하여 개천의 명칭을 '청계천'으로 바꾸었으니, 이후부터는 개천이란 명칭은 역사 속으로 사라지고 청계천만 남게 되었다.

원래 태조 때 건설된 오간수문은 성곽의 기능은 물론, 수문과 다리의 역할을 병행하는 독특하고도 멋진 모습을 하고 있었으나, 후에 일제가 도성파괴를 시작하면서 이곳의 돌다리를 허무는 바람에 서울성곽에서 가장 특이하고도 멋진 다리는 영원히 사라지고 말았다.

건설 초기부터 오간수문은 각종 범죄자들이 죄를 짓고 이곳 수구를 통하여 탈출했던 것으로도 이름이 높다.

따라서 명종 때 3년여에 걸쳐 의적 행세를 하며 나라를 어지럽히던 그 유명한 임꺽정이 도성에 잠입하여 전옥서를 부수고 자신의 처를 빼내려다 실패하자 이곳 오간수문을 통하여 도성을 탈출했다는 이야기가 전해오는데, 이에 대한 기사가 명종 15년(1560) 11월 24일자 실록에 당시의 포도대장 김순고가 다음과 같이 보고한 내용이 실려 있다.

▼
수문과 성곽 그리고
다리의 역할까지 3가지
기능을 겸했던 오간수문.
유명한 임꺽정이
이 문을 통해 도성을
탈출했다고 한다.
일제에 의해
1908년 철거되었다.
(서울역사박물관)

황해도의 흉악한 도적 임꺽정의 부하 서림이란 자가 숭례문 밖에 와서 산다고 하므로 가만히 엿보다가 잡아서 범행에 대하여 추궁하였습니다. 서림이 말하기를, "지난 9월 5일 밤에 우리가 장수원에서 밤을 틈타 전옥서를 부수고 우리 두목 임꺽정의 처를 꺼내가려고 하였으나 실패하고 오간수구로 달아나다가 임꺽정이 그곳을 지키는 노약병들을 죽이고 달아났습니다" 이에 포도청에서는 이들을 추적하여 꺽정의 처 3인을 추포하였습니다.

또한 조선 초부터 개천 주변에는 흉악한 범죄자 외에 거지도 많이 살았다. 여기에다 각종 오물을 버리는 것은 말할 것도 없고, 심지어는 죽은 아이의 시체까지 버릴 정도로 개천은 쓰레기장을 방불케 했다.

조선 5백년을 내려 온 이 전통(?)은 일제강점기까지 이어져 청계천은 여전히 불결했고, 해마다 여름만 되면 홍수로 인한 피해가 그치지 않았다. 고심하던 총독부는 청계천 주변의 일본인 거주지를 보호하기 위해 1913년부터 청계천 준설작업에 착수했다.

이어서 총독부는 중·일 전쟁이 일어나던 1937년부터 청계천 복개공사를 시작하여 그 5년 후인 1942년 광화문네거리에서 광교까지를 완공시켰으니, 이것이 청계천 최초의 복개공사였다. 일제는 원래 그 나머지 구간의 복개도 계획했으나, 과중한 전비(戰費) 부담으로 더 이상 진전을 못한 상황에서 패망을 맞게 된다.

해방 후에도 6·25전쟁과 어려운 경제사정으로 인하여 청계천은 여전히 거지와 불결의 대명사의 영예(?)를 빼앗기지 않았다. 이 문제를 해결하고자 고심하던 정부는 휴전 5년 후인 1958년부터 일제가 복개하고 남은 구간의 복개를 시작, 1978년에야 전체 구간의 복개를 마치게 된다. 청계천이 복개되자, 그 많던 물은 한 방울도 볼 수 없게 되고 자동차 경적소리만 요란했다.

그 후 2000년대로 접어들면서 이곳 청계천의 복개를 걷어내고 하천 본래의 기능을 되살려야 한다는 여론이 일기 시작했는데, 이 문제를 해결하고자 나선 사람은 2002년 7월 1일부터 임기를 시작한 이명박 서울시장이었다.

그는 청계천 주변 상인들의 거센 반발에도 불구하고 2003년 7월 1일부터 고가도로를 철거하고 복개를 걷어내는 대공사에 들어간다.

▶
오간수문의 모형.
물을 흘려보내는 구멍이
다섯 개에 이른다고 해서
붙여진 이름이다.
사진 속의 오간수문은
모형으로 만들어
놓은 것이다.

우여곡절 끝에 청계천 복원공사가 완료된 것은 2005년 9월 30일이었다. 수십 년 동안이나 철근 콘크리트 속에 묻혀 있던 청계천에 버드나무가 춤을 추고 잉어와 송사리 떼가 헤엄치자, 이명박 시장의 인기는 하늘을 꿰뚫었고, 결국 그는 대통령에까지 당선되었다. 그러나 이때 복원한 내용이 엉터리라며 비난하는 여론도 만만치 않았는데, 그 중심에는 언제나 오간수교가 있었다.

복원된 오간수교의 모습을 보면 그야말로 '눈가리고 아웅'하는 식이다. 오간수를 상징하는 5개의 수구는 시늉만 만들어서 엉뚱한 곳에 앉히고서, 정작 오간수교는 수구가 하나뿐인 일간수교로 강등(?)시켜 버렸던 것이다. 기왕에 용을 그리려면 마지막 눈까지 그려야 화룡점정(畵龍點睛)을 이루는 법이거늘, 애초부터 눈은 그릴 생각조차 안했으니, 불평하는 시민들만 나무랄 일도 아니지 않는가.

현재의 오간수교. 예전 오간수교에는 석재로 된 다섯 개의 수문과 성곽 그리고 다리까지 겸했었다. 지금은 석재 대신 시멘트를 사용하였을 뿐만아니라 오간수가 아닌 일간수로 격하되었다.

間수교를 지나 횡단보도 두 개를 건너서면 '동대문역사문화
공원'에 이른다. 이 공원은 예전부터 이 자리를 지키고 있던
동대문운동장을 철거한 후, 일대를 공원형태로 꾸미고서 '동대문역
사문화공원'이란 거창한 이름을 붙였다.

하지만 거창한 이름과는 달리 같은 동대문운동장터에 웅장하
게 들어선 '디자인 플라자' 건물로 인하여 이 공원은 한 없이 초라하
게 보인다. 말하자면 주인을 문간방으로 내쫓고 객이 안방을 차지하
고 있는 형국이다.

그렇다면 먼저 이 공원의 건설과정을 살펴보면서 이곳의 문제점
이 무엇인지 하나하나 짚어보기로 하자.

나는 이곳에 있던 동대문운동장 시설을 철거하고 새롭게 성곽공
원 건설을 계획할 무렵부터 많은 기대와 관심을 가졌고, 2006년
말 '동대문운동장 성곽공원에 관한 시민아이디어'를 공모했을 때 나
름대로 심혈을 기울여 응모하여 당당히 장려상을 받았는데, 개인의
출품작으로는 장려상이 최고상이었다.

그 후 동대문운동장 시설의 철거를 끝내고 터의 발굴을 시행한다
는 소식을 접하고 두 번에 걸쳐 공사 현장을 구석구석 살펴보기도 했다.

2009년 9월 초 나는 중앙일보 취재 기자와 사진기자를 대동하
고 사흘에 걸쳐 서울성곽을 일주하게 되었는데, 이때 한창 공사 중인
동대문운동장터를 셋이서 함께 둘러보고자 했다가 보기 좋게 거절
당하고 말았다.

그날 공사 현장을 보니 너무나 엉망이어서 들어가 보아야 별 소

득도 없을 것 같았고, 안전에도 문제가 있어 보이기에 더 이상 군소리를 못 달고 물러나고 말았다. 그로부터 약 두 달 가량이 지난 10월의 어느 날 나는 정말 믿기 어려운 얘기를 듣게 되었다.

동대문역사문화공원을 개장했다는 것이었다. 믿을 수 없는 소식에 내 귀를 의심했으나 일단 현장을 한 번 가 보기로 했다. 현장을 본 나는 그야말로 어안이 벙벙했다.

불과 2개월여 전에 그토록 엉망이던 공사현장이 말끔하게 정돈되어 부분개장이 되었기 때문이다. 하지만 문제는 그 다음이었다.

공원을 개장한 이듬해 여름에 다시 가보니, 시멘트로 건설한 '이간수문전시장'의 내장재가 보기 흉하게 드러나는 바람에 이에 대한 보수 작업을 진행하고 있었던 것이다.

지금도 이 공원 안에 있는 '동대문역사관' 등 몇몇 건물은 여기저기 덧바른 흔적과 함께, 시멘트가 보기 흉하게 패여 나간 곳이 한두 군데가 아니다. 내가 이토록 이곳 동대문역사문화공원에 대하여 실망하는 것은 이 자리가 조선시대부터 성곽시설은 물론, 훈련도감의 분영이던 하도감(下都監)과 함께 화약을 제조하던 염초창(焰硝倉)도 있었고, 역사적으로 주요한 사건이 누차 발생했던 장소이기 때문이다.

뿐만 아니라 이곳은 일제강점기부터 88올림픽 무렵까지 운동장의 대명사로 불리며 국내에서 벌어지는 각종 스포츠 경기를 주도하던 '서울운동장(동대문운동장)'이 자리하던 곳이기도 하다.

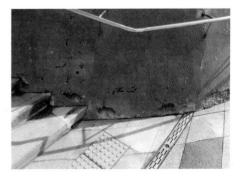

▼
시멘트로 지어진 동대문역사관. 이 건물은 지은 지 몇 해 되지도 않았는데, 벌써 이렇게 패여 나간 곳이 많다.

太 조는 도성을 창축하면서 남산 버티고개(장충단고개) 부근에서 발원하는 남소문동천의 물을 흘려보내기 위하여 이곳에다 '이간수문'을 설치했다. 이간수문은 조선 5백년을 내려오면서 자신의 역할을 충실히 해왔으나, 일제가 1925년 이곳에 운동장을 건설하면서 땅속에 묻어버렸다.

서울시는 이곳에 공원을 조성하기 전 운동장터의 발굴공사를 먼저 시도했다. 그 결과 천만다행하게도 일제가 땅속에 묻어버렸던 이간수문의 석자재가 83년 만에 햇빛을 보게 되었고, 서울시는 이 자재를 사용하여 거의 원형에 가까운 이간수문을 복원했다.

지금 복원된 이간수문을 보면 창축 당시 이 문을 얼마나 정성들여 만들었는지 하품이 나올 지경이다. 문을 떠받치고 있는 돌 한 개가 무려 수 톤에 이를 것처럼 육중해 보이는 이간수문은 동대문역사문화공원 내에서 유일하게 복원을 위해 애쓴 흔적이 엿보이는 작품이다.

이외에도 발굴 당시 이곳에서는 성곽에서 성문 못지않게 요충으로 쳐주는 치성(雉城)의 기저부와 함께 최대 높이 4.1m에 이르는 체성벽이 123m나 드러났다.

영조 28년 12월 3일자 기사에는 이곳에 세워진 치성에 대한 내용이 비교적 상세하게 나와 있는데, 이를 요약하면,

-제조 박문수와 어영대장 홍봉한의 의견에 따라 흥인문에서 광희문 사이가 허하여 치성 5개를 세우기로 했다-라고 나와 있다.

그러나 일제강점기에 작성된 지적도에는 동대문과 광희문 사이

에 존재하던 치성은 모두 4개였던 것으로 확인된다. 본래 치성은 돌출된 성곽에서 적을 3면으로 협공할 수 있기 때문에 쌓는 것이므로 치성의 역할은 대단히 중요한 것이다.

따라서 치성은 당연히 이간수문처럼 원형에 가깝게 복원했어야 함에도 불구하고, 치성의 흉내만 내고 말았다. 뿐더러 123m의 성터 역시 그 높이가 2m에도 이를까 말까할 정도로 낮게 복원하고서 그 위로는 아예 발도 못 붙이게 하고 있다.

원래 서울성곽은 한 면만 쌓아올리는 내탁(內托) 공법으로 건설한 성곽이다. 그것은 양면을 석벽으로 쌓아 올려야 하는 협축(協築) 공법 보다 내탁이 우리 지형에 더 적합하고 건설비용도 적게 들기 때문이다.

원칙에는 어긋나지만 기왕에 협축으로 할양이면 중국의 만리장성처럼 성곽 위로 걸을 수 있도록 해야 그 의미가 사는 법인데, 이처럼 아예 발도 못 붙이게 하고 있으니, 이럴양이면 무엇 때문에 협축으로 쌓았는지 모를 일이다.

O| 곳 동대문운동장 터는 옛날 조선시대에는 방금 말한 하도감이 자리하던 곳이다.

하도감이란 임진왜란 발발 이듬해인 1593년 도체찰사 서애(西厓) 유성룡(柳成龍)의 제안으로 설치한 훈련도감의 분영을 말한다. 건물의 규모가 자그마치 390여 칸에 이르렀다는 하도감의 기능은 수도 방어, 국왕의 신변보호, 지방군의 훈련, 그리고 치안을 담당했었다.

고종 대까지 이러한 체제로 운영되던 하도감은 1881년 신식 군대라 불리는 별기군(別技軍)을 조직하고, 6개의 영(營)으로 조직되었던 훈련도감은 무위영(武衛營)과 장어영(壯禦營) 2개의 영만을 존치시키고 나머지는 폐지시켜 버렸다.

이후 구식군대는 신식군대와의 차별 내우로 인해 불만이 쌓여갔고, 급기야는 13개월 치나 밀린 봉급미 지급 과정에서 돌과 겨가 반이나 섞인 불량미를 내주자, 이에 구식군인들의 쌓였던 불만이 폭발하여 난을 일으키니, 이른바 임오군란(壬午軍亂)이다.

임오군란은 고종 19년인 1882년 6월 9일에 일어나는데, 성난 구식 군인들은 이 사건의 원인을 제공한 선혜청 당상 민겸호와 경기감사 김보현을 때려죽이고, 대원군의 친형이며 영돈녕부사이던 흥인군 이최응까지 살해했다.

그리고 나서도 분이 안 풀린 난군들은 별기군 교관으로 이곳 하도감에 머물고 있던 일본군 소위 호리모토(掘本禮造)를 비롯한 일본인을 13명이나 살해하고 일본공사관을 불태우는 엄청난 일을 벌였다. 이 과정에서 하나부사(花房義質) 일본 공사는 인천을 거쳐 본국으로 탈출하는데 성공했다.

　폭동을 일으킨 병졸들은 아예 부정의 뿌리를 도려내야 한다며 중전인 민비의 시해를 시도했으나, 궁녀복장으로 갈아입은 민비가 군관 홍계훈의 등에 업혀 탈출하는 바람에 그들의 목적은 수포로 돌아가고 만다.

　일이 커지자 후환을 겁낸 병졸들은 대원군을 찾아가 자신들의 처지를 하소하며 수습해 줄 것을 요청했고, 이에 정계에서 은퇴했던 대원군이 다시 전면에 나선다.

　하지만 탈출에 성공하여 충주 장호원에 은신하고 있던 민비가 비밀리에 청나라에 원군을 요청했고, 이에 청은 광동수사제독 오장경(吳長慶)에게 4천5백 명의 군사를 주어 조선에 파견했다. 조선에 도착한 오장경은 이곳 하도감에 머물면서 난군들을 진압하고 나서 대원군을 청으로 잡아가 버렸다.

　난이 진압되고 대원군이 납치되자 장호원으로 피신했던 민비가 복귀하게 되니, 구식군인들의 반란은 완전히 수포로 돌아가고 만다.

　한편 하나부사로부터 보고를 받은 일본은 군함 4척과 병력 1개 대대를 파견하여 우리 측에 배상과 난군들의 처벌을 요구하니, 조정에서는 그들의 요구대로 배상금 55만 원을 지급하고 난군 주모자를 사형에 처했다. 이후 청의 원세개(袁世凱 : 1859~1916년)는 이곳에 있던 하도감에 머물게 되었고, 조선은 일본과 청나라의 각축장으로 변해버린다.

　임오군란이 일어나고 겨우 2년이 지난 1884년 10월 17일 개화당의 주요 멤버이던 김옥균, 서재필, 박영효 등이 주축이 되어 또다시 난을 일으켰다.

이를 가리켜 역사에서는 갑신정변(甲申政變)이라 부르는데, 이때에도 고종은 사흘동안 이곳 하도감에 있던 원세개의 병영에 몸을 의탁하는 신세가 된다.

갑신정변은 김옥균 등이 일본을 등에 업고 일으킨 사건으로, 초기에는 자신들이 제거의 대상으로 여기던 수구파를 제거하여 난은 성공하는 듯 했다. 그러나 난을 일으킨 지 3일째가 되는 10월 19일, 원세개가 지휘하는 청병의 개입으로 일본군은 격퇴 당하고 만다.

그로부터 고종은 청 제독 오조유의 영방(營房)에 잠시 머물다가 다시 다음 날인 20일에는 하도감에 있던 원세개의 병영으로 옮긴다. 이렇게 되어 갑신정변은 '3일천하'로 끝을 맺고, 하도감 원세개의 병영에 머물던 고종은 창덕궁으로 환궁했다.

이후부터 한동안 조정은 원세개의 손아귀에서 놀아나게 되는데, 이때 원세개의 나이 불과 스물여섯이었다.

1925년 일제는 하도감이 자리했던 이곳에 운동장 건설을 계획한다.

그리고 그 해 5월 24일 착공식을 거행, 약 5개월만인 10월 15일에 개장하고서 '경성운동장'이라는 이름을 붙였다.

이렇게 개장한 경성운동장의 총 수용 규모는 25,800명으로, 이는 당시 5,8000명을 수용할 수 있는 일본 효고 현에 있는 '고시엔 운동장'에 버금가는 규모였다.

◀
예전 서울운동장터에 있던 성화대를 재현한 모습이다. 성화는 1955년 제36회 전국체육대회부터 사용되었으며, 당시 최종 주자는 손기정이었다. 그 후 1969년부터 성화의 전국일주가 시작되었다.

개장 이후, 이곳에서는 이런저런 체육행사가 개최되는데, 당시 최고의 스타는 단연 대구 출신의 이영민(李榮敏 : 1905~1954)이었다. 이영민은 운동의 기본인 육상은 말할 것도 없고, 축구, 농구, 야구에 이르기까지 못하는 운동이 없는 만능 스포츠맨이었다.

그가 대구 계성중학교에서 두각을 나타내자, 1923년 서울 배재고보에서는 그를 탐낸 나머지 스카웃을 단행했다. 대구에서 서울로 활동무대를 옮긴 이영민은 그 해 6월 경인역전 경주대회에서 우승을 차지했으며, 이듬해 개최된 제5회 전조선 축구대회에서는 배재고보 공격수로 참가하여 우승의 주역을 담당, 자신의 실력을 유감없이 발휘했다.

1925년 연희전문에 입학한 이영민은 그 해에 개장된 경성운동장에서 거행된 조선 육상 경기대회 400m 부문에 출전하여 54초 6의 조선신기록을 세우며 우승의 영광을 거머쥔다.

그 후로 이영민은 축구, 농구, 육상에 이어 야구까지 가리지 않고 출전했고, 그때마다 자신의 진가를 유감없이 발휘한다. 특히 1928년 6월 8일, 연희전문학교와 경성의학전문학교(서울의대 전신) 간의 벌어진 야구대회에서는 370피트 거리의 경성운동장 담장을 넘기며 한국야구 최초의 홈런을 기록했다.

또한 1930년 개최된 제2회 경평 축구대회에서는 서울팀의 공격수로 참가하여 승리의 주역을 담당하기도 했다. 이처럼 조선에서 스타중의 스타가 된 이영민의 이름은 드디어 현해탄을 건너 일본열도에까지 퍼져나갔다.

그리하여 1934년에는 요미우리 신문사가 주최하는 메이저 리그 올스타와 일본 올스타 간의 경기에 조선인으로서는 유일하게 일본 대표팀 선수로 선발되어 출전했으나, 일인들의 민족 차별에 반발하여 중도에 포기하고 귀국을 단행한다.

이처럼 반도와 열도를 넘나들며 양국 스포츠계의 전설이 된 그는 해방 후에는 국내 스포츠계의 지도자의 길로 방향을 튼다.

해방 후 대한야구협회 초대 이사장 등 체육계의 임원을 두루 거친 이영민은 1948년 런던 올림픽 때에는 올림픽 축구대표팀 감독을 맡아 '올림픽 8강'이라는 기적을 이루어 내며 한국 올림픽사의 한 획을 긋는다.

이렇듯 이영민은 일제강점기 스포츠의 황무지였던 이 땅에 근대 스포츠를 개척하고, 해방 후에는 초기 국내체육계를 주도적으로 이끌며 그 선구자의 위치에 올라섰다.

그러나 이처럼 우리 스포츠계의 불멸의 스타였던 이영민은 술과 여자로 인해 가정은 풍비박산에 이르게 되며, 이에 불만을 품은 셋째 아들 인섭이 동원한 불량배에 의해 결국 1954년 8월 12일 50세의 나이로 비극적인 종말을 맞고 만다.

이영민이 세상을 뜬지 4년이 지난 1958년 대한야구협회에서는 그가 국내 야구계에서 이룩한 업적을 기리기 위해 고교 야구대회에서 종합 타격 1위를 차지한 선수에게 수여하는 상을 제정하니, 이것이 바로 오늘날의 '이영민 타격상'이다.

경성운동장이 개장되고 나서 4년 후인 1929년부터 이곳에서는
온 국민의 사랑을 독차지 했던 경평축구대회가 열리기 시작하
는데, 경평축구대회란 경성축구단과 평양축구단이 서로 장소를 바꾸
어 가며 행했던 친선 축구경기를 말한다.

그 뒤 일제의 압력으로 중간에 건너뛰는 등 우여곡절을 겪던 이
대회는 1935년 경성운동장에서 열린 6회 대회에서 판정시비로 인하
여 쌍방 간에 패싸움으로 번지는 불상사가 발생하였고, 그 날 이후
1945년 해방을 맞을 때까지 대회 자체가 중단되기에 이른다.

이렇게 10여 년이나 중단되었던 이 대회는 해방 이듬해인 1946
년 7회 대회가 경성운동장에서 재개 되는데, 이때는 이미 '서울운동
장'으로 이름이 바뀐 뒤였다.

▼
경평축구

그러나 남북 분단으로 인하여 7회 대회를 끝으로 더 이상 대회를 못 치르게 되었으니, 해방이 되어 계속 이어질 것으로 기대했던 국민들의 실망은 이루 말할 수 없이 컸다.

경평축구가 아니더라도 우리 한국인들의 축구 사랑은 유별날 정도였는데, 근대 축구가 이 땅에 도입된 것은 고종 때부터였다. 즉 고종 19년(1882) 6월, 인천 제물포항에 정박 중이던 영국 군함 플라잉 호오스(Flying Horse)의 승무원들이 자신들이 즐겨 차던 축구공을 주고 간 것이 근대 축구가 이 땅에 발을 들여 놓게 된 기원으로 알려져 있다.

이렇게 도입된 축구는 일제 강점기 피압박 민족으로서의 설움을 달래는데 일익을 담당하며 경·평 축구경기까지 열렸었는데, 오히려 해방된 조국에서는 이런저런 사정으로 쇠퇴의 길로 접어들었던 것이다.

그러나 1970년대로 접어들면서 경제사정이 좋아지자 축구 열기는 자연스레 되살아나게 된다. 그 결과 1980년 12월에는 프로축구단 '할렐루야'가 탄생되었고, 그 2년 후인 1982년 12월에는 '유공'이 창단식을 거행하여 본격적인 프로축구시대로 돌입했다.

이후 꾸준히 성장하던 한국축구는 2002년 한·일 공동월드컵 대회에서는 세계 4강 신화를 장식하여 세계를 놀라게 했다.

해방 이후 이 운동장에서는 좌익과 우익단체가 번갈아 가며 집회를 여는 등 스포츠와는 거리가 먼 이념의 대결을 벌이기도 했다. 일제의 압제로부터 벗어나자마자 새로운 부작용이 대두 된 것이다.

양측의 피 튀기는 각축전이 전개되던 중 1947년에는 여운형이, 1949년에는 김구가 희생되어 두 사람 모두 이곳 서울운동장에서 영결식을 치르는 아픔을 겪었다.

그 후 차차 사회가 안정되어 가면서 서울운동장은 다시 국내 스포츠의 메카로 자리 잡는데, 그 중심에는 언제나 축구가 있었다.

서울운동장에서는 축구 이외에 야구 경기도 자주 치러졌는데, 야구의 인기도 대단했으나 고교야구를 제외하고는 언제나 축구보다 뒤로 밀렸다.

이렇던 야구의 구겨진 자존심을 한 방에 뒤집는 사건이 일어났으니, 바로 프로야구의 출범이었다. 전두환 독재정권이 국민들의 관심을 다른 곳으로 돌리기 위해서는 스포츠가 으뜸이라는 판단으로 프로야구를 출범시켰던 것이다. 1982년 3월 27일 총 6개의 구단으로 출범한 프로야구의 첫 경기가 바로 이곳 서울운동장에서 개최되었으며, 그 날 이후 야구는 축구의 인기를 압도하며 자존심을 회복하는데 성공했다.

1901년 미국인 선교사 필립 질레트(Phillip. L. Gillete)에 의해서 처음으로 이 땅에 발을 들여놓은 야구가 81년 만에야 비로소 어깨를 펴게 되었으니 야구인들의 감회는 남달랐을 것이다. 이후 서울운동장은 축구와 야구 경기가 서로 경쟁적으로 열리는 가운데, 한동안 황금기를 구가했다.

그 무렵 이 운동장의 단골 메뉴 중에는 축구와 야구 외에 '전국 체육대회'도 한 몫 했다. 1970년대 중반까지 서울운동장은 이 대회를 단골이다시피 개최했는데, 까닭은 당시만 해도 지방에는 이런 전국 규모대회를 치를만한 운동장이 그다지 많지 않았기 때문이다.

그러나 호사다마(好事多魔)라 했던가!

이렇듯이 국내에서 벌어지는 모든 체육행사의 주역을 담당하며 운동장의 대명사로 군림하던 이 운동장에 그늘이 드리우는 소식이 들려왔으니, 바로 86아시안 게임과 88서울올림픽이었다.

유사 이래 처음으로 세계적인 큰 대회를 연이어 두 번씩이나 치르게 된 정부는 잠실벌에다 종합 경기장 건설에 박차를 가한 나머지 1982년 6월, 5만 명의 관중을 수용할 수 있는 야구장을 완공했고, 1984년 9월에는 수용인원이 자그마치 10만 명에 이르는 주경기장을 개장했다.

▲
1925년 일제에 의해 건설된 이 운동장은 경성운동장으로 출발했으나 해방과 더불어 서울운동장으로 이름이 바뀌었다. 후에 잠실운동장이 개장되자 다시 '동대문운동장'으로 격하되었다가 현재는 '동대문역사문화공원'이 되었다.(국가기록원)

잠실 종합경기장이 완공되자 국내 스포츠 행사의 주 무대는 이곳 서울운동장에서 잠실운동장으로 자연스레 옮겨가게 된다. 그 후 서울운동장은 그 명칭조차 유지하지 못하고 '동대문운동장'이라는 이름으로 격하되어 뒷방 신세로 밀려난다.

그러나 이 운동장의 앞날에는 또 다른 운명이 기다리고 있었으니, 그것은 청계천 복원을 앞두고 청계천 주변의 상점들을 철거한 뒤에 2003년 3월 1일자로 이곳 동대문운동장의 축구장을 폐쇄하고 그 자리에 풍물시장이 들어서게 되었던 것이다.

이제는 완전히 바지껍데기만 남겨지게 된 셈이다.

허나 이것도 잠시였고, 2008년 5월 14일 '굿바이 동대문운동장' 행사가 열리고서 곧 바로 철거 작업에 돌입하여 운동장 자체가 사라지고 마니, 태어난 지 83년 만이었다.

大문역사문화공원을 지나면 한양공고의 뒤쪽으로 뻗어나간 도로를 만나게 되고, 도로를 건너 '서울메트로 동대문별관'을 돌아들면 '동대문역사문화공원역' 2번 출구가 나온다. 이곳에서 오른쪽 길 건너편을 바라보면 동대문역사문화공원역 3번 출구 옆으로 상앗빛을 띠는 건물이 보이는데, 이 건물은 원래 건축가 김중업이 설계한 '서산부인과' 건물이었다.

　그러나 지금은 서산부인과는 이미 떠난 지 오래고 '아리움(arium)'이란 새 이름표를 달고서 업종자체를 아예 바꾸어 버렸다.

▼
옛 서산부인과 건물.
건축가 김중업이 설계한
이 건물은 '아리움'이란
이름으로 바뀌었다.
이 건물 바로 옆에
등대성벽이 있다.

　아리움을 지나 건물 한 개를 건너뛰면 흙갈색의 석벽(石壁)이 나타난다. 말이 좋아 벽이지 폭 2m 남짓에, 높이라고 해봐야 겨우 5m도 될까 말까 한 이름만의 벽이다. 헌데 놀랍게도 이 허름한 벽은 그냥 벽이 아니라 서울성곽의 성벽이다.

　원래 서울성곽은 아리움 건물 뒤쪽으로 뻗어 나갔었고, 전에는 성곽의 흔적이 제법 남아 있었으나, 이곳에 아리움을 비롯한 이런저런 건물이 들어차면서 더욱 줄어들게 되었다.

　그러나 이제는 이 벽만이 홀로 남아 서울성곽의 등대 역할을 하고 있으니, 이 얼마나 가상한 일인가!

▲
아리움 곁에 있는 서울성곽의 성벽.
폭 2m, 높이 4m 남짓 되는 이 벽만이 홀로
남아 서울성곽의 등대 역할을 하고 있다.

　　　대성벽에서 퇴계로를 건너서면 도성의 동남쪽을 관장하던 광
　　　희문이 나타난다.

　　광희문은 태조 5년 9월 24일 도성의 8대문을 건설할 때 세운 문
으로서, '광희(光熙)'의 의미는 광명을 뜻한다.

　　이 문은 도성의 동남쪽에 위치하여 광나루와 두무개나루(옥수동)
로 통하였고, 서소문과 더불어 상여가 드나들 수 있는 문이었기에 속
칭 시구문(屍口門)이라고도 불리었다. 옛날 조선시대에는 도성 안에서
사람이 죽으면 동쪽은 광희문, 서쪽은 서소문으로만 상여를 드나들
게 했었다.

　　그 시절에는 어린아이 때 죽는 경우가 허다했기에, 이 문으로는
상여 외에 지게나 들것에 담아 내 간 시신도 엄청났을 것으로 추정
되며, 실제로 시구문 밖 신당동과 왕십리 일대에는 조선시대 이래 조
성된 공동묘지가 도처에 널려 있었다고 한다. 이 문은 또한 수구문
(水口門)이라고도 칭했는데, 이는 근처에 이간수문이 있다고 해서 붙
여진 이름이다.

　　뿐더러 이 문은 조선시대에는 왜국 사신이 드나들던 문이기도 하
다. 당시에는 일인들을 가리켜 왜인(倭人)이라 부르며 오랑캐로 치부했
던 까닭에 오랑캐 나라의 사신을 감히 도성의 4대문으로 통행 시킬
수 없다는 명분 때문이었는데, 이는 여진족 사신을 혜화문으로만 드
나들게 했던 것과 같은 맥락에서 행해진 일이다.

　　광희문은 이괄의 난 때 무악에서 정충신에게 패한 이괄 일당이 이
문으로 달아났는가 하면, 병자호란 때에는 인조가 소현세자와 대신들

을 대동하고 이 문을 통해서 남한산성으로 피난을 떠나기도 했었다.

당시 상황이 얼마나 급박했던지 세자의 말고삐 잡을 사람조차 없었다고 하는데, 그날의 긴박했던 상황이 인조 14년 12월 14일자 기사에 다음과 같이 전하고 있다.

저물 무렵 대가(大駕 : 왕의 가마)가 출발하려 할 때 태복인(太僕人 : 궁가에서 말이나 가마 등의 관리자)이 모두 달아났다. 대가가 숭례문에 도착했을 때 적이 이미 양철평(良鐵坪 : 지금의 불광동과 녹번동 일대)까지 왔다는 보고가 들어왔다. 이조판서 최명길(崔鳴吉)이 적진으로 가서 오랑캐에게 강화를 청하면서 그들의 진격을 늦추게 하였다. 임금이 수구문을 통해 남한산성으로 향했다. 이때 성 안 백성들의 통곡소리가 하늘을 뒤흔들었다.

광희문.
병자호란 당시 인조와
소현세자는 이 문을 통해
남한산성으로 피난했다.
시체가 드나들 수 있는
문이라 해서
'시구문'으로도 불렸던
문이다.

인조는 광희문을 통해서 피난했다 **305**

임진·병자 양대 전란을 겪고 나서 도성의 개축계획을 세운 조정에서는 이곳 광희문도 개축할 것을 건의했다. 이에 대하여 실록에는 숙종 37년 6월 3일 임금의 명으로 개축계획을 명한 것으로 되어있으나, 실제로 언제 개축이 이루어졌는지는 기록에 없다.

광희문은 일제강점기인 1913년 을지로7가에서 왕십리 방향으로 전차길이 생길 당시 문 옆 성곽 일부가 헐리고 문루만 남아 있었다. 그 후 6·25전쟁으로 문루가 파괴되었으며, 1966년에는 다시 문 북쪽 성곽을 철거하고 퇴계로를 확장하고 나서 도로 한가운데 홀로 남게 되었다.

이 문은 1975년 서울성곽을 대대적으로 복원하면서 퇴계로 확장을 위해 본래의 위치에서 남쪽으로 약 15m 가량 이전하였으나, 문을 옮긴 후에도 문 남쪽의 여장은 허름한 주택에 묻혀 있어서 전혀 볼 수가 없었다. 그러다가 2002년에 이곳 주택을 헐고서 99m에 이르는 여장을 복원하고 잔디를 심어 공원화 했다.

그러나 시민들이 복원된 여장 곁으로 다가가는 데는 여전히 난관이 따랐다. 문화재 보호를 명분으로 높이 약 1.5m에 이르는 철책을 둘러쳤기 때문이다. 사정이 이러므로 이곳을 둘러보려면 본의 아니게 밤중에 남의 집 담을 넘듯 철책을 넘어야 했었다.

이 철책은 최근 들어 슬며시 자취를 감추고 말았는데, 아마도 시민들의 비난여론이 거셌던 모양이다.

이곳 광희문에는 복원된 안쪽 여장과는 달리 바깥쪽 체성은 세월의 풍상이 짙게 배인 원 성벽인 상태로 남아 있다.

▲ 광희문 주위에 둘러쳐진 철책. 높이 약 1.5m에 이르는 이 철책은 시민들의 들끓는 여론에 밀려 최근에 철거되었다.

▲ 복원된 광희문 주변의 여장. 서울시에서는 이곳에 난립하던 주택을 헐고 2002년도에 99m의 여장을 쌓았다.
그러나 둘레에 약 1.5m 높이의 철책을 설치하여 시민들의 접근을 막았다가 여론이 나쁘자 최근에 철거하였다.

광희문 주변 성벽에는 안팎 모두 각자가 존재하는데, 바깥쪽 성벽의 각자는 너무 흐려 알아보기 힘든데 반해, 안쪽의 각자는 의외로 진하다. 복원한 여장에 웬 각자 타령이냐고 하겠지만, 광희문 바로 곁에 있는 원 여장에는 다음의 각자가 존재한다.

冶所 監官 金德亨 야소 감관 김덕형

書員 李珍燁 서원 이진엽

庫直 金光福 고직 김광복

監官 金壽涵 감관 김수함

軍 金英得 군 김영득

石手 金成福 석수 김성복

辛未 八月 日 신미 8월 일

위의 각자 중 서원은 문서를 담당하는 관아의 하급관리를 말하고, 고직은 창고지기를 가리키는 말이다. 최하단의 신미년은 영조 27년(1751)과 순조 11년(1811)에 해당 되는데, 확실한 기록은 없으나, 순조 11년일 가능성에 무게가 실린다.

광희문을 지나 주택가로 이어지는 골목길을 따라 약 40m 가량 나아가면 계단이 나오는데, 계단을 내려서기 전에 건너편을 바라보면 주택 틈 사이로 성곽의 모습이 흘긋 보인다. 이 성곽은 주택으로 인하여 접근이 불가능한 까닭에 이쯤에서 바라보는 것으로 만족해야 하며, 그나마도 녹음이 짙어지면 아예 몸을 감추어 버린다.

계단을 내려가 왼쪽에 있는 '대금빌딩' 앞에서 길을 건너서면 살짝 치받이 형태의 '동호로 20길'이 나타난다. 원래 '성당길'이라 불리던 동호로 20길을 따라 오르면서 오른쪽 빌라주택 사이를 살펴보면 저만치 안쪽으로 주택 밑에 깔려 있는 성벽이 보인다.

▲
신당동 성당길을
걷다 보면 이렇게
성곽이 주택의 축대로
사용되고 있는
모습을 보게 된다.

주택 사이로 보이는 성벽은 3곳에 이르는데, 그 중 첫 번째 만나는 성벽은 길에서 보이는 것 말고는 더 이상 존재하지 않는다. 반면에 명진빌과 장충아트빌 골목에서 만나는 성벽은 주택 틈으로 계속 쌓여 있으나, 주택으로 인하여 성곽 코앞에서 발을 멈추게 된다.

미련을 접고 성당길을 따라 오르면 길은 우측으로 꺾어지는데, 길을 꺾고 나면 '대저택'이라 불러야 격에 어울릴 만한 고급주택가가 나타난다. 이곳 대저택의 주인들은 이름만 대면 알만한 국내 굴지의 재벌들이 대부분이었으나, 지금은 주인이 많이 바뀌었다고 한다.

고급주택가가 위치한 이 지역은 남산에서 흘러내린 주맥 선상에 해당되기 때문에 한양도성은 이곳으로 뻗어 나갔었다.

또한 이 길은 신당동과 장충동을 가르는 살피이기도 한데, 이 경계선을 따라 앞으로 나아가다 보면 길 왼쪽으로 '천주교신당동성당'이 나타나고, 그 성당을 지나고 나면 왕복 8차선에 이르는 동호대로가 막아선다.

동호대로에서 성곽을 따르려면 신라호텔 담장 역할을 하는 성곽을 따라야 한다. 전에는 신라호텔 안쪽에는 탐방로가 없어서 바깥쪽으로만 가야 했었으나, 몇 해 전에 안쪽에도 탐방로를 개설하여 이제는 성 안팎으로 모두 통할 수 있게 되었다.

이 중 안쪽 탐방로는 호텔 경내에 조성되어 있는 까닭에 그 풍광에 있어서만큼은 서울성곽 전 구간에서 둘째가라면 서러울 만치 매력 넘치는 구간인데, 이곳 들머리를 찾으려면 일단 장충체육관 방향으로 내려가야 한다.

몇 걸음 내려가다가 체육관 못미처에서 왼쪽 언덕길로 오르게 되면 2~3m의 넓이로 새로 개설한 탐방로가 나타난다. 탐방로를 따라 오르다 보면 안쪽 철책 너머로 팔각정이 나타나고, 팔각정을 지나면 구리며 석재를 깎아 만든 기기묘묘한 형태의 각종 조형물이 늘어서 있는 게 보인다. 가히 호텔 경내다운 풍경인 것이다.

뿐만이 아니다. 이곳에는 벚나무, 단풍나무, 느티나무, 소나무 등 각종 조경수가 빼곡하여 봄이면 온갖 꽃들이 잔치를 벌이고, 가을이면 오색 단풍이 어우러져 사람의 혼을 쏙 빼 놓기도 한다.

빼어난 경치에 혼이 빠져 정신없이 걷다보면 암문 위에 만들어진 작은 다리를 만나게 되며, 다리를 건너서면 '서울클럽'에 이어 '자유센터'의 영역으로 바뀐다. 이곳에 탐방로가 생기기 전에는 정문으로 숨어들었다가 이쯤에서 발길을 돌려야 했었으나, 지금은 다리를 건너 자유센터 경내로의 진입이 가능하게 되었다. 근래에 복원된 여장을 따라 계속 진행하면 이내 성곽 바깥쪽에서 따라온 길과 한 몸이 된다.

▲ 신라호텔 경내에 조성된 서울성곽 탐방로. 소나무 터널이 일품이다.

▲ 여장을 따라 소나무와 단풍이 한판 어우러졌다.

신라호텔 안쪽이 제아무리 뛰어나다고 해도 성곽 탐방의 진수(眞髓)는 역시 여장 쪽이 아닌 체성(體城) 쪽에 있다고 보아야 한다.

특히나 이곳 신라호텔 바깥쪽은 검회색을 띠는 옛 성벽으로 이어질 뿐만 아니라, 숨어 있는 각자성석 또한 많아서 진정한 성곽 탐방의 묘미를 느낄 수 있는 구간이다. 그래서 이곳 신당동과 장충동을 가르는 길의 이름도 '성곽길'이라 부른다.

세월의 더께가 묻어나는 체성 쪽으로 들어서면 먼저 세종대에 축성된 육중한 성돌에 위압감이 느껴진다.

길에서 댓돌 두어 개를 딛고 올라서면 성곽 옆으로 판석(板石)이 깔려 있어 정감부터 솟아난다. 돌길을 밟으며 몇 걸음 진행하면 긴 세월에 마모되어 내일이라도 당장 사라질 것처럼 보이는 '海珍始面(해진시면)'이라 새겨진 각자가 나타난다.

조선시대에는 전라도 끝자락에 있는 해남과 진도를 합쳐 '해진현'이라 불렀는바, 해진시면의 의미는 해진현 백성들이 쌓은 시작지점이라는 말이다.

해진시면을 지나면 이어서 '咸安始面(함안시면)'의 각자가 나타난다. 함안은 옛 아라가야의 도읍이 위치했던 곳으로 지금의 경남 함안군을 말한다. 그러니까 이곳은 전라도 담당 구역과 경상도 담당 구역의 경계지점이라는 얘기다.

함안시면에 이어 이번에는 '生字六百尺(생자육백척)'의 각자가 나타나는데, 이 역시 지워지기 일보 직전이라 매우 아슬아슬해 보인다.

'坐'은 천자문의 42번째 글자이므로, 이곳은 창축 시발 지점부터 42번째 공사 구간이란 얘기다.

　서울성곽의 각자는 그 간격이 이해하기 어려울 만큼 들쭉날쭉한 경우가 많다. 이는 여러 번에 걸친 개축 과정에서 성돌의 이동으로 인한 현상으로 추정되며, 이 구간 역시 각자의 배열은 들쭉날쭉하다.

　이 구간은 불과 2000년대 초까지만 해도 탐방로가 거의 없었다. 성벽 옆으로는 키 큰 억새와 더불어 가시덤불이 우거져 있거나 아니면 뭔가 심어져 있었다.

▼
신라호텔 바깥쪽 성벽.
세종 때 축성한
이 성곽은 아직도
옛 모습을 간직한 채
그 위용을
자랑하고 있다.

▲ 장충동 단풍. 이 성곽길은 약 1km를 이어진다.

▲ 신라호텔 경내. 새로 조성된 탐방로를 따라 각종단풍이 서로 자신의 자태를 뽐내고 있다.

▲ 신라호텔 바깥 풍경.

▲ 성곽과 단풍 그리고 호텔이 어우러졌다.

▲
흥해시면 각자.
흥해는 경북 포항
인근의 지명이다.

그러나 지금은 단풍나무를 비롯한 각종 조경수가 우거진 아름다운 성곽공원으로 바뀌어 있다. 특히 가을철에 이 길을 걷노라면 성곽 안쪽과 바깥쪽 단풍이 서로 어우러져 환상적인 풍경을 연출하기도 한다.

문득 수백 년 전에 이 땅에 살다간 선조들의 노고로 인하여 오늘을 사는 우리가 이렇게 호강을 누리고 있는 게 아닌가 하는 생각에 이름도 성도 모르는 그분들에게 고맙고도 미안한 마음에 콧등이 시큰해진다.

생자육백척에 이어 각자는 계속해서 나타나는데, 여기에 그 순서대로 옮겨본다.

宜寧始面 : 의령시면~경남 의령군 사람들이 쌓은 시작 지점이라는 의미이다.

慶山始面 : 경산시면~경북 경산군을 말한다.

十三受音始 : 13수음시~ 수음(受音)이란 '받음' 이란 우리말을 이두(吏讀)식으로 쓴 것이 다. 따라서 이 지점은 앞 구간에서 받은 13구역의 시작지점이란 의미이다.

延日始面 : 연일시면~경북 포항 근처의 지명이다.

興海始面 : 흥해시면~포항 근처의 지명이다.

基川 : 경북 풍기군의 옛 이름이다. 조선시대 은풍(殷豊)과 기천(基川)의 이름을 한 글 자씩 따서 풍기군(豊基郡)이 탄생했다.

順興始面 : 순흥시면~경북 영주 지역의 옛 지명이다. 현재 순흥면이 있다.

河陽始面 : 하양시면~경북 영천과 대구 사이에 있는 지명이다.

蔚山始面 : 울산시면~울산광역시를 말한다.

水字六百尺 : 수자육백척~천자문의 44번 째 글자인 '水'자 구역이라는 의미이나, 글자가 마모되어 발견이 어렵다. 예천시면 약 15m 전방에 위치한다.

醴泉始面 : 예천시면~경북 예천군을 말한다.

善山始面 : 선산시면~경북 선산군을 말한다.

崑字六百尺 : 곤자육백척~'崑'은 천자문의 47번 째 글자이다.

자육백척을 지나면 약 1㎞ 가량 이어지던 성곽이 사라지고, 길은 서쪽으로 급하게 꺾어진다. 전에는 이곳에서 성곽과 함께 탐방로까지 사라지는 바람에 당황하기도 했었으나, 지금은 이곳에 목재로 된 탐방로가 조성되어 그럴 일이 없게 되었다.

뿐더러 이곳에서 남쪽 언덕을 바라보면 2층 구조의 '성곽마루'라는 이름을 가진 팔각정이 우뚝하다. 근래에 새로 세워진 팔각정엘 오르면 일대가 한 눈에 들어오는 까닭에, 이곳 팔각정에는 늘 사람들로 북새를 떤다.

팔각정에서 내려와 다시 목재 탐방로를 따르면 오른쪽 펜스 너머로 테니스장과 골프연습장이 보이는데, 이곳이 바로 서울성곽이 흘러간 자리다.

▶
신라호텔에서 반얀트리 호텔로 꺾어지는 길목에 자리한 '성곽마루'. 2층 구조의 이 누각에는 일년내내 사람들의 발길이 끊이지 않는다.

서울시에서는 2006년 경 이곳을 발굴하여 성곽의 유구(遺構)를 찾아내었고, 이 유구에 대한 사후 계획을 2009년 2월에 발행한 「서울성곽 중장기 종합정비 기본계획」이란 책자에서 다음과 같이 밝힌 바 있다.

　　이 구간은 타워호텔 리모델링 사업과 연계하여 사업부지 내 성벽의 발굴조사가 완료되었으므로 그 결과에 따라 노출된 성벽 기초부를 투시형 보호시설로 보존 전시토록 한다

　제대로 된 복원을 하려면 발굴된 유구터에 성곽을 새로 쌓아야 함은 상식이다.

　헌데도 서울시에서는 애써 이 자리가 서울성곽의 유구임을 확인하고서도 성곽복원은 계획조차 세우지 않은 채 '투시형 보호시설' 어쩌구 하면서 엉뚱한 소리만 하던 끝에 그나마도 취소하고 아예 유구를 되묻어 버렸으니, 그들의 진정한 의도가 어디에 있는지 궁금하다.

　골프연습장을 지나면 하늘을 찌를 듯이 서있는 '반얀트리 호텔' 마당에 이른다.

　원래 이곳 반얀트리 호텔 주변 일대는 구한국(舊韓國) 시절 나라를 위해 싸우다 순국한 군인과 충신열사들을 제사지내던 '장충단(獎忠壇)' 권역이었다.

　장충단이 세워졌던 원래의 위치는 지금의 신라호텔이 들어선 자

리로서, 조선시대 이곳에는 어영청의 분영으로 도성의 남쪽 수비를 담당하던 남소영(南小營)이 있었다.

장충단을 세우게 된 동기는 을미사변(1895년) 때 일본 낭인(浪人 : 떠돌이 무사)들과 맞서 싸우다 그들의 칼날에 희생된 시위대 연대장 홍계훈과 궁내부 대신 이경직 등을 추모하기 위하여 고종의 특명으로 광무 4년(1900) 10월에 세워졌다. 장충단은 처음에는 을미사변 당시 희생된 인물들에 국한 하였으나, 후에 임오군란과 갑신정변 때 희생된 사람들까지 포함시키는 바람에 그 대상이 많이 늘어나게 되었다.

이렇게 세워진 장충단 권역은 엄청나게 넓어서 현재 남아 있는 장충단공원은 말할 것도 없고, 그 주변인 이곳 반얀트리 호텔 일대와 신라호텔 경내, 그리고 지금의 국립극장 지역까지 포함시켰다고 한다.

장충단을 세우고 나서 고종은 해마다 봄·가을로 1년에 두 번씩 제향토록 하였으나, 일본의 침략이 심화되면서 이러한 국가적 행사는 차질을 빚기 시작한다.

고종이 양위하던 이듬해인 1908년, 일제는 이곳 장충단에서 이등박문을 위한 야유회를 개최하고 그 해부터 장충단 제사를 금지시켜 버렸다.

그로부터 한 해가 지난 1909년 10월에 이등박문이 안중근 의사에게 척살(擲殺)되자, 일제는 그의 추도식을 이곳에서 행하기로 계획한다. 1909년 11월 4일에 거행된 이등박문의 추도식에는 친일의 거두로 알려진 박영효 . 윤덕영 . 이완용 등이 참석했다.

이때 순종은 애도사에서 "오국(吾國)의 흉수(兇手)에게 사(死)...." 운운하며 이등박문을 척살한 안중근을 흉악한 악당으로 표현했다. 이는 당시의 정황상 어쩔 수 없이 행한 일이었다고 하더라도 대한제국의 황제로서 도저히 용납할 수 없는 망국행위라고 밖에는 달리 해석할 길이 없는 것이다.

이등박문의 추도식을 이곳에서 거행한 일제는 그로부터 10년 뒤인 1919년부터 본격적으로 장충단 파괴행위를 시도한다. 장충단을 공원대상지로 선정한 그들은 먼저 이곳의 상징인 장충단비를 뽑아서 숲 속에 버린 다음, 일본의 국화인 벚나무 수천그루를 심은 뒤에 광장과 연못 그리고 놀이터 등을 만들기 시작했다.

일사천리로 밀어붙인 이 공사는 1921년 모든 시설을 완공하였고, 이때부터 이곳은 우리의 충신열사 제향을 모시던 성소(聖所)에서 한낮 위락공원으로 전락하고 만다.

그때 일제가 뽑아버렸던 '장충단비'는 해방 후, 숲속에서 찾아다가 장충단공원에 다시 세워지는데, 비 전면에 새겨진 '奬忠壇' 세 글자는 황태자 시절에 쓴 순종의 친필로 알려져 있으며, 비의 뒷면에 있는 총 143자에 이르는 '찬문(撰文)'은 충정공 민영환의 글이다.

▼
장충단비.
장충단은 원래
을미사변과 임오군란
그리고 갑신정변 당시
일제의 침략에 맞서다
희생된 호국 영령들을
제사하던 곳이었으나,
일제에 의해 훼손되었다.
비의 글씨는
황태자 시절의 순종의
친필이다.

┐후 일제는 이등박문 사망 20주기가 되는 1929년부터 그의 행
└─── 적을 기리기 위한 추모사찰 '박문사' 건설을 계획하는데, '박
문'이란 바로 이등박문(伊藤博文)을 지칭하는 말이다.

그들은 이곳에 박문사를 건립하면서 조선왕조의 역대 군왕들의
어진(御眞)을 모시던 경복궁의 선원전을 헐어다가 박문사 본당을 짓
고, 경희궁의 흥화문을 뜯어다가 박문사의 정문으로 삼았다. 이어서
대한제국의 상징인 원구단(圓丘壇)을 파괴하고 그 부속건물인 '석고각'
을 이곳 박문사의 종각으로 사용하는 등 그들의 만행은 끝없이 이
어진다.

일제는 이등박문 사망 23주기가 되는 1932년 10월 26일, 4만 2천
평 부지에 건평 387평에 달하는 박문사를 완공한 후, 성대한 낙성식
을 치른다. 또한 박문사가 자리한 뒷동산을 '춘묘산(春畝山)'이라 부르
기 시작했으니, 춘묘는 이등박문의 호였다.

이외에도 일제는 공원으로 바뀐 장충단에 1932년 1월에 발발한
상해사변 당시 허리에 폭탄을 두르고 중국군의 진지를 폭파시킨 '육
탄3용사'의 동상을 건립하는데, 훗날 태평양전쟁이 막바지에 이를 무
렵 이들 육탄3용사를 표본으로 삼아 '카미카제 특공대(神風特攻隊)'를
탄생시킨다.

그러나 여기에서 한 가지 더 짚고 넘어가야 할 일은 이 육탄 3용
사의 이야기가 완전히 날조되었다는 사실이다. 2007년 5월 일본의
아사히신문은 "만주사변에서 훈장을 받은 육탄 3용사는 아사히신문
의 조작이었다"는 사과기사를 게재하면서, "당시 언론들은 일본 군부

(京城名所)　博文寺　View of Keijo.

의 사주를 받아 일본군이 싸우는 장면을 조작하기에 혈안이었다"는 기사를 실었던 것이다.

참으로 기가 막히고 어이가 없는 일이다.

그러나 달도 차면 기우는 법.

1945년 8월, 일제의 패망과 더불어 이곳 장충단 터는 다시 한 번 요동을 치니, 일제가 성역으로 여겼던 박문사와 함께 육탄3용사의 동상은 흔적도 없이 사라지게 된다.

이제는 예전의 장충단을 복원하는 일만 남게 되었다고 생각한 순간, 여기에서 국민들의 기대는 여지없이 빗나가고 만다. 이승만 정권은 해방 후 10여 년이 넘도록 이곳 장충단을 방치했던 것이다. 그러다가 해방 14년이 지난 1959년에 가서야 이곳에 외국 국빈들의 전용숙소인 영빈관 건설을 계획한다.

▲
박문사.
박문사는 이등박문을
기리기 위한 사찰인데,
지금의 신라호텔
자리에 있었다.
박문은 이등박문의
이름자에서 따온 말이다.
(서울역사박물관)

영빈관은 4·19혁명으로 인해 주춤거리다가 5·16혁명 후, 군사정권에서 1967년 2월에서야 완공시키는데, 완공 당시 건물의 규모는 2만 8천 평 부지에 건평은 약 1천 평에 달했다.

그 후 경영난으로 인해 영빈관의 운영권은 총무처에서 중앙정보부 그리고 국제관광공사까지 수없이 바뀌던 끝에 1973년 7월에 삼성그룹으로 넘어간다.

영빈관을 인수한 삼성은 진작부터 경관이 빼어났던 이곳에 최신식 호텔을 짓기로 계획하고, 1973년 11월 착공에 들어간다.

그로부터 5년 4개월 만인 1979년 3월 호텔을 개관하니, 바로 지금의 '신라호텔'이다.

우여곡절 끝에 지어진 신라호텔은 현재 서울성곽을 호텔 담장으로 사용하고 있다.

까닭에 불과 몇 해 전까지만 해도 이곳 호텔 안쪽 여장을 돌아보려면 마치 도둑고양이처럼 드나들어야 했으나, 이제는 탐방로가 개설되어 어깨 펴고 드나들 수 있게 되었다.

하지만 한때는 나라의 '국립현충원' 역할을 하던 이곳을 돌아보기에는 여전히 미흡한 점이 한 두 가지가 아니다.

옛말에 '천 냥 쓰는 사람이 만 냥은 못 쓸까' 란 말이 있듯이, 내친김에 지금의 탐방로 보다 좀 더 넓은 탐방로를 조성해 준다면 을미사변 당시 일제의 칼날 아래 스러져 간 혼령들에게 다소나마 위안이 될지도 모를 일이다.

O|처럼 신라호텔 구역은 성곽을 살려 놓아 감질나게나마 돌아볼 수가 있지만, 반얀트리 호텔 구역은 성곽의 그림자조차 보이지 않는다. 이 구간의 성곽은 5·16전까지 존재했었으나 이곳에 '자유센터'가 들어서면서 철거되었다고 전해지는데, 그 과정을 들여다보면 이 역시 억지를 부린 흔적이 역력하다.

5·16혁명 정부는 집권 초기 이곳에 '자유센터'라는 거창한 이름의 건물을 계획한다.

당시 무소불위의 권력을 휘두르던 '국가재건최고회의'에서는 이곳에 새로 들어서는 '자유센터'를 말 그대로 자유의 상징과 더불어 반공의 총본산이 될 것임을 강조했다.

계획의 발단은 1962년 5월 서울에서 개최된 '아시아반공연맹 총회'에서 연맹의 본부 격으로 '자유센터'를 건립하기로 결의한데 따른 것이었다. 그리고 회의가 끝난지 불과 4개월 후인 그 해 9월 15일, 연건 평 1만여 평에 이르는 건물의 착공식을 거행한다.

하지만 착공 무렵에는 아시아 반공연맹에 가입한 20개 회원국들이 공사자금을 협조하기로 결의하였으나, 그들도 먹고 살기에 바빠서인지 애초에 약속한 것과는 달리 모금 성과는 지지부진했고, 정부의 예산은 턱없이 모자랐다.

이렇게 되자 착공 이듬해인 1963년 광복절에 개관하기로 계획했던 공사는 그보다 1년도 훨씬 더 지난 1964년 12월에 가서야 겨우 본부 건물인 '자유센터'만 준공을 마치고 '국제자유회관'은 골조공사만 마친 채 중단되고 만다.

▲
자유센터.
5·16혁명 정부에서
지은 건물로
정식 명칭은
'한국자유총연맹'이다.

고심하던 정부는 1966년 7월 보상금 조로 1억 원을 받고 건물과 함께 3만여 평에 가까운 대지를 국제관광공사에 넘겨준다. 공사를 떠맡은 국제관광공사는 국제자유회관을 호텔로 개조하여 '타워호텔'이라 명명한 뒤에 1967년 7월부터 영업에 들어갔다.

이때 문을 연 '타워호텔'은 17층으로 설계되었는데, 이는 6·25 때 우리를 도와 준 16개국에다 대한민국을 포함하여 17개국을 나타낸 것이다.

개장 초기 이 호텔은 외국인을 주 고객으로 유치하고자 하는 원대한 꿈이 있었으나, 막상 문을 열고 보니 기대했던 만큼 외국인들이 많이 찾지 않았다. 게다가 내국인들은 너나 할 것 없이 호텔이란 말 자체를 낯설어 하던 시절이었다.

그 후 70년대를 지나 80년대가 되자 세상은 마이카 시대로 바뀌게 되었고, 이와 함께 내국인의 호텔 출입도 잦아지게 되었다. 따라서 이곳 타워호텔 역시 발전을 거듭하여 1988년에는 특2급 호텔로 승격되어 2007년까지 운영하게 된다.

그러나 이 호텔의 운명은 여기에서 다시 한 번 뒤집힌다.

2007년에 이 호텔을 인수한 ㈜새한CNC는 이후 3년간의 리모델링을 거쳐 출발 초기의 상징적인 숫자였던 17층 건물을 19층으로 증축했다. 새롭게 면모를 일신한 타워호텔은 2010년 6월 '반얀트리 클럽 앤 스파 서울 호텔'이란 길고도 복잡한 이름으로 바꾸고서 재개장에 들어갔다.

서울성곽을 돌다가 이 호텔 옥상에 올라서면 일대가 한 눈에 내려다보인다. 하지만 일주자들에게 있어서 이 건물은 하나의 이정표 역할만 할 뿐 아무런 의미가 없다. 뿐만 아니라 서울성곽 터를 깔고 앉아 있는 이 호텔은 서울성곽 복원에 결정적 장애물이 되고 있다.

반공이념을 바탕으로 자주국방과 자립경제를 최우선 과제로 여겼던 당시의 사회분위기를 생각할 때 자유센터 건립을 이해 못할 바는 아니나, 그래도 누군가는 서울성곽을 허무는 것이 얼마나 무모한 짓이라는 것을 일깨워야 했었다.

▲
반얀트리 호텔. 타워호텔로
출발했던 이 호텔은 6·25때
우리를 도와준 16개국에다
대한민국을 포함하여
17개국을 상징하는
17층으로 지어졌으나,
후에 반얀트리 호텔로
바뀌면서 19층으로
증축되었다.

5·16주체 세력들에게 있어서 서울성곽의 존재는 하나의 돌담장에 불과했을지 모르지만, 그 귀중한 성벽을 내 손으로 헐어 내었다는 것은 천년을 두고 후회할 어리석은 짓이었다.

이처럼 역사적으로 의미 있는 유적 내지는 건물을 파괴한 것은 비단 군사정권에서만 있던 일은 아니다. 문민정부로 출범한 김영삼 정권은 이른바 '역사바로잡기'라는 명분하에 일제강점기 조선총독부 청사로 군림했던 중앙청 건물을 단숨에 철거했고, 이어서 10·26사태의 현장인 '궁정동 안가' 역시 '밀실정치의 산실을 없앤다'며 같은 운명을 걷게 만들었다.

이때 철거된 총독부 청사는 현재 충남 천안에 있는 독립기념관 서쪽 귀퉁이에 건물의 첨탑 부분만 남겨진 채 거의 방치 상태로 있으며, 궁정동 안가가 헐린 자리에는 자그마한 표지석 한 개만 달랑 세워져 있다.

경복궁의 정전인 근정전 앞에 버티고 서있는 치욕의 상징이었던 총독부 청사를 철거하는 것 자체를 반대하는 국민은 아마 단 한 사람도 없을 것이다. 하지만 문제는 그 사후처리가 잘못되었다는 데 있다.

석재로 지어진 이 건물은 철거 후 원형 그대로 복원하여 후세에 교훈으로 삼도록 했어야 마땅한 일이며, 궁정동 안가는 헐어 낼 것이 아니라 그 안에 10·26 당시의 상황을 엿볼 수 있는 마네킹 등 조형물을 만들어 보존했어야 말 그대로 '역사 바로 잡기'가 되는 것이다.

5천년이라는 장구한 세월을 살아 온 우리 민족에게는 영광의 역사도 있었고, 반면에 오욕(汚辱)의 역사도 있었다.

오늘을 사는 우리가 해야 할 일은 영광의 역사만 부각시킬 것이 아니라, 오욕의 역사 또한 그 흔적을 남겨 후세에 교훈으로 삼도록 해야 한다.

다시 말해서 이 충무공의 '한산도 대첩'의 현장만 중요한 게 아니고 인조가 청태종에게 두 무릎 꿇고 항복의 예를 행했던 삼전도 역시 그에 못지않게 중요한 것이다.

통치자가 이처럼 무모한 일을 벌이고자 시도하면 그 밑의 보좌진에서라도 이를 저지하여야 함에도 불구하고, 한 번 지시만 내렸다 하면 행여 그 말에 흙이라도 묻을세라 말 떨어지기가 무섭게 행하는 것이 우리 정치의 현실이다.

여기에서 또 한 가지 이해할 수 없는 것은 이런 때면 예외 없이 침묵을 지키고 있는 각종 매스컴과 여러 시민단체의 태도다. 역사유적의 파괴 내지는 불량 복원에 대하여 그 많은 매스컴은 하나같이 감시 역할을 못하고 있으니, 이보다 딱한 일도 없다 하겠다.

뿐더러 다른 일에는 작은 일에도 머리띠를 두르고 결사적으로 나서는 시민단체들도 이 일에는 모두가 꿀 먹은 벙어리가 되고 있는 것은 무슨 까닭인지 모를 일이다.

반얀트리 호텔 마당에서 성곽을 따라가는 길은 두 개로 갈라지는데, 이 중에서 정문 쪽으로 나가는 코스가 공식적인 행로이다. 그러나 정문을 버리고 호텔 뒤쪽 계단을 따라 내려가면 서울성곽의 옛 담장을 헐어 계단의 자재로 사용한 현장을 볼 수 있다.

이곳 계단에는 彦陽始(언양시)와 劍字六百尺(검자육백척)이란 각자가 있고, 계단에서 약 4m쯤 떨어진 곳에는 '庚寅三月禁始(경인 3월 금시)'라는 각자가 있다.

'언양시'의 의미는 조선시대 경상도 언양현 사람들이 축성한 시작지점이라는 말인바, 현재 언양은 울산광역시 울주군 언양읍으로 바뀌었다.

'검'자는 천자문의 49번째의 글자이고, '경인 3월 금시'의 의미는 조선시대 도성을 방어하던 금위영에서 경인년인 숙종 36년(1710) 3월에 축성한 시작지점이라는 말이다.

이들 각자를 확인한 다음 뒷문 쪽으로 나가서 장충단 고개로 몇 걸음 올라가면 길가 축대 위에 웅크리고 있는 '남소문(南小門)'터의 표지석이 보인다.

남소문은 세조 때 청학동(靑鶴洞 : 지금의 장충동과 필동 일대) 백성들이 한남동 내지는 두무개나루를 다닐 때 매우 불편하므로 이곳에 문을 내 달라는 청에 따라 만든

▼
장충단고갯마루에
있는 남소문터 표지석.

문이다. 백성들의 불편을 헤아린 세조는 이곳 버티고개(伐兒峴) 마루에 새로 문을 내라 명했다.

실록에는 문을 세운 시기가 정확히 기록되어 있지는 않으나, 앞뒤 정황으로 보아 세조 2년(1456) 11월 20일에서 세조 3년 9월 초 사이에 세워졌을 것으로 추정된다.

이곳에 남소문이 세워진 후로는 4대문 4소문 체제를 유지하던 도성은 4대문 5소문 체제로 바뀌게 된다.

이러한 4대문 5소문 체제는 결코 오래 가지 못하는데, 거기에는 다음의 곡절이 있었다.

그 첫 번째 사건은 남소문을 세운 직후, 세조의 장자로서 다음 대통을 이어갈 의경세자(후에 덕종으로 추존)가 스무 살 젊은 나이에 갑자기 요절하는 변이 생긴 것이다.

이때 음양가(陰陽家)들이 주장하기를 의경세자가 요절한 것은 도성의 손방(巽方 : 동남방)에 해당하는 이곳에 문을 냈기 때문이라며 이 문을 폐쇄할 것을 건의했으나, 세조가 이 의견을 묵살하는 바람에 겨우 살아남는다. 그 후 의경세자의 아우인 예종이 세조의 뒤를 이어 즉위하자, 이번에는 이곳에 떼강도 사건이 일어나는데, 이에 대하여 예종 1년(1469) 8월 25일의 실록기사는 이렇게 전하고 있다.

형조(刑曹)에 전지(傳旨)하기를, "어제 남소문 밖에서 도둑의 무리가 상주에서 번상(番上 : 지방의 군사를 선발하여 서울의 군영으로 보내는 일)하는 갑사(甲士 : 지방에서 서울에 올라와 숙위하던 군사) 손순생과 태인(泰

(ㅅ)의 갑사 전영생을 쏘고 보따리를 겁탈하고, 문을 지키던 선전
관을 위협하여 쫓았으니, 즉시 추포하라"

이에 혐의를 받아 옥에 갇힌 자가 20여 명에 달했고, 자백을 강요
하는 혹형 속에 장살 된 자가 4명이나 될 정도로 사건의 파장은 컸다.
옥에 갇혔던 혐의자들의 처리가 대충 마무리된 9월 14일, 예종
은 좌참찬 임원준 등을 불러 이번 사건에 대한 사후 예방책을 물었
다. 이에 대하여 임원준 등이 나서서, "이 문은 도성에서 보아 정오방
(正午方)에 위치하므로 전하의 생년(生年 : 삶의 운명)에 상당히 해롭습니
다"라고 아뢰었다. 임금의 신상에 해를 끼친다는 것은 잠시도 지체할
수 없는 중대 사안이다. 이를 바꾸어 말하면 즉시 문을 폐쇄해야 한
다는 얘기다.
대책을 제시하라고 했더니, 아예 문의 폐쇄 쪽으로 몰고 갔던 것
이다.
결국 예종은 신하들의 의견에 동의를 표하는데, 그 날은 문이 태
어난 지 겨우 열세 해 째로 접어들던 예종 1년(1469) 9월 19일이었다.
남소문이 폐쇄되자 청학동 주변에 사는 백성들의 불편은 이만저
만 큰 것이 아니었다.
또한 문이 닫히자 도둑들은 마치 제 세상이나 만난 듯이 성 밑
에 숨어 있다가 밤이 되면 성벽을 타고 넘어와 강도 행각을 벌였다.
이렇게 되자 이곳 버티고개 근처로는 도둑들 외에는 인적이 끊기
게 되었고, 나중에는 '밤중에 버티고개에 가서 앉을 놈'이란 말이 큰

욕이 될 지경에 이르렀다.

불편과 고통을 견디다 못한 백성들은 기회 있을 때마다 문을 다시 열어줄 것을 청했지만 그때마다 찬반 의견이 엇갈려 임금은 결단을 내리지 못했고, 결국 이 문은 일제 강점기까지 폐쇄된 상태로 유지된다.

태어나면서부터 모진 풍파를 겪으며 440여 년 동안 '불 꺼진 화로' 신세로 남아있던 남소문의 운명은 마침내 일제에 의해서 최후를 맞게 되는데, 그것은 일제가 이 땅을 집어삼킨 지 4년째로 접어드는 1913년이었고, 철거 명분은 도로개설이었다.

남소문터에서 길 건너 남산 기슭을 바라보면 한동안 끊겼던 성
곽의 모습이 다시 이어진다. 마음 같아서는 길을 건너 곧장 치
받아 오르고 싶지마는 유감스럽게도 이곳엔 횡단보도가 없다.

마음을 도사려 먹고 막무가내로 길을 건너더라도 또다시 장애물
을 만나게 된다. 길 건너 절개지를 가득 메운 가시나무가 온 몸을 찔
러오는 것이다. 가시나무를 제압하고 나면 이번에는 해묵은 철조망
이 옷깃을 잡아 뜯는다.

간신히 철조망을 통과하고 나면 그제야 성곽 앞에 이르게 되는
데, 성벽에는 軍威始(군위시), 盈德(영덕), 靑宝始(청보시) 등 3개의 각자
가 보인다.

군위와 영덕은 경상도 땅임을 알겠는데, 청보는 낯설다.

나름대로 청보를 추정해 보면 '청'은 경상도 청송군의 첫 글자를
따온 것이고, '보'는 청송군 진보현의 끝 글자를 따다가 두 글자를 합
조한 듯하다.

남소문터에서 길을 건너 남산으로 직행하는 것은 위험과 장애물
을 빼더라도 또 다른 문제가 있으니, 그것은 귀중한 각자를 몇 개 놓
치게 되는 것이다.

그러므로 남소문터에서는 일단 장충동 방향으로 길을 잡는 것
이 정법이다.

고갯마루에서 장충동 방향으로 100여 미터 내려가면 반얀트리
호텔 입구에 이어 자유센터 정문이 나온다. 이곳에서 자유센터 주차
장 입구로 들어가서 오른쪽 담장을 살펴보면 '岡字六百尺(강자육백척)'

이라 새겨진 각자가 보인다.

'강(岡)'은 천자문의 48번 째 글자로서 앞서 지나온 '崑(곤)'의 다음 글자이다.

순서로 보아 당연히 '곤' 다음에 있어야 하는데, 엉뚱하게도 두 글자가 이처럼 멀리 떨어져 있다는 것은 이곳 담장이 '서울성곽을 헐어다 쌓은 것'이라는 직접적 증거이다.

황당한 위치에 존재하는 각자는 여기에서 끝나지 않는다.

강자6백 척 각자에서 도로를 따라 30여 미터 가량 더 내려가면 길가 담장에 '慶州始(경주시)'와 '星州(성주)'라 새겨진 각자가 나타난다.

물을 것도 없이 경주는 신라의 옛 도읍 경주를, 성주는 경북 성주군을 가리키는 말이다.

'경주시' 각자가 새겨진 도로에는 별도의 보도(步道)가 없기 때문에, 이곳에서는 정신을 바짝 차려야 하며, 일행이 많을 경우에는 각자 보는 것 자체를 미루는 게 좋다.

ㅈ 유센터 정문 앞에서 길을 건너면 오른쪽으로 국립극장이 나타난다. 이 극장은 한국 전쟁이 일어나던 1950년 4월 29일에 개관한 아시아 최초의 국립극장이다. 국립극장은 개관한지 채 두 달도 못되어 6·25가 발발하는 바람에 대구로 이전하였다가 1957년 6월 1일 다시 서울로 돌아왔다.

현재 이 극장은 대극장인 해오름극장과 소극장인 달오름극장, 그리고 공연 성격에 따라 무대가 바뀌는 별오름극장, 원형 야외무대인 하늘극장으로 이루어져 있는데, 이 4개의 극장 객석을 모두 합하면 총 2,690석에 달하고 있다.

이 극장에서는 갖가지 공연 외에도 국가적인 행사도 가끔 치렀는데, 1974년 8월 15일에는 이곳에서 고 박정희 대통령 내외가 참석한 가운데 제 29주년 광복절 경축 기념행사를 거행하게 되었다.

그날은 마침 국내 최초로 개통되는 서울역에서 청량리에 이르는 지하철 1호선을 개통하는 날이어서 경축식에 참석한 사람들의 마음은 그 어느 때보다 들떠 있었고, 언제나 그렇듯이 행사는 오전 10시 정각에 시작되었다. 식이 시작되고 대통령의 축사 순서가 되자, 박 대통령은 그 특유의 카랑카랑한 목소리로 축사를 읽어나가기 시작했다.

그리고 약 3분이 지난 10시 23분 경, 갑자기 객석에서 한 청년이 총알처럼 재빠르게 단상 앞으로 달려나가는가 싶더니 연이어 다섯 발의 총성이 울렸다.

갑작스레 벌어진 일에 모두가 어안이 벙벙해져 있는 상태에서 대통령은 단상 아래로 몸을 낮추었고, 박종규 경호실장은 권총을 빼들고 총알처럼 달려 나갔다. 그 순간 단상에 앉아 있던 대통령 영부인 육영수 여사의 고개가 앞으로 꺾였다.

범인이 노린 것은 대통령이었으나 대통령이 방탄단상 아래로 몸을 낮추는 바람에 옆에 앉아 있던 영부인이 대신 맞은 것이었다. 범인은 현장에서 체포되었고, 총상을 입은 육영수는 서울대 병원으로 실려 갔다.

장내가 조용해지자 대통령은 다시 경축사를 읽어 나가기 시작했다. 대통령의 목소리는 침착했고, 그 카랑카랑한 톤도 여전했다. TV를 통해 안방에서 경축식 기념행사를 지켜보던 국민들은 총소리가 들리고 화면이 꺼지자 처음에는 웬일인가 했다가 대통령의 목소리를 듣고서는 이내 안심했다.

그리고 저녁때까지 아무 일도 없는 줄로 알았다.

하지만 아무 일도 없는 게 아니었다.

서울대병원으로 이송된 육영수는 응급수술을 받았으나, 안타깝게도 그만 그 날 오후 7시에 끝내 숨을 거두고 말았다. 소식에 접한 국민들의 놀라움은 컸다. 뉴스 외에는 더 이상 아무것도 알 수 없게 된 국민들의 눈과 귀는 온통 이 사건에만 촉각을 곤두세웠다.

"아, 그래. 범인이 누구래?"

"글쎄, 범인이 조총련계 청년이라는구먼."

"그래? 그럼, 범인은 어떻게 되었대?"

"뉴스에서는 그 자리에서 잡혔다는데, 아직 잘 모른다나봐."

▲
재판 중인 문세광.

시장에서, 사무실에서 또 시골의 논밭에서, 사람들은 만나기만 하면 온통 이 얘기뿐이었다.

사건이 지난 며칠 후 수사당국은, "범인은 재일교포 조총련계 청년으로 이름은 문세광(文世光 : 1951년생)이며, 일본 오사카에서 출생, 세이키 상고를 중퇴하고서 이미 결혼까지 한 24세의 청년으로 그의 배후에는 조총련이 있으며, 특히 이번 사건은 김일성의 지령에 의해 저질러진 것"이라고 발표했다.

문세광의 재판은 일사천리로 진행되어 다음 달인 9월 12일 내란목적 살인과 국가보안법 위반 등 6개의 죄목으로 기소되었다. 그리고 그해 12월 17일 대법원에서 사형이 확정되었으며, 그로부터 3일 뒤인 12월 20일, 서대문 구치소에서 교수형으로 형이 집행되었다. 그날 문세광의 총탄으로 숨진 사람은 육영수 외에도 또 한사람이 있었으니, 바로 경축식전 합창단원으로 참가했던 성동여자실업고등학교 2학년생인 장봉화(17세)양이었다.

장양은 그날 아침 대통령 내외가 참석하는 영광스런 자리에 끼게 되었다며 부푼 가슴을 안고 집을 나섰다가 그만 다시는 돌아오지 못할 머나 먼 길을 떠나고 말았다.

국립극장을 지나 위로 오르면 이내 3거리가 닥친다. 3거리에서 남산 순환도로를 따라 왼쪽으로 돌아가면 길바닥에 중구와 용산구의 경계를 가르는 판석이 깔려있는 게 보인다. 이 판석이 깔린 자리가 바로 성곽이 쌓였던 자리인데, 길에서 계단을 딛고 한 걸음 올라서면 개나리 숲 뒤로 듬직해 보이는 성곽이 나타난다.

자연석을 대충 겉목만 다듬어 쌓은 이곳 남산 지역의 성곽은 언뜻 보아서는 세종대의 성곽 일색으로 보이지만 실은 태조대와 숙종대의 성곽이 혼재되어 있다.

이곳 남산 성벽에도 각자가 존재하는데, 이를 간추리면 대략 아래와 같다.

禁 都廳 監官 李秀枝 吳首俊 : 금 도청 감관 이수지 오수준

石手 邊首 安重里 : 석수 변수 안중리

庚寅 三月 日 : 경인 3월 일

禁 二所 五百七十步 : 금 2소 570보

第三小受音 使 鄭祐 : 제3소수음 사 정우

都廳 監官 趙廷元 吳澤 尹商厚 : 도청 감관 조정원 오택 윤상후

邊首 安重里 : 변수 안중리

己丑 八月 日 : 기축 8월 일

巨字終闕 : 거자종궐

위의 각자 중 '금'은 금위영의 준말이고, 도청은 조선 초기 궁궐

▲
남산 성곽의
웅장한 모습.
마치 철옹성을
떠올리게 한다.

과 도성의 축성공사를 위하여 선공감(繕工監)에 설치했던 임시 관청을 말한다.

2소는 2번 째 구역을, 1보(步)는 약 1.25m의 길이를, '사'는 장흥고나 풍저창 등 창고의 으뜸 벼슬을 말한다. 그리고 경인년은 숙종 36년인 1710년을, 기축년은 그 보다 한 해 전인 1709년을 말한다.

맨 하단의 거자종궐은 각자의 내용으로 보아 '거'자가 끝나고 '궐'자가 시작된다는 의미의 '거자종 궐자시(巨字終闕字始)'라고 쓰려다가 끝 부분의 '자'와 '시' 두 글자를 빠뜨린 것으로 추정된다. '巨'는 천자문의 51번 째 글자이고, '闕'은 52번 째 글자이다.

각자 지역을 벗어나면 육교가 있는 3거리에 이른다. 전에는 3거리에서 좌측길로 들어선 후, 남산 체육공원과 샘터를 거쳐 멀리 우회해야 했었으나, 최근에 성곽을 넘는 육교를 설치하여 그보다는 약간 편하게 되었다.

육교를 넘어서면 한참 동안은 성곽은 그림자도 보이지 않는다. 계속해서 산모롱이를 돌아 골짜기로 내려섰다가 다시 올라서면 그제야 성곽이 나타난다.

이처럼 육교를 넘는 방법 외에 비록 멀리서나마 성곽을 바라보며 갈 수 있는 방법이 있기는 있다. 하지만 이 방법을 택하려면 마음을 독하게 먹고서 좌우 어느 쪽도 기웃거리지 말고 그냥 성곽을 따라 멧돼지마냥 오직 앞만 보고 나아가야 한다.

가파른 산길을 따라 성벽을 끼고 올라가면 바로 앞에 자연석 암반 위에 높다랗게 쌓여진 성곽이 찍어 누를 듯 다가서는데, 산비알을 휘돌아가는 이 성벽은 흡사 난공불락의 철옹성을 떠 올리게 할 정도로 웅장한 모습을 하고 있다.

철옹성을 휘돌아서 잠시만 더 나아가면 '캠프 모오스(Camp Morse : 일명, AFKN 송신소)'라는 이름의 미군 송신소 철망울타리가 앞을 막아선다. 이곳에서 성곽은 철조망을 뚫고 송신소 안으로 이어지고, 철조망 주변으로는 '가시수펑'이 바다를 이룬다.

가시수펑과 송신소 사이에는 20여 미터 가량의 공간을 띤 2중 구조로 된 철망울타리가 설치되어 있는데, 여기서부터는 철망울타리를 따라 가시수펑을 뚫고 전진해야 한다.

전에는 철망울타리 옆으로 길은 아니지만 그런대로 다닐 만은 했었는데, 이제는 이 가시수펑으로 인해 다니는 것 자체가 거의 불가능해졌다. 그때에도 송신소 측에서 캠프 모오스 구간의 보안을 철저히

했기 때문에 이곳으로 다니는 사람은 거의 없었다.

하지만 물리적인 통제는 가하지 않았던 까닭에 나는 서울성곽 답사 초기인 2000년부터 남산 지역에만 오면 주로 이 코스를 택했으며, 동행이 많지 않을 때에는 일행과 함께 이곳으로 들어서기도 했다.

길도 없는 이곳을 그렇게 자주 다녔던 이유는 다른 곳으로 가게 되면 성곽의 그림자도 볼 수 없기 때문이다. 물론 이곳으로 간다고 해서 성곽을 제대로 볼 수 있는 것은 아니지만 그래도 멀리서나마 성벽을 바라보며 갈 수 있기에 가능하면 이 코스로 들어섰던 것이다.

그러나 이곳으로 가다가 간혹 송신소 영내를 왕래하는 미군들의 눈에 띄기라도 하게 되면 공연히 주눅이 들기도 했었다. 여기에 또 한 가지 신경을 쓰이게 하는 것은 철망울타리에 걸려 있는 다음의 경고문이다.

경 고

1950년 통과된 국내 보안법 제 21조의 규정에 따라 1954년 8월 20일자 국방장관 지시에 의거하여 사령관의 명에 따라 이 지역은 제한구역으로 선포되었음.

이 지역을 출입하는 모든 요원 및 차량은 검색을 받아야 하며, 부대장이 허가하지 않는 한, 본 지역에 대한 촬영, 도화, 기록, 지도 또는 도표의 작성 및 동 행위는 금지 됨.

상기 자료를 소지한 비인가자가 발견되는 경우, 압수 될 것임.

남산 미군송신소 철조망에
걸려있는 경고문.
전에는 철조망 곁으로
지나다니며 멀리서나마
송신소 안에 있는
성벽을 바라볼 수 있었으나,
이제는 가시덤불이 너무
심해 통행이
거의 불가능하게 되었다.

경고문의 내용으로 보아 이곳 미군 송신소는 1954년에 생긴 것
으로 추정된다.

전에는 이처럼 경고문을 곳곳에 걸어 놓고서 경계시야를 넓히기
위해 1년에 한 두 번씩은 울타리 주변의 잡초와 잡목을 제거했었다.

그러다가 언제부터인가 송신소 측은 이러한 방침을 바꾼 듯하다.
각종 가시나무의 군락지인 이곳을 자연 그대로 방치하게 되면 저절
로 산짐승도 다닐 수 없는 가시정글로 변할 것을 예측한 나머지, 몇
해 전부터 일부러 가시 숲 제거를 회피한 모양이다.

이 구간의 총 길이는 약 500여 미터에 이르기 때문에 이곳에 정
식 탐방로가 형성되었다고 가정하면 능 잡아도 20분이면 족하다. 헌
데 나는 2015년 가을 이 구간을 통과하는데 무려 한 시간 턱이나 걸
렸으니, 말 그대로 '가시밭길'을 걸어온 것이다.

가시수평을 지나고 나면 철망울타리는 성곽 앞에서 끝나고, 계
속해서 성곽을 따라 70여 미터 나아가면 순환도로를 건너 남산마루
로 오르게 된다.

잠시 가던 길을 멈추고 이곳 순환도로에서 오른쪽으로 꺾어들면 서울성곽 전체 구간 중 가장 엄격하게 통제하고 있는 '캠프 모오스 송신소' 정문으로 이어진다.

좀도둑 마냥 줄곧 철망울타리 밖으로만 다니던 나는 어느 때부터인가 송신소 안이 궁금해지기 시작했다. 그러던 2004년 어느 날 나는 송신소 영내를 한 번 들어가 보기로 작정하고 집을 나섰다.

애초에는 합당한 절차를 밟아보려 했으나 이게 그리 쉽지 않았다. 학술단체일 경우에는 그런대로 방법이 있었으나, 나처럼 독자적으로 움직일 경우에는 도대체 방법이 마땅치 않았던 것이다.

송신소 정문 앞에 도착해 보니, 정문 앞에는 바리케이드가 쳐 있었고, 그 주위로 어깨에 총을 멘 미군 초병 두 명이 서성이고 있었다.

나는 초병들 앞으로 다가가서 가볍게 인사를 하며 그들의 경계심부터 풀었다.

몇 마디 인사를 나누자 나를 경계하던 그들의 얼굴에 미소가 감돌기 시작했다. 나는 이때다 싶어 "캠프 안으로 들어가 보고 싶다"며 내가 이곳에 온 목적을 털어놓았다.

그러자 얼굴에 환한 미소를 띠고 있던 초병이 갑자기 정색을 하더니 "Why?" 하며 눈이 화등잔만 해지는 것이었다. 두 명의 초병 중 "Why?"라고 응대를 한 초병은 흑인이었는데, 이 병사가 선임으로 보였다.

용건이 뭔데 그런 엉터리 요구를 하느냐는 눈치였다.

나는 상대방이 알아듣던 못 알아듣던 전혀 아랑곳 하지 않고, 여기에 온 목적을 열심히 설명했는데, 요지는 이랬다.

"나는 성곽을 연구하는 사람이다. 이곳 캠프 안에 성곽이 있는데 오늘 그걸 확인하러 왔으니 한 번만 들여보내 달라" 그러나 내가 아무리 열심히 설명을 해도 흑인 초병은 연신 고개만 갸웃거릴 뿐 전혀 못 알아듣는 듯 했다.

곰곰 생각하던 나는 '성곽'을 '캐슬(Castle)'로 표현한 것이 잘못되었나 싶어, 이번에는 'wall'을 붙여 보았다. 서양에서는 동양의 성을 월이라고도 부른다는 것을 떠올렸기 때문이다. 그러나 역시 못 알아들었다.

이번에는 'fortress'를 붙여 보았으나, 이 역시 헛일이었다.

답답해진 나는 다시 'stronghold'를 붙여 보았으나 역시 안 통했다.

대화가 안 통하자 나보다 그가 더 답답해하는 눈치였다.

아무리 봐도 불한당 같지는 않아 보이는데, 도대체 뭘 보자고 하는 것인지 꽤나 답답한 모양이었다. 하지만 나는 단 한 발자국도 물러설 기색을 보이지 않았다. 답답해하던 초병은 갑자기 생각난 듯 위병소 안으로 들어가더니, 누군가에게 전화를 걸기 시작했다.

나는 속으로 "아니 이 녀석이 상관에게 나를 고발하려나?" 싶기도 해서 뜨끔했으나 "에라 모르겠다, 될 대로 되라"하는 심정으로 옆에서 하회를 기다리고 있었다.

어디론가 전화를 걸던 초병은 나를 향해 "It's for you!"하며 수화기를 건네는 것이었다.

수화기를 받아들자 "저는 이곳 송신소 안에 근무하는 한국인 경비원입니다. 무슨 일 때문에 그러시죠?"하는 말이 들려왔다.

나는 기회는 이때다 싶어 이곳에 온 목적을 솔직히 말한 뒤에 "저는 서울성곽의 전 구간을 돌아보고서 마지막으로 이곳만 못 들어가 보았는데, 오늘 꼭 한 번 이곳을 들어가 보고 싶습니다"며 간곡히 부탁했다.

그러자 그는 내게 이것저것 몇 마디 더 물어보더니 그 초병을 바꾸라고 했다.

수화기를 건네받은 초병은 다시 경비원과 몇 마디 대화를 나누고 나서는 나를 향해 "Follow me!"하고 부르는 것이었다.

나는 그에게 "Very Thank You!"를 외치며 두 말 않고 따라섰다.

초병이 나를 캠프 내의 경비실까지 데리고 가자, 문 밖까지 나와서 기다리고 있던 경비원이 나를 맞아주었다. 나는 그에게 그동안 4년 여에 걸쳐 서울성곽을 찾아 헤매게 된 사연과 오늘 이곳에 온 목적을 소상하게 설명했다.

내 말이 끝나자 그는 나를 끌고 캠프내의 성곽으로 안내했다.

송신소 영내에 있는 성곽의 상태를 살펴보니 여장은 흔적도 없이 사라지고 겨우 체성 부분만 남아있었다. 미군측은 이처럼 성곽의 여장을 헐어내고 체성을 축대 삼아 그 위에 건물을 지었던 것이다. 알기 쉽게 말해 건물 아래쪽에만 남아있는 체성은 누가 봐도 그저 건물의 축대에 불과할 뿐이었다.

나는 그제야 그토록 말귀를 못 알아듣던 초병이 이해가 되었다.

캠프 안의 상황이 이렇다면 미군 병사가 아닌 우리 한국인 병사였다 해도 쉽게 대화가 통하기는 어려웠을 것이라는 생각이 들었다.

그 후 나는 그 경비원 아저씨의 호의로 다시 한 번 그곳을 돌아볼 수 있었다.

그리고서 2년인가 더 지난 다음 세 번째 방문을 시도했다. 먼저 두 번이나 신세를 졌던 경비원 아저씨에게 전화를 했더니 자신은 이미 정년퇴직을 했다는 대답이 돌아왔다.

도리가 없게 된 나는 1차 방문 때처럼 비상수단을 쓰기로 하고서 동영상 카메라를 휴대한 채 집을 나섰다. 그때 나는 3년 계획으로 서울성곽과 함께 북한산 도봉산 등 서울근교의 산을 동영상 카메라에 담고 있을 때였다. 지난번처럼 송신소 정문으로 갔으나 정문은 잠겨진 채로 있었고, 주변에는 개미 새끼 한 마리 얼씬거리지 않았다.

다음으로 미룰까 하다가 일단은 기다려 보기로 했다.

정문 앞에서 반시간 턱을 기다리자 미군 지프차가 한 대 오더니, 미 여군 상사와 남자 사병 한 명이 내리는 게 보였다.

나는 여상사에게 다가가 "Hi, nice to meet you!" 하며 우선 인사부터 건넸다.

그러자 여상사는 얼굴에 함박웃음을 머금은 채 "Hi, nice to meet you!"하며 맞인사를 해왔다. 여상사의 태도로 보아 일이 생각보다 쉽게 풀릴 수 있을지도 모른다고 생각한 나는 그 즉시 용건을 말했다.

내 얘기를 듣고 있던 여상사는 고개를 연신 갸웃거리더니, 나를 향해 "Follow me."를 외치고는 영내를 향해 앞장을 섰다. 나를 한국인 경비원에게 데려가려는 눈치였다.

의외로 일이 쉽게 풀린다고 생각한 나는 이번에도 두 말 않고 따라섰다.

그러나 경비실을 저만치 앞둔 지점에 이르자 안에서 유리창문을 통해 밖을 내다보고 있던 한국인 경비원이 달려오더니 "아니, 여기는 아무도 못 들어오는 곳인데 어떻게 들어오셨죠?" 하며 추궁했다.

이곳에 들어오게 된 경위를 대충 설명하자, 내 말이 채 끝나기도 전에 "이곳은 허가자 외에는 그 누구도 들어올 수가 없는 지역이니 즉시 나가주세요"라며 앞을 막아섰다.

나는 전에도 경비원의 호의로 두어 번 들어왔었다는 이야기를 하며, 기왕에 들어온 김에 간난히 한 번 눌러보고 나가겠다고 부탁했으나 이빨도 안 들어갔다.

경비원의 얘기인즉슨, 그때 내게 두 번씩이나 호의를 베풀어 준 그 경비원은 그 일 때문에 경위서를 쓰는 등 큰 곤욕을 치렀다고 하며, "여상사가 나를 안으로 끌고 들어온 것은 여상사가 이곳 사정에 어두워 실수한 것"이라고 했다. 말을 마친 경비원은 만약 다른 사람 눈에 띄게 되면 자신도 어떤 문책을 당할지 모른다며 내 등을 떠밀었다.

나는 그에게 떠밀려 나오면서 '미군 측이 이곳에 대하여 왜 이처럼 예민한 반응을 보이는 것일까?'를 생각해 보고서 다음과 같은 결론을 내렸다.

그것은 첫째 미군 통신시설의 원기지 역할을 하고 있는 이곳의 보안에 있을 것이고, 다음으로는 이미 살펴 본대로 영내에 있는 서울성곽의 상태가 외부에 알려지는 게 두렵기 때문일 것이다.

최근 들어 부쩍 국민들의 관심이 높아지고 있는 서울성곽 복원문제가 부각되어 이곳 송신소를 타 지역으로 이전시켜야 한다는 여론이라도 일게 된다면 미군 측으로서는 그야말로 낭패가 아니겠는가.

신소 들머리에서 남산마루로 향하는 성곽은 대략 7m에 이를 정도로 높다. 전에는 이 높은 성벽에 칡넝쿨을 비롯한 온갖 넝쿨이 덮여 있어서 성벽을 제대로 볼 수 없었으나, 최근 들어 이 넝쿨을 제거하고 성곽 아래로 탐방로를 조성해 놓아 그 당당한 풍채를 한눈에 볼 수 있게 되었다.

풍채 좋은 성곽을 따르다 보면 오랜 풍우에 마모되어 지워지기 직전으로 보이는 '夜字終(야자종)'이라 새겨진 각자가 나타난다. '야'는 천자문의 55번 째 글자이니, 이곳이 창축 시발지로부터 55번 째 구간이란 얘기다. '야자종'을 지나 구 배드민턴장에 이르면 성벽 아래쪽에 이보다 훨씬 진한 다음의 각자가 나타난다.

監役 判官 崔有遠 一百五十尺 : 감역 판관 최유원 일백오십 척

위의 각자를 풀어서 말하면 한성부 소속 종5품직의 판관 최유원이란 사람이 감독해서 쌓은 구간이 150척에 이른다는 말이다. 최유원 각자를 지나 계단을 올라서면 시티투어 버스 종점이 나오는데, 이곳에서 팔각정까지는 일 년 내내 관광객들로 인산인해를 이룬다.

이곳을 찾는 사람들의 분포도는 내국인이 가장 많고, 다음이 중국인이다. 이밖에 동남아 사람들을 비롯한 외국인들로 발 디딜 틈이 없을 지경이다.

예전에는 미국인을 필두로 서양인들이 대세를 이루었으나, 최근 몇 해 사이에 중국인이 미국인을 추월하고, 동남아 사람들이 그 뒤

를 따르고 있으니, '음지가 양지되고, 양지가 음지 된다'는 옛말이 틀리지 않는다.

시티투어 종점에서 정상까지는 성곽 틈을 비집고 솟아난 느티거목이 줄지어 서 있다.

어른의 팔로도 족히 서너 아름을 넘나드는 느티나무는 하나같이 수백 년의 수령을 자랑하는데, 몇 해 전에는 이 느티거목이 성곽을 훼손시키는 주범이라 하여, 이 엄청난 거목들을 제거하겠다고 발표한 적이 있었다.

▼
남산 정상 부근의 풍경.
성곽 틈 사이로
수령 수백 년에 이르는
느티거목이 솟아나 있다.
몇 해 전 이 나무를
제거하려다가
반대여론에 밀려
취소되었다.

▲ 느티 단풍과 한판 어우러진 남산성곽. 가을이면 이 모습을 보기 위해 장터처럼 붐빈다.

▲
남산 정상에
자리한 팔각정.
일제는 이곳에 있던
국사당을 쫓아내고
일장기 게양대로 사용했다.
해방 14년이 지난
1959년 이승만의 호를 딴
우남정을 지었다가
4·19 후에 이를 헐고서
팔각정을 다시 지었다.

소식을 들은 시민들은 "이 무슨 망발이냐"며 거세게 항의했고, 그 후 착생나무 제거 얘기는 슬며시 자취를 감추고 말았다. 하지만 앞서 지나온 낙산 초입의 각자군단을 쥐도 새도 모르게 옮긴 것을 보면 그 망령이 언제 되살아날지 몰라 늘 조마조마하다.

느티거목 지대를 지나면 이어서 이 산 정수리에 세워진 팔각정이 나타난다.

사람들은 이 산을 가리켜 도성 남쪽에 위치한다고 해서 흔히 남산(南山)이라 불러왔다. 하지만 이것은 속칭이고, 이 산의 정식 명칭은 목멱산(木覓山)이다. 이밖에 별칭으로 인경산(引慶産)이라는 이름도 있지만 이것을 아는 사람은 그리 많지 않다.

현재 남산은 서봉(西峰)이라 불리는 이곳 정수리에 세워진 팔각정을 중심으로 산 전체가 공원화 되어 '남산공원'이라 불리고 있는데,

팔각정이 서 있는 이곳 서봉에는 조선시대 나라에서 제사를 받들던 국사당(國祀堂)이 있었다.

국사당은 조선을 창업한 이 태조가 한양으로 도읍을 옮기고서, 이러한 사실을 백악산신과 목멱산신에게 고사를 올린 데서 유래한다. 이때 태조는 백악신을 봉하여 진국백(鎭國伯)으로 삼고, 목멱신을 봉하여 목멱대왕으로 삼아, 해마다 봄, 가을로 이들 두 산신에게 제사를 받들고자 하여 백악산에는 백악신사를, 목멱산에는 목멱신사(木覓神祀)를 세웠으며, 이 목멱신사를 일러 나라에서 제사를 받드는 곳이라 하여 국사당이라 불렀던 것이다.

옛날 이곳 국사당에서 받드는 제사는 매우 엄격하고도 까다로웠다. 먼저 나라에서 제사를 받들 때가 다가오면 서운관(書雲觀 : 기상청)에서 길일을 택하여 예조에 통고한 후, 제관을 선발한다. 이때 선발된 제관들은 제사 3일 전에 목욕재계하고, 사흘 동안 꼬박 집에서 근신해야 한다. 이렇게 3일 동안 집에서 근신하다가 제사 전날 초저녁이 되면 국사당으로 간다. 국사당에 도착한 제관들은 날짜가 바뀌기를 기다려 다음날 축시(丑時 : 오전 2시)가 되어야 제사를 지냈다고 한다.

국사당에서는 이밖에도 가뭄이 극심할 때면 기우제도 지냈는데, 이러한 국사당에서의 제사는 조선 5백년을 내려오면서 꾸준히 이어지다가 고종 대에 이르러 일제의 탄압으로 인하여 폐지되

▼
남산 팔각정 바로 곁에 자리한 국사당 표지석. 팔각정 자리에는 나라에서 받드는 제사를 모시던 국사당이 있었으나 일제가 1925년 인왕산으로 쫓아냈다.

고 만다.

비록 제사는 안 지냈을망정 국사당 건물은 한일 합방 후까지도 남아 있었으나, 1925년 일제가 상선대라 칭하던 식물원터에 '조선신 궁'을 지으면서 인왕산으로 쫓아내 버렸다.

일제는 국사당이 떠나간 자리에 일장기 게양대를 설치하여 남산 이 마치 일제의 상징처럼 보이도록 했다.

해방 후 일장기 게양대는 철거되어 그냥 하나의 터로서만 남아 있었으나, 자유당이 종말을 향해 치닫던 1959년 10월에 이승만의 추 종자들이 이곳에 팔각의 정자를 짓고서 이승만의 호를 따서 '우남정 (雩南亭)'이란 현판을 걸었다.

그러나 이것도 잠시, 그로부터 불과 반년 뒤에 일어난 4·19혁명 으로 인해 우남정은 철거되었고, 지금의 팔각정은 1968년 11월에 새 롭게 건립된 건물이다.

전에는 이 팔각정이 남산의 상징으로 자리 잡아 이곳에 오르면 가장 먼저 팔각정이 눈에 들어왔으나 지금은 서울타워로 인해 그 빛 이 많이 퇴색되었다. 말하자면 서울타워가 팔각정으로부터 남산의 상 징 완장을 넘겨받은 것이다. 새롭게 남산의 명물로 등장한 서울타워 는 그 높이가 무려 236.7m를 자랑하며, 수도권 일대를 호령하고 있다.

서울타워는 1969년 12월 동양,·동아, 문화방송 등 3개의 민영방 송국이 공동으로 투자하여 종합 전파탑과 관광전망대의 기능을 목 적으로, 건축가 장종률이 설계하여 국내 기술진과 장비로 착공하였 다. 그 후 6년의 공사 끝에 1975년 7월 30일 완공하여, 그 5년 후인

1980년 10월 15일부터 일반에 공개되기 시작했다.

이처럼 5년간이나 공개를 미룬 까닭은 애초에는 관광전망대로 허가를 받았으나, 전망대 위에서 청와대가 훤히 내려다보인다는 이유로 정부에서 공개에 제동을 걸었기 때문이다.

▲
남산마루에 형성된
사랑의 열쇠탑.
이곳에 자물쇠를 걸고
열쇠를 던져버리면
그 사랑이 영원히
깨지지 않는다고 한다.

남산에서의 전망은 당연히 서울타워가 으뜸이다.

서울타워 전망대엘 오르려면 초속 40m의 초고속 엘리베이터를 이용해야 하는데, 엘리베이터에서 내려서면 곧바로 서울타워 2층이 된다. 타워의 2층과 3층은 일반 전망대로 사용되며, 5층에 오르게 되면 음식을 들면서 서울 시내의 동서남북 네 둘레를 내려다볼 수 있는 회전 레스토랑을 이용할 수 있다.

또한 서울타워에서는 서울 시내는 말할 것도 없고, 서울을 둘러싸고 있는 내·외사산은 물론, 마른 날이면 서해바다의 섬들을 비롯하여 멀리 개성의 송악산까지 내다보인다. 낮 전망이 좋으면, 밤 전망도 좋은 법.

서울타워에서 시내의 밤경치를 내려다보면 완전히 불빛의 바다라는 말로 밖에는 달리 표현할 말이 없을 만치 야경 또한 장관을 이룬다. 뿐더러 한강이 가까워 강물에 비치는 불빛은 이곳만의 별미이기도 하다.

팔각정 동남쪽에 서울타워가 있다면 그 서북쪽에는 이 산의 또 다른 명물로 자리 잡은 복원된 봉수대(烽燧臺)가 있다. 통신수단이 발달하지 않았던 옛날에는 변방에서 긴급한 사태가 발생했을 경우, 낮에는 연기로, 밤에는 불빛을 이용하여 중앙으로 신속하게 알렸다.

이때 불빛으로 보내는 신호를 봉(烽)이라 하고, 연기로 보내는 신호를 수(燧)라 하였으며, 둘을 합쳐 '봉수'라고 불렀다. 또 비가 오거나 안개가 짙은 날에는 포성과 나팔을 불어 알리게 하였고, 이것도 불가능 할 경우에는 사람이 직접 말을 타고 가서 전하게 하였다.

우리나라 봉수제의 기원은 멀리 삼국시대부터 시작된 것으로 추정되지만, 정확한 기록이 등장하는 것은 고려 제 18대 임금 의종 3년(1149)부터이다.

남산에 봉수대가 설치된 것은 세종 5년(1423)이라고 전해지는데, 이는 도성개축이 봉수대 개설보다 더 시급했던 까닭에 세종 4년에 도성부터 개축하고서 그 이듬해 이곳에 봉수대를 설치했던 것으로 보인다.

창과 칼로 적과 직접 맞부딪히고, 말을 달려 전황을 알려야 했던 옛날 재래식 전쟁에서는 봉수의 역할이 성곽 못지않게 막중했다. 성곽이 침입한 적을 물리적으로 막는 시설이라면 봉수는 적의 동태를 미리 살펴서 만약 수상한 징후가 발견되면 그 상황을 빠른 시간 내에 중앙에 알리는 역할을 했기 때문이다.

봉수대에서 상황을 전달하는 방법을 말할 때 간단히 불과 연기로 한다고 하지만, 이때 불을 올리는 방법도 시대에 따라 차이가 있었다. 즉 조선 초기에는 변방에 아무 일이 없으면 하루 한 번을, 유사시에는 두 번의 봉화를 올리도록 되어 있었으나, 세종 1년부터는 종전의 2분화를 5분화로 세분화 시켰다.

5분화의 경우, 아무 이상이 없으면 종전대로 하루 한 번의 봉화를, 적이 국경 근처에 나타나면 두 번, 적이 국경에 접근하면 세 번, 적이 국경을 넘으면 네 번, 아군과 접전하면 다섯 번의 봉화를 올려야 했다.

이러한 봉화를 올리는 방식에 대하여 우리가 반드시 짚고 넘어가야 할 것 중의 하나는 1개소의 봉수대에서 횃불을 올리는 화두(火竇 : 불구멍)의 숫자가 정확히 몇 개였느냐 하는 점이다.

이에 대하여 우리나라 봉수제를 집중 연구한 서울시립대학교의 이존희 명예교수는 「봉수제 운영의 실태와 문제점」이란 글에서 다음과 같이 밝히고 있다.

조선 초에는 연기나 횃불을 올리는 장소를 2개씩 설치했으나, 세종 1년부터는 5개소로 증설하였다. 피아간에 접전이 벌어졌을 경우 5번의 봉화를 동시에 올려야 했기 때문이다.

만일 1개의 봉수대에서 횃불을 올렸다 버렸다 하게 되면 다음 봉수대의 봉졸이 그 올라온 수를 정확하게 헤아리기 어려웠을 것이다.

처음에 올린 것을 보지 못하고 나중에 올린 것만 보았다면, 이 착오는 다음 봉수대로 계속 이어지게 되므로 이는 심각한 문제

가 아닐 수 없다. 그러므로 규정상 모든 봉수대에는 5개의 봉화대를 설치하게 되어 있었다. 그러나 그 원칙이 잘 지켜진 곳은 별로 없었다

남산에는 5개소의 봉수대가 있었으니, 이는 전국의 봉수체계가 1봉수에서 5봉수까지로 되어 있는 까닭에 최종 집합지인 이곳 남산 봉수대에서 5개 봉수를 모두 받기 위함이다.

여기에서 말하는 1봉수니, 2봉수니, 하는 봉수의 번호는 국방이 가장 취약한 지역부터 순차적으로 매겼는바, 1봉수는 함경도 두만강 가에 위치하는 경흥에서부터 올라오는 봉수를 말한다.

두만강 가에는 고려 제 15대 임금인 숙종(재위 : 1095~1105년) 때부터 여진족의 발호가 심하여 고려와 조선 두 왕조 모두 골치를 썩였으므로 1봉수의 영예(?)를 이곳이 차지했는데, 그 경로는 다음과 같다.

함경도 경흥 서수라보 소바위(牛巖)에서 출발하여→회령→함흥→철원→포천을 지나 서울 중화동에 있는 봉화산을 거쳐 남산 동

봉(미군송신소가 있는 봉우리)에 이르는 봉수를 1봉수 또는 제일거(第一炬)라 했다.

　이어서 왜구의 침입이 빈발하는 경상도 동래에 있는 다대포 매봉에서 출발하여 양산→경주→의성→안동→충주→용인을 거쳐 광주 땅 천림산에서 남산으로 이어지는 봉수를 2봉수라 했고, 평안도 강계군 만포진 여둔대에서 출발하여 내륙 쪽인 의주→안주→평양→개성→파주를 지나 서울 무악산 동봉에서 이곳 남산으로 이어지는 봉수를 3봉수라 했다.

　평안도 의주 땅 고정주에서 출발하여 해안을 따라 철산→정주→평양→안악→해주→개성을 거쳐 무악 서봉에서 이곳 남산으로 건너오는 봉수를 4봉수, 그리고 마지막으로 여수 돌산도에서 출발하여 순천→강진→영암→나주→공주→천안→수원을 지나 양천 개화산에서 남산으로 도착되는 봉수를 5봉수라 했다.

　봉수는 변방의 봉수대에서 봉화를 올리면 연이어 다음 봉수대로 이어져 최종적으로 이곳 남산에 있는 경봉수(京烽燧)로 전달된다. 경봉수에서는 날마다 이를 취합하여 병조(兵曹 : 국방부)로 보냈으며, 병조에서는 이를 다시 승정원(대통령 비서실)으로 보내고, 승정원에서는 최종적으로 국왕에게 보고 하였다. 또한 만약 변란이 발생하였을 경우에는 한밤중이라도 즉시 국왕에게 보고하게끔 되어 있었다.

이처럼 전국의 봉수를 최종적으로 취합하는 남산 5개의 봉수대에는 그 막중한 임무 때문에 120명의 봉군(烽軍)이 24시간 철야로 근무했으며, 만약 적이 출현 했는데도 봉화를 올리지 못했거나, 아니면 거짓 봉화를 올렸을 경우에는 즉시 목을 벨 정도로 봉수에 대한 기율은 대단히 엄격했다.

봉수대는 전국에 직봉 377개소와 간봉(間烽) 233개소를 합하여 모두 610개소가 있었다. 봉수는 원칙적으로 외적이 국경을 침범하면 거리에 관계없이 적어도 12시간 내외에 서울 경봉수에 도달하게 되어 있었다.

그러나 중종 때 이를 비밀리에 시험해 본 결과 국경에서 경봉수까지 도달하는데 자그마치 5~6일이나 걸리는 바람에 조정에서 큰 물의를 빚기도 했다. 실제로 조선 5백년 역사를 통하여 최대의 참화로 기록되는 임진왜란과 병자호란 때에도 봉수는 기대만큼 큰 역할을 못하여 늘 비판의 대상이 되고는 했다.

이러한 봉수제의 허실을 보완하고자 새로운 제도로 도입한 것이 파발제(擺撥制)였는데, 이 파발제는 정유재란이 발발하던 선조 30년(1597)부터 시작되었다. 파발제란 전국 각 요소에 역참(驛站)을 설치하고서 말과 역졸을 배치했다가, 긴급한 일이 발생하면 직접 달려가서 알리던 제도로 당시 중국에서는 이미 시행되고 있었다.

이때 말을 타고 달리는 것을 기발(騎撥)이라 불렀으며, 그 말을 일러 '파발마'라 했다. 또한 말이 없거나 말을 탈줄 아는 사람이 없을 경우에는 사람이 직접 달려가기도 했는데, 이를 가리켜 보발(步撥)이라 했다. 파발마는 긴급을 요했던 까닭에 주야(晝夜)로 달렸으므로 24시간에 약 300리 안팎을 달렸다.

파발마의 목에는 방울을 달고 뛰도록 했으며, 방울의 숫자는 완급에 따라 달랐다. 방울 3개를 달면 삼급(三急)이라 하여 초비상을 말하고, 2개를 달면 특급(特急), 1개를 달면 보급(普急)이라 하여 파발 중에는 가장 약한 편에 속했다. 파발은 적정의 현황을 폭넓게 알 수 있는 장점이 있는 반면에, 그 유지비용이 많이 드는 결점도 있었는데, 조선 후기에는 봉수제와 파발제를 함께 운영했다.

파발제의 도입으로 그 기능이 많이 약화 된 봉수제는 고종 대까지 이어지다가 갑오개혁이 일어나던 고종 31년(1894)에 폐지되어 역사의 뒤안길로 사라지고 말았다.

봉수대 터를 지나면 새로 복원된 나지막한 여장을 따라 계단길을 걷게 되는데, 케이블카 정류장을 지나 몇 걸음 더 내려가면 '남산 포토 아일랜드'가 나타난다. 남산 서북쪽 기슭에서 최고의 경관을 자랑하는 이 포토 아일랜드는 누에머리를 닮았다 하여 원래 '잠두봉(蠶頭峰)'이라 불리던 곳이다.

이곳 잠두봉에서 내려다보는 전망은 그냥 '뛰어나다'는 말로는 좀 부족하다.

조선 초 오늘날의 서울시장 격인 판한성부사를 지낸 정이오(鄭以吾)는 남산 팔경(南山八景)의 제1경으로 '운횡북궐(雲橫北闕)'을 꼽았다.

이는 남산에서 멀리 구름 속에 아른거리는 경복궁을 내려다보는 경치가 남산팔경에서 첫 손으로 꼽을만하다는 의미로, 그가 말했던 자리가 바로 이곳 잠두봉이다.

잠두봉을 지나 가파른 계단을 따라 10여 분 가량 내려가면 예전에 '남산 식물원'이 존재하던 터가 나오는데, 이 식물원 터가 바로 일제강점기 '조선신궁'이 자리하던 곳이다.

조선신궁이 자리했던 이 일대는 상선대(上仙臺)라 불리던 곳으로서, 이 무렵에는 이곳을 포함한 남산 서남쪽 일대가 '한양공원'으로 조성되어 있었다.

조선을 집어삼킨 직후부터 조선신궁 건립을 계획한 일제는 10여 년간의 치밀한 준비 끝에 1920년 5월 27일, 여의도 면적의 약 두 배에 해당하는 13만여 평 부지 위에 '지진제(地鎭祭)'라는 이름으로 신궁의 착공식을 거행한다.

공사가 시작되면서 그들은 이때까지 상선대 주변에 건재하던 성곽을 헐어다가 일부는 건물의 축대로 사용하고, 일부는 땅속에 묻어버리는 만행을 서슴지 않았다. 5년여에 걸친 공사 끝에 1925년 10월 15일 '진좌제(鎭座祭)'를 거행하니, 바로 신궁의 준공식이었다.

조선신궁에 모실 주신(主神)으로는 일본 건국신화의 주인공인 아마테라스 오미카미(天照大神)와 조선을 병탄할 당시 일왕으로 있다가, 병탄 2년 후에 사망한 일본의 메이지왕(明治王)이 결정되었다.

신궁 앞에는 상광장, 중광장, 하광장을 조성했으며, 각 광장 사이

▼
남산식물원 터에
세워졌던 조선신궁.
(서울역사박물관)

에는 돌계단과 참도(參道)를 만들어 조선민중은 나이 어린 학생으로부터 백발노인까지 빠짐없이 참배하도록 다그쳤는데, 이때 하광장은 힘없고 나약한 조선의 민초들과 어린 학생들 차지가 되었다.

신궁참배에 관하여는 당시 직접 참배를 행했던 친일파의 거두 「윤치호 일기」를 인용하는 것이 좀 더 생생할 것으로 판단되어 여기에 그 중 몇 장면을 옮겨본다.

1938년 9월 13일 화요일
오전 8시에 조선신궁에 갔다. 흥업구락부의 전( ) 회원 20여 명이 한자리에 모여 참배했다. 종로경찰서 관내에 있는 기독교 가정들은 놋쇠로 된 물건을 하나씩 거두어 조선군사령부에 제출했다. 모두 620종이 경찰서로 넘겨졌다. 경찰은 몹시도 기뻐했다.

1938년 10월 7일 금요일
오늘은 애국 행진이 예정되어 있었다.
오후 1시 30분 배재중학교 운동장에는 기독교 학교들의 전교생과 서울의 감리교 신도들이 모여들었다. 예배를 마친 후, 양주삼 박사가 앞장을 선 채 7천명 이상의 인원이 총독부 청사까지 행진해 천황과 총독 만세를 외쳤다. 미나미 총독이 군중에게 연설했다. 3시쯤 전 인원이 조선신궁을 참배했다. 저녁 8시에는 연사로 초청된 김대우 씨가 총회 대표들에게 '시국'을 주제로 강연했다. 나도 짤막한 강연을 했다.

1940년 10월 9일 수요일

조선연합청년단이 경성운동장에서 옥외집회를 거행했다. 미나미 총독이 임석한 가운데, 분열과 총검술 시범이 진행되었다. 청년들은 정오부터 시내 주요 도로를 거쳐 조선신궁까지 시가행진을 벌였으며 조선신궁 광장에서 종교행사를 가진 후, 1시 30분에 산회했다.

1943년 1월 1일 금요일

· 오전 10시 조선신궁에 가서 신년하례식에 참석했다.

날씨가 몹시 추웠다. 10시 50분쯤 하례식이 끝나자마자, 김활란과 함께 여느 때처럼 새해 인사차 총독 등을 방문했다. 이제 쇼와(昭和) 18년이 시작되었다. 모두들 기쁨과 환호 대신에 두려움과 불확실성 속에서 새해를 맞이했다.

조선민중에 대한 참배 강요는 점차 강도가 높아지는데, 통계에 의하면 신궁을 짓고 5년이 지난 1930년에는 38만여 명이던 참배객 수가 태평양 전쟁 말기인 1942년에는 자그마치 265만여 명으로 격증한다.

일제의 만행은 여기에서 그치지 않았으니, 남산마루를 지키고 있던 국사당의 강제 추방이었다. 그들이 이때 국사당 추방의 명분으로 내세운 것은 '대일본 제국의 시조신을 모신 신성한 신궁 위에 조선의 국사당이 존재하는 것은 불경하다'는 것이었다.

옛말에 '극성이 넘치면 반드시 망한다'더니, 이렇게 극성을 떨며 조선을 핍박하던 일제는 마침내 1945년 8월 15일 패망을 맞는다.

신궁 종사자들은 신궁의 앞날에 절망을 느낀 나머지 패망 다음 날인 8월 16일 이름조차 낯설은 '승신식(昇神式)'을 거행하는데, 승신식이란 신궁에 모시던 두 신을 하늘로 올려 보내는 의식을 말한다. 승신식에 이어 이들은 신궁 폐쇄를 결정하고, 다음 달인 9월 7일부터 10월 6일까지 한 달간에 걸쳐 태울 것은 태우고 부술 것은 부수어 해체를 마무리 한 다음, 철수를 단행하는 치밀함을 보인다.

조선신궁이 철거되고서 하나의 빈 터로만 남아있던 이곳에 식물원이 들어선 것은 그로부터 23년이나 지난 1968년 12월의 일이다.

'남산식물원'이라 불리던 이 식물원은 개관 당시엔 1호관 하나 밖에 없었으나, 그 후 꾸준히 증축되어, 1971년 9월에는 4호관까지 증설하게 되는데, 전성기 때 이 식물원의 규모는 대지면적 975평에 건축면적만 해도 826평이나 되었다. 또한 식재된 식물의 수량은 그 종류가 1,536종이었고, 본 수는 13,200본에 이르러 명실상부한 식물원으로 성장했다.

이렇던 남산식물원의 철거를 계획한 것은 시설의 노후 및 1990년대 초부터 시작된 '남산 제모습 가꾸기' 사업이 동기였다.

2006년 10월에 철거를 단행한 이 식물원 터에는 소나무가 심어졌고, 서울성곽이 지나갔을 것으로 추정되는 자리에는 볏섬 크기의 돌을 징검다리 형태로 늘어놓았다.

그 후 서울시에서는 백범광장을 비롯한 이 지역 전체를 서울성곽

복원 지역으로 설정한 다음, 2015년부터 공사에 들어갔다.

　본격적인 공사에 앞서 발굴조사를 하던 중 천만 뜻밖에도 이 터에서 귀중한 각자성석을 발견했는데, 그 성석에 새겨진 글자는 '柰字六百尺'의 다섯 글자였다. '柰'자는 천자문의 60번 째 글자로서 벗 '내'라고 읽으니, 이는 벚나무의 열매 '버찌'를 가리키는 말이다.

　천자문에 '과진이내(果珍李柰) 하고, 채중개강(菜重芥薑)'이라 했으니, '내'자 앞에는 오얏 '李'자가 있어야 맞는데, 이 오얏 '리'자를 찾으려면 이곳 식물원 터에서 바깥쪽 성벽을 따라 위로 올라가야 한다.

　산기슭을 따라 약 200여 미터 오르다 보면 성벽에 '李字終 柰字'라는 5자로 된 각자가 보이는데, 여기에 나오는 '李'자가 바로 식물원 터에서 발견된 '柰'자의 앞 글자이다.

　'이자종 내자'의 각자는 원래 '李字終 柰字始(이자종 내자시)'라고 새

▲
남산 바깥쪽 성곽의 위용.
옛날 식물원 터에서부터
성곽을 따라 팔각정이 있는
정상까지 이 모습을 하고
있다.

겨서 말미에 비로소 '시(始)'자 하나를 추가해야 뜻이 통한다. 즉, 이 말은 '李'자가 끝나고 '朶'자가 시작된다는 의미로 새겼다고 보아야 하는 것이다.

'이자종 내자' 각자성석 부근에 쌓여진 성곽은 더 할 수 없이 훌륭하다.

성곽의 안과 밖은 그 차이가 달걀의 흰자와 노른자만큼이나 큰 것이 일반적인 현상이지만, 이곳 남산성곽처럼 그 차이가 뚜렷하게 나타나는 곳도 드물다. 지척의 성벽 너머가 마치 딴 세상처럼 느껴지는 남산 성곽의 안과 밖은 직접 보지 않고는 실감하기가 어렵다.

시멘트를 섞어 복원한 안쪽 여장은 여염집 담장을 밑도는데 반해, 바깥쪽 체성은 창축 당시의 고고한 모습을 간직한 채 600여 년이나 버텨온 자태가 사뭇 경이롭기까지 하다.

산식물원 터 앞 '안중근의사광장'에는 그의 동상이 서있고, 그 뒤쪽에는 '안중근기념관'이 있는데, 지금의 기념관은 2010년 10월에 뒤쪽으로 살짝 물러서 지은 것이다.

일제강점기 조선신궁이 건재할 당시에는 안의사광장을 상광장이라 불렀고, 구 기념관 자리에는 '칙사관(勅使館)'이 자리했었다. 이 칙사관은 일본의 귀빈을 비롯하여 국내의 친일파들이 머물던 장소로 신궁 주변에는 이 건물을 포함하여 15개나 되는 크고 작은 건물이 있었다 한다.

일제의 패망과 더불어 이러한 건물이 헐리고 나서 20년 넘게 방치상태로 있던 이곳에 항일의 상징적 인물이며 국민적 영웅으로 추앙받는 안중근 의사의 기념관이 들어선 것은 1970년 10월 26일의 일이다.

굳이 이 날로 개관식을 거행한 이유는 안 의사가 이토를 척살한 날이 1909년 10월 26일이므로 하얼빈 의거 61주년 기념일에 맞추려 했기 때문이다.

연 건평 182평에 철근 콘크리트로 된 기념관은 지붕에 기와를 얹은 전통 한옥 형태로 지었는데, 이는 안 의사의 민족정신을 나타내고자 함이었다.

개관 이래 줄곧 '안중근의사 숭모회'에서 운영하던 구 기념관은 확장 필요성이 제기되어 구관(舊館)을 개관한지 40년 만에 새로운 모습으로 재탄생 된다.

하얼빈 의거 101주년 기념일인 2010년 10월 26일에 새롭게 문을

▲ 2010년 10월 26일 새로 건립된 안중근 기념관. 건물의 외형이 마치 수출항구에 쌓여 있는 컨테이너 박스와 흡사하다.

▲ 남산 안중근 구 기념관. 비록 규모는 작으나 새 기념관 보다 훨씬 멋있고 정감이 가는 건물이다.(안중근 기념관 제공)

연 신관은 대지가 1,750평이고, 연 건평 1,150평에 지상 2층 지하 2층으로 되어 있으며, 총 공사비 180억 원 중에서 146억 원은 국고에서 지출하고, 그 나머지는 국민성금으로 충당했다.

이처럼 구관에 비해 약 6배로 확장된 신관은 규모면에서는 구관과 비교가 안 될 정도로 크다. 하지만 기념관이 덩치만 크다고 해서 가치가 있는 것일까?

국민들은 새로 건립되는 이 기념관에 많은 기대를 가지고 기꺼이 모금운동에 동참했다.

그런데 막상 문을 연 새 기념관의 모습을 본 국민들의 실망은 이만저만 큰 게 아니었으니, 그것은 신관의 외형이 수출 항구에 쌓아놓은 컨테이너 박스와 흡사했기 때문이다.

이것이 과연 사형언도를 받고서도 여순 감옥 지하 감방에서 '大韓國人'의 기개를 잃지 않고, 일제에 의연하게 맞섰던 안 의사에 대한 온당한 대접일까 하는 의문이 든다.

기념관이란 그 기념관의 주인공이 살아생전에 추구하던 삶의 방향과 행적, 그리고 국적(國籍)에 걸맞게 건립하여야 함은 상식이다. 이러한 기준으로 본다면 비록 몸체는 작았을망정 전통 한옥 형식으로 지어진 구관이 신관보다 훨씬 더 정이 갔었다.

여기에 한 가지 더 짚고 넘어가자면 새로 세운 안 의사 동상에도 문제가 있는 것이다.

구 기념관에서 신 기념관으로 바뀔 당시 예전부터 이 자리를 지키고 있던 안 의사 동상을 철거하고 새로 세웠는데, 이 동상 역시 기념관과 오십보백보로 별 차이가 없다.

안중근은 하얼빈 의거 이듬해인 1910년 2월 14일 관동도독부 지방법원 형사법정에서 "나는 이토를 개인적으로 죽인 것이 아니라 대한의군 참모중장 신분으로 행한 것이다" 라고 당당하게 진술했을 정도로 의거 이전부터 의병대장으로 활동했던 사람이다.

따라서 그는 의사(義士)이기에 앞서 무인(武人)이었다.

▲ 안중근 의사 동상. 안 의사의 의기가 엿보이는 이 동상은 지금은 새 동상으로 교체되어 볼 수가 없다. (국가기록원)

▲ 구 동상을 철거하고 새로 세운 안 의사의 동상은 평범하고 나약한 젊은이의 모습으로 바뀌었다.

이러한 그가 이등박문을 척살할 때는 죽음을 뛰어넘는 비장한 각오를 했을 것임은 묻지 않아도 알 일이다. 그러므로 그의 동상에는 당연히 무인으로서의 풍모와 더불어 결연한 의지가 엿보여야 한다. 헌데 새로 세운 동상에는 전혀 그런 느낌이 없다.

무인의 풍모나 비장한 모습은커녕 오히려 나약한 젊은이의 모습으로 비쳐지고 있으니, 이는 안 의사를 기리고 영예롭게 하는 게 아니

▲ '견리사의 견위수명'의 어록비. 안중근의 어록비 중 가장 크다. 이 말의 뜻은 '이익을 보거든 의를 생각하고, 나라가 위태로우면 목숨을 바치라'는 의미이다.

▲ '국가안위 노심초사'. '국가의 안위를 생각하고 애태운다'는 말이다. 좌측의 손바닥 도장의 왼쪽 무명지가 짧은 것은 1909년 1월, 12명의 동지들과 '단지혈맹(斷指血盟)'을 맺을 때 무명지를 잘랐기 때문이다.

라 오히려 고인을 욕되게 하는 게 아닐까?

안중근 광장에는 동상 외에도 의사의 명언을 새긴 크고 작은 어록비(語錄碑)들이 숲을 이루고 있는데, 그 중에서 가장 눈길을 끄는 비는 '見利思義 見危授命(이익을 보거든 의를 생각하고, 국가가 위태로울 때에는 목숨을 바쳐라)'이라 새겨진 어록비이다.

높이 10m, 너비 2m에, 무게가 자그마치 33톤에 이르는 자연석으로 된 이 비는 국내에서 가장 큰 비에 속하는 것으로 알려져 있으며, 충북 단양 하선암 계곡에서 이곳 남산까지 운반하는 데만도 꼬박 3일이 걸렸다고 한다.

아마도 여기에 새겨진 '견리사의 견위수명'의 속뜻은 자신들의 사익(私益)을 위해서라면 물불을 가리지 않고 대드는 당시의 친일파들을 향한 안 의사의 질타였을 것이다.

이 어록뿐만 아니라 이 광장 자연 암석에 음각되어 있는 그의 어록은 모두 사형선고를 받은 뒤, 여순 감옥에서 집행 날짜를 기다리는 중에 위국충정에서 피를 토하는 심정으로 썼으리라 생각된다.

그렇다면 여기에서 안 의사가 이 어록들을 쓸 당시의 상황을 다시 한 번 살펴보자.

일제는 하얼빈 의거가 발생 된지 약 3개월 후인 1910년 2월 1일, 사건의 관련자인 안중근(安重根 : 1879~1910)과 우덕순(禹德淳), 조도선(曺道先), 유동하(劉東夏) 등 4명을 관동도독부 지방법원 형사부로 송치했고, 이들에 대한 선고 공판은 2월 14일 오전 10시에 동 법원 형사법정에서 열렸다.

당시 마나베 재판장은 검사의 기소 내용을 대부분 그대로 받아들여 안중근에게는 사형을, 그의 동지로서 의거를 도왔던 우덕순에게는 징역 3년을, 그리고 통역을 담당했던 조도선과 유동하에게는 각각 징역 1년 6개월씩을 선고했다.

안중근은 체포 된지 약 달포 가량 지난 1909년 12월 13일부터 자신의 옥중 자서전인 『안응칠 역사』를 쓰기 시작했는데, 「응칠」이란 안중근의 아명이다.

그로부터 약 3개월이 지난 1910년 3월 15일에 탈고된 이 자서전은 안중근의 순국(殉國) 후, 즉시 일제에 압수되어 유족에게 조차 전달되지 않고 한국통치의 극비 자료로만 이용된다. 그러나 여순감옥에서 이 원고를 읽어 본 일제 고위 관헌들은 그 내용에 크게 감동한 나머지 다투어 이것을 베꼈다고 전해진다.

『안응칠 역사』를 탈고한 안중근은 곧 바로 『동양평화론』집필에 착수했다.

하지만 사형확정 판결을 받은 몸으로 동양평화론의 집필을 마칠 수 있을지 의문이 들지 않을 수 없었던 안중근은 히라이시(平石) 고등법원장에게 "『동양평화론』을 쓰고 싶으니 가능하다면 사형 집행날짜를 한 달 정도만 연기해 주었으면 좋겠오"라고 부탁했다.

안중근의 요청에 히라이시는 "한 달이 아니라 몇 달이 걸리더라도 특별히 허가할 것이니, 아무 염려 마시오"라고 선선히 수락했다.

히라이시의 선선한 대답에 마음을 놓은 안중근은 항소를 포기하고 집필에만 전념한다.

이렇게 법적으로 보장된 항소권까지 포기하면서 『동양평화론』 집필에 매달렸으나, 간악한 일제는 그의 마지막 소원인 이마저도 외면했으니, 이것은 그가 남길 글의 내용이 두려웠기 때문이다.

안중근은 사형수로 여순 감옥에서 집행날짜를 기다리고 있는 동안 자신의 자서전인 『안응칠 역사』와 『동양평화론』 집필을 위해 혼신의 힘을 다했다.

그리고 틈틈이 자신의 신념과 철학이 담긴 휘호를 열심히 썼다.

당시 여순 감옥의 일본인 관원들은 사형을 앞두고서도 의연한 태도로 일관하는 안중근을 은근히 흠모한 나머지, 그가 쓴 휘호를 몹시도 탐냈는데, 그 중에서도 관동도독부 헌병 조장 '지바 도히치(千葉十七)'와의 인연은 각별했던 것으로 알려져 있다.

어느 날 지바가 안중근에게 "나는 일본의 헌병으로서 당신과 같은 훌륭한 분을 중대 범인으로 감시해야 한다는 사실이 너무나 괴롭습니다"라고 실토했다.

이에 안중근은 "아니오, 사람은 누구나 자신의 입장과 자신의 임무가 따로 있는 법이오. 나는 대한제국 의병 참모중장으로 이토를 죽인 것이고, 당신은 일본의 군인으로 주어진 임무에 충실하는 것이니 어찌 그것을 잘못이라 하겠소?"라는 말로 오히려 그를 위로했다.

그러던 어느 날 동양평화론 집필에 마지막 힘을 쏟고 있던 안중근에게 지바가 찾아와 "내일은 사형 집행이 이루어질지도 모릅니다"라고 귀띔해 준다. 그 말을 들은 안중근은 지바를 향해 "지바씨, 전에 당신이 부탁했던 휘호를 지금 씁시다"라고 말했다.

언젠가 그가 부탁했던 휘호를 떠올렸던 것이다.

상황이 여의치 않은 탓에 휘호 받기를 단념하고 있던 지바는 그 즉시 지필묵을 대령했고, 안중근은 침착한 자세로 써 내려갔다.

「爲國獻身軍人本分,
庚戌 三月 於 旅順監獄中 大韓國人 安重根 謹拜」
나라 위해 몸 바침은 군인의 본분이다.
경술년 3월 여순 감옥에서 안중근 삼가 씀.

자신이 그토록 흠모하던 안중근의 유묵(遺墨)을 받아 든 지바는 이것을 평생 가보처럼 간직했다. 그 후, 1921년 37세 때 헌병상사로 제대한 지바는 제대하자마자 안중근의 집을 찾았으나, 이미 그의 집은 풍비박산이 난 뒤여서 집터는 이미 쑥대밭으로 변해 있었다.

지바는 고향으로 돌아가 만년에 불치병을 앓으면서도 신단에 안중근의 사진과 유묵을 걸어 놓고 조석으로 향을 피워 안중근의 명복을 빌었다.

▲
여순 감옥에서 최후의
유언을 남기고 있는
안중근 의사.

　　1934년 지바가 50세의 나이로 병사하자, 그의 아내 기쓰요 또한 남편의 유지를 받들어 계속해서 신단에 안중근의 유묵과 사진을 남편 사진과 함께 모셔 놓고 두 사람의 명복을 빌다가 1965년 73세의 나이로 세상을 떠났다고 한다.

　　세상에 머물 시간이 그리 많지 않다는 것을 직감한 안중근은 어머니와 아내를 비롯한 가까운 가족 친지들에게 빠뜨리지 않고 편지 형식의 유서를 쓰고 나서 순국 전날 마지막으로 정근과 공근 두 동생을 면회한 자리에서 다음과 같은 「최후의 유언」을 남긴다.

　　"내가 죽은 뒤에 나의 뼈를 하얼빈공원 근처에 묻었다가 우리 국 권이 회복되거든 고국으로 반장(返葬)해 다오. 나는 천국에 가서 도 우리나라의 국권회복을 위해 힘쓸 것이다. 너희들은 돌아가서 동포들에게 대한 독립을 위하여 대동단결해 달라고 부탁해 다오. 대한 독립이 이루어졌다는 소리가 천국에 들려오면 나는 그곳에서 춤추며 만세를 부를 것이다"

그리고 마침내 1910년 3월 26일 아침이 밝았다.

이날 여순(旅順)에는 아침부터 추적추적 봄비가 내렸다.

전날 지바로부터 내일은 사형이 집행될지도 모른다는 귀띔이 있었기에 안중근은 아침부터 마음의 준비를 했다. 아내가 정성을 다해 지어 보낸 한복으로 갈아입은 안중근은 마지막으로 붓을 들어 시 한 수를 남긴다.

丈夫雖死心如鐵 장부수사심여철
義士臨危氣似雲 의사임위기사운
장부가 비록 죽을지라도 마음은 무쇠와 같고,
의사는 위태로움에 이를지라도 기운이 구름 같도다.

시를 끝내고 나자 그 즉시 안중근의 목에 밧줄이 걸린다.

1910년 3월 26일 오전 10시 15분이었고, 그의 나이 서른둘이었다.

'안의사 광장'을 지나면 최근에 성곽공원을 조성하면서 만든 인공터널을 지나 '백범광장(白凡廣場)'에 이르게 된다. 이곳이 백범광장이라 불리게 된 것은 백범 김구의 동상이 있기 때문이다.

김구 동상은 1969년 8월 23일 이곳 남산 야외음악당 광장에 세워지는데, 동상 건립 이후 백범의 동상이 있다 하여 '백범광장'이라 부르기 시작했던 것이다.

일제강점기 백범광장은 신궁 참배를 위해 만들었던 '중광장'에 해당되던 자리였다.

해방과 함께 신궁이 헐려진 후, 이곳 중광장은 방치상태가 된다.

그 후 해방 10년이 되는 1955년 3월 26일은 이승만 대통령의 80회 생일이었다. 이날 자유당 간부들을 중심으로 급조된 '이승만 대통령 제80회 탄신 경축중앙위원회'는 이곳 중광장터에다 이승만의 동상 건립을 제의했다.

일사천리로 밀어붙인 동상 건립은 그 해 개천절인 10월 3일에 착공하여, 이듬해 광복절인 8월 15일에 그 결실을 맺게 된다. 동상 제막식을 이날 거행한 이유는 이날이 제3대 대통령으로 당선된 이승만의 취임식 날이었기 때문이다.

▲ 남산 백범광장 자리에 세워졌던 이승만 동상. 동상의 전체 높이는 81척으로 당시 세계 최고의 높이를 자랑했었다 한다.(국가기록원)

　　3,000평의 건립부지에 총 공사비 2억 6백만 환(舊貨)이란 거액이
소요된 이 동상은 신장의 높이만 23.5척이고, 좌대를 포함한 전체 높
이는 자그마치 81척(약 25m)에 달했는데, 당시로서는 세계에서 가장 높
은 동상이었다고 한다.

　　동상의 높이를 군이 81척으로 한 까닭은 이승만 탄생 81주년이
되는 1956년 3월 26일을 의식한 것이었으나, 워낙 동상이 거대하다
보니 제작이 다소 지연되어 그로부터 5개월이 더 지난 8월 15일에 제
막식을 거행하게 된 것이다.

　　정부수립 이후 아직까지 의사당 건물이 없어서 고심하던 자유당
정권에서는 이승만 동상 건립에 이어 이번에는 이곳에 국회의사당 건
립을 계획한다. 1959년 5월 15일에 거행된 국회의사당 착공식에는 당
시 관행으로 굳어진 고교생들이 동원되었고, 군악대의 팡파르가 울

려퍼지는 가운데 화려하게 막을 열었다. 이때 자유당 인사들은 기초 공사를 벌이는 과정에서 육군 공병대의 불도저를 동원하여 신궁 건립 후, 일부 남아 있던 성곽마저 무자비하게 밀어버린다.

그러나 이 공사는 착공 이듬해에 일어난 4·19혁명으로 인해 공사 주체인 자유당정권이 무너지면서 주춤거리다가, 1961년 12월 군사 정권에 의해서 취소되고 만다.

이곳에 동상을 건립하고 국회의사당 건물의 착공식을 거행 할 때만 해도 자유당의 권세는 영원할 것처럼 보였으나, 착공식을 거행한 지 채 1년도 안 되어 자유당 정권은 무너지고, 이승만은 경무대에서 쫓겨나게 된다.

이승만이 경무대에서 쫓겨나자, 성난 군중들은 파고다공원에 있던 그의 동상을 쓰러뜨려 목에 밧줄을 걸어 길바닥으로 끌고 다니면서 '조리돌림'을 했으나, 정작 이승만 동상의 대표격인 이곳에 있는 동상은 감히 어쩌지 못했다.

동상이 워낙 거대하여 까짓 밧줄 따위로는 '썩은 새끼줄로 호랑이 묶기'와 진배없었던 것이다. 고심하던 당국은 4·19가 일어난 지 4개월이나 지난 8월 19일 중장비를 동원하고서야 겨우 이 동상을 철거했을 정도로 동상은 거대했었다.

이승만 동상이 철거된 자리에는 그로부터 3년이 지난 1963년 남산의 명물 야외음악당이 들어선다. 음악당의 규모는 무대 넓이만 해도 96평에 이르렀고, 2만여 명의 관객이 100m 밖에서도 들을 수 있는 음향장치가 설치되어 있었다.

당시 이 야외음악당에서는 음악회 뿐만 아니라 선거 때면 단골로 등장하는 각 정당의 선거 유세, 시민궐기대회, 종교대회, 그리고 학생들의 반공웅변대회 등 각종대회가 열렸다.

이밖에도 1969년 7월 20일에는 인류최초로 이루어진 암스트롱의 달 착륙 장면을 수만 명의 서울시민이 대형 스크린을 통하여 이곳에서 지켜보기도 했다.

이처럼 왕성하게 활동하던 야외음악당은 흐르는 세월과 더불어 뒷방 구석으로 밀려나던 끝에 마침내 그 생명을 다하고 마니, 그 날은 바로 5·18 하루 전 날인 1980년 5월 17일이었다.

▲
백범광장에 세워졌던
남산야외음악당 전경.
오른쪽으로
백범 김구의
동상이 보인다.
(국가기록원)

白범광장에는 위에 열거한 동상 외에 또 한 사람의 동상이 있으니 바로 독립운동가 성재(省齋) 이시영(李始榮)의 동상이다. 원래 이시영의 동상은 1986년 4월 17일 이시영 서거 33주기를 맞아 김구 동상에서 약간 떨어진 곳에 좌상(坐像)으로 건립되었다.

그러나 서울성곽 복원공사가 본격화 되자 이 동상은 김구 동상 곁으로 옮겨지는데, 막상 제막식은 2012년 4월 17일 '이시영 59주기 추모식'과 함께 거행되었다.

새로 제작된 동상 뒤쪽 화강암 병풍에 붙여진 오석(烏石)에는 독립운동에 몸 바친 이시영 6형제의 이야기가 상세하게 적혀 있다. 이때 6형제를 앞에서 이끈 사람은 이시영의 바로 윗 형인 우당(右堂) 이회영이다. 그러면 여기에서 잠시 이회영과 이시영을 중심으로 이들 형제들의 행적을 들여다보기로 하자.

이회영(李會榮)은 1867년 음력 3월 17일 서울 중구 저동(苧洞)에서 이조판서 이유승(李裕承)의 6남 5녀 중 넷째로 태어났다. 이회영의 10대 선조는 임진왜란 당시 무려 다섯 번에 걸쳐 병조판서를 역임하며 국난 극복에 앞장섰던 백사(白沙) 이항복(李恒福 : 1556~1618)이었으며, 백사 이후로도 내리 8대에 걸쳐 정승·판서를 배출했을 정도로 그의 집안은 삼한갑족(三韓甲族)의 명문가였다.

이회영은 명문가의 후예답게 어린 시절부터 서당

▲ 우당 이회영. 우당은 일제가 조선을 집어 삼키던 1910년 말 6형제의 가족 60여 명을 이끌고 만주로의 망명을 주도했다.(우당기념관 제공)

▲
남산 백범광장에 세워진
성재 이시영의 동상.
이시영은 그의 6형제
모두가 한·일 합방
후 만주로 망명하여
독립운동에 정진하던 중
그 중 5형제가 해외에서
유명을 달리하고,
이시영 혼자만이
살아 돌아와
초대 부통령을 지냈다.

에서 한학을 수학하였고, 서양문물이 밀려들어오자, 신학문의 필요
성을 절감한 나머지 수학, 역사, 법학 등을 공부하여 선각자의 길로
들어선다.

하지만 그가 학문을 익혀 벼슬에 뜻을 둘 무렵, 일본을 비롯한 유
럽의 열강들이 한반도를 넘름거리며 거센 바람을 일으키기 시작했다.
과거에 급제하여 입신양명을 꿈꾸던 이회영은 혼란스러운 정국을 바
라보며 벼슬길로의 꿈을 일찌감치 접어버린다.

이회영은 1905년 을사늑약이 체결되자 나인영, 기산도 등과 함께
을사오적의 척살을 모의했으나, 그만 불운하게도 실패로 끝나게 된다.
그는 늑약이 체결되던 이듬해에 부친을 여의고, 다음 해인 1907년에
는 조강지처(달성 서씨)마저 잃는 아픔을 겪는데, 이회영은 이 와중에도
집안의 노비를 해방시키는 파격적인 조치를 단행한다.

그는 1907년 고종에게 헤이그 만국평화회의에 대표를 파견할 것을 건의하여 '대한제국 황제 신임장과 친서'를 궁내부대신 조정구를 통해 받아내어 블라디보스토크에 망명 중인 이상설(李相卨)에게 전달한다.

신임장을 받아 든 이상설은 이준(李儁), 이위종(李瑋鍾)과 합류한 후, 헤이그 만국평화회의장에 참석하려 했으나 일본의 방해로 실패하게 된다.

이를 계기로 이회영은 상동학원을 거점으로 이동녕(李東寧), 전덕기(全德基), 양기탁(梁起鐸) 등과 함께 최초의 독립운동 비밀결사체인 신민회(新民會)를 조직했다.

독립운동을 위해서는 가정의 안정이 급선무라고 생각한 그는 1908년 10월, 이덕규(李悳珪)의 무남독녀 이은숙(李恩淑 : 1889~1979)과 한국 최초로 신식 결혼식을 올린다. 이때 이회영은 이미 자녀가 3남

▶
1910년 일본의 강제
병탄으로 나라를 빼앗기자,
일가의 집단 망명을
결의하는 이회영 6형제.
(우당기념관)

매나 딸린 42세의 중년 홀아비였고, 신부 이은숙은 명문 사대부가의 스무 살 처녀였다.

이회영은 1910년 8월, 경술국치를 당하자 국권을 되찾기 위하여 해외 망명을 결심한 후, 그 해 12월 어느 날, 6형제 모두가 참석한 가족회의를 열어 6형제 가족 전체가 만주로의 망명을 결의한다.

형제들은 장남 건영(健榮)만은 국내에 남아 조상의 제사를 받들고 선산을 지켜야 한다고 주장했으나, 건영은 이에 반대하며 비장한 어조로 자신의 결심을 밝힌다.

"나라가 있어야 조상도 있고 제사도 있는 것이지, 나라가 이미 없어진 마당에 조상의 봉제사(奉祭祀)가 무슨 의미가 있단 말인가. 아마도 조상의 신령들께서도 내 뜻을 아실 것일세."

이에 6형제의 가족 모두가 떠나기로 결의하니, 전체 인원이 60여 명이나 되었다.

가족이 이처럼 많았던 이유는 부리고 있던 노비를 포함했기 때문이다. 회의에서는 노비들의 행동은 각자 자유의사에 맡기기로 했으나, 주인과의 정리로 따라나서는 노비들이 많았던 것이다.

6형제의 재산을 모두 처분하자 당시의 화폐로 약 40만 원에 달했는데, 이를 현재 화폐가치로 환산하면 대략 1,000억 원을 상회하는 엄청난 금액이었다.

집과 재산을 처리한 이들 대가족은 1910년 12월 30일 아침 서울을 떠나 밤 9시 경에서야 신의주에 도착했다. 그날의 상황이 우당의 부인 이은숙의 자서전 『서간도 시종기』에는 다음과 같이 나와 있다.

국경이라 왜경의 경비가 철통같이 삼엄하지만 새벽 3시쯤에는 안심해도 좋은 때다. 중국노동자들이 빙판 위로 끌고 가는 썰매를 타고 건너편 강 언덕에 내려 약 두 시간 만에 중국 땅 안동현에 도착했다. 그곳에서는 이동녕씨 매부 이천구씨가 마중 나와 우당장(남편 우당 이회영의 높임 말)이 미리 거처를 마련한 집으로 안내했다. 우리 시숙 영석장(이회영의 둘째 형인 이석영을 지칭)이 미리 와서 기다리고 계시다가 우리를 보고 "무사히 강을 넘어 참으로 다행이다"라고 말씀하셨다.

안동현에서 하루를 쉰 60여 명의 대가족은 10여 대의 마차에 분승하여 그곳에서 5백 리나 떨어진 횡도촌(橫道村)을 향해 출발했다.

매일 새벽 4시만 되면 길을 재촉했어도 눈 쌓인 산길에 속도를 내기가 어려워 횡도촌을 거쳐 최종 목적지인 추가가(鄒家街)에 도착한 것은 서울을 떠난 지 약 한 달만이었다. 이곳에서의 험난했던 생활을 이은숙은 그의 자서전에서 이렇게 회고했다.

이곳은 첩첩산중인지라 농사는 옥수수와 좁쌀 두 태뿐이고, 쌀은 2~3백리나 떨어진 곳에나 있으므로 제사 때나 되어야 구경하게 된다. 어찌나 쌀이 귀하던지 아이들은 이 쌀로 밥을 지으면 '좋다밥'이라 했다. 그곳 사람들의 모습이 너무나 무섭게 생겨 다가가기가 겁날 지경인데, 그들은 오히려 우리가 저희들을 치러 왔다고 수군댔다.

난관은 여기에서 끝나는 게 아니었으니, 그것은 현지인들의 반응이었다. 이들은 전에 이곳에 온 조선인들은 적수공권 맨주먹으로 화전 밭이나 일궈 먹었는데, 이번에 도착한 일행은 한 눈에 보아도 귀족으로 보이는데다 수십 대의 마차로 살림살이와 군기(軍器)까지 실어오는 것을 수상하게 여긴 나머지, 일본의 밀정으로 의심하여 유하현에 고발해 버린 것이다.

이에 유하현청은 군·경 수백 명을 동원하여 가택수색을 단행한다. 황당해진 이회영은 상황을 설명하려 했으나 말이 통할 리 없었다. 도리없이 필담을 나눈 끝에 겨우 설득시키니 그제야 오해가 풀린다. 그러나 넘어야 할 산은 이뿐만이 아니었다.

중국에 귀화하지 않으면 집과 토지를 구입할 수 없음은 물론, 조선인들에게는 생필품조차 도 판매를 거부했다.

이회영은 이에 대한 확실한 대책을 강구하고자 석주(石洲) 이상룡(李相龍 : 1858~1932년)을 찾았다. 경북 안동 출신으로 영남의 유림계(儒林系)를 이끌고 있던 이상룡은 집과 재산을 정리하여 가족 전체를 이끌고 망명을 단행, 이회영의 이웃에 살고 있었던 것이다.

이상룡은 자신의 가족뿐만 아니라 그의 처남 김대락(金大洛 : 1845년 ~ 1914년)의 가족까지도 함께 망명했으며, 훗날 상해 임시정부가 수립되자 임정의 국무

▼
신흥무관학교 졸업생들은 한국광복군 창설에도 많은 기여를 했다. 사진은 1940년 9월 광복군사령부 앞에서 찍은 것이다. (경희대 민주동문회 제공)

령을 역임한 우리독립운동사의 중추적인 역할을 행한 사람이다.

이상룡을 대동한 이회영은 진작부터 부친 이유승과 친교가 깊던 중국의 실력자 원세개를 만나서 상황을 설명했다. 이회영 일행이 일제와 싸우기 위해 만주로 오게 된 내막을 알게 된 원세개는 동삼성(東三省) 총독으로 하여금 이회영을 위시한 조선의 망명객들을 적극 돕도록 했고, 이후부터는 일이 한결 수월해졌다.

그 후 이회영은 이동녕 장유순과 함께 경학사(耕學社)를 조직하고, 이상룡을 초대회장으로 추대했다. 경학사에서는 낮에는 농사를 짓고 밤에는 공부를 가르치는 한편, 틈나는 대로 군사훈련을 행하였다. 말하자면 독립군 종합양성소였던 셈이다.

경학사를 세운 이회영은 이듬해인 1912년 독립군 사관학교에 해당하는 신흥무관학교(新興武官學校)를 창설한다. 이후 신흥무관학교는 1920년 폐교될 때까지 3,500여 명의 독립군 간부를 양성하여 봉오동과 청산리대첩을 이끌었으며, 이외에도 이 학교 출신들은 수많은 무장독립투쟁을 주도적으로 이끌었다.

이어서 이회영은 1918년 국내동지들과 국권회복 방략을 협의하고, 고종의 망명을 추진했다. 이때 고종의 지시로 민영달로부터 5만 원을 받아 북경에다 고종의 거처까지 마련했으나, 일제가 고종을 독살하는 바람에 수포로 돌아가고 만다.

이회영은 1919년 3월 고종의 국장(國葬)을 계기로 조선의 독립선언을 계획하고 다음 달인 4월 상해 임정 수립에 참여했으나, 임정이 출범도 하기 전에 내분을 일으키자 실망하여 북경으로 돌아간다.

O 무렵 북경 '후고루원'에 있는 이회영의 누추한 전셋집은 독립
지사들의 본부 역할을 했다. 당시 이회영의 집에 자주 모인 사
람들의 면면을 살펴보면, 신채호, 안창호, 김창숙, 조소앙, 김원봉, 김
규식, 류자명, 김종진, 박용만 등 우리 독립지사들 중 알만한 인물들
은 거의 다 모였다.

　이토록 많은 독립지사들이 드나들다 보니 거기에 소요되는 비용
이 큰 문제였다. 만주로 망명할 때 지니고 왔던 자금은 이미 바닥을
드러낸 지 오래여서 이회영 자신도 굶기를 밥 먹듯 하는 처지였다. 동
지들은 하루가 멀다 하고 찾아오는데 대접할 음식이 없으니, 그보다
딱한 일도 없었다.

　독립투사들의 생활고야 오늘날의 노숙자보다 더한 경우가 많았
으며, 누구를 막론하고 그 상황이 오십보백보였지만 삼한갑족의 후
예로 살아온 이회영의 처지는 더욱 딱했다. 심산 김창숙은 당시 이회
영의 극난했던 형편을 이렇게 회고했다.

　우당은 생활형편이 극난한 형편이었지만 조금도 버색하지 않아
나는 매우 존경하였다. 하루는 우당의 집으로 찾아가서 공원에
나가 바람이나 쇠자고 청하였더니 거절하였다. 그의 얼굴을 살펴
보니 자못 초췌한 빛이 역력했다. 의아한 생각이 들어 우당의 아
들 규학에게 까닭을 묻자, "이틀이나 밥을 짓지 못하였고, 의복
도 모두 전당포에 잡혔습니다. 아버지께서 밖에 나서지 않으시
려는 것은 입고 나갈 옷이 없기 때문입니다" 라는 대답에 나는

깜짝 놀라 주머니를 털어 땔감과 식량을 사오고 전당포에 잡힌 옷도 찾아오게 하였다.

이회영은 1922년 이정규, 류자명 등과 더불어 새로운 독립운동 방책으로 아나키스트 운동을 채택하고 북경대학의 루쉰(魯迅)과의 연대를 모색했다. 그리고 2년이 지난 1924년에는 김원봉의 의열단을 후원하는 한편, 백정기, 이정규 등과 더불어 '재중국조선무정부주의자연맹'을 결성했다.

이듬해에는 백정기, 정화암 등과 함께 상해에서 비밀행동 단체인 흑색공포단을 조직, 천진에서 군수물자를 적재한 일본 해군의 기선을 폭파하여, 일인들을 공포에 떨게 했다.

1932년 가을 이회영은 중국국민당의 지원을 받아 만주에 새로운 독립운동 기지를 확보하고, 관동군사령관 무토 노부요시(武藤信義) 대장을 암살해 침체된 독립운동의 활력을 불어넣고자 만주로 가기로 결심했다. 당시 만주는 일제의 점령 하에 있었고, 윤봉길의사가 일으킨 상해 의거의 배후로 흑색공포단을 지목하여 이회영을 체포하려 혈안이 되어 있었으므로 주변에서는 극력으로 말렸다.

이에 이회영은 "세상에 태어나서 자신이 바라는 목적 달성을 위해 죽는다면 그보다 보람찬 일이 어디에 있겠는가?"라며 자신의 뜻을 굽히지 않았다.

만주로 떠나기 전 이회영은 근처에 살고 있는 둘째형 석영을 만나러 갔는데, 이때 석영은 둘째 아들 규서와 임정요인 엄항섭의 처조카 연충렬과 함께 있었다. 평생을 혁명가로 살아 온 탓에 보안의식이 몸에 밴 이회영이었으나, 그 자리에 의심할 만한 사람은 단 한 사람도 없는지라 자신의 계획을 사실대로 털어 놓는다.

그러나 일제의 밀정으로 활동하던 규서와 연충렬은 이를 듣는 즉시 일경에 밀고했다.

그리하여 이회영은 대련항에 도착하여 땅도 밟아보기 전에 배안에서 검거되어 대련항 수상경찰서로 압송되었고, 그곳에서 일경으로부터 혹독한 고문을 당한다.

험난한 독립운동의 길을 걸으면서 쇠약해질 대로 쇠약해진 이회영은 일경의 악독한 고문을 이겨내지 못하고 그곳 유치장에서 순국의 길을 걸으니, 그날은 고국을 떠난 지 스물 세 해째에 이르는 1932년 11월 17일이었고, 향년 66세였다.

이회영이 순국하자 독립진영에서는 그 밀고자를 찾아내는데 총력을 기울인 끝에 마침내 범인을 찾고 보니 어이없게도 이회영의 조카 규서와 연충렬로 밝혀졌다.

이에 엄순봉(嚴舜奉 : 일명, 엄형순 : 1906~1938), 백정기, 정화암 3인의 의사가 합세하여 그 둘을 처단하고, 다시 2년 후에는 그들의 배후 이용노를 엄순봉과 이회영의 3남 규창이 합세하여 처단했다. 사건 후 엄순봉과 규창은 일경에 체포되어 엄순봉은 사형을, 규창(1913~2005)은 나이가 어리다는 이유로 13년형을 선고 받았다.

훗날 규창의 회고에 의하면 이때 엄순봉은 아무 일도 없었다는 듯이 오히려 규창을 위로하면서 "너는 오늘 재판에서 무기징역만은 안 되기를 바란다. 나는 이미 사형을 각오한 바이므로 내 마음은 평안하니 나에 대해서는 조금도 염려 말아"라고 했다고 한다.

그로부터 2년의 세월이 더 흐른 1938년 4월 9일, 엄순봉은 서대문 형무소에서 형장의 이슬로 사라지고 마니, 그의 나이 꽃다운 서른셋이었다.

당시 엄순봉의 형을 집행한 담당 형리의 말에 의하면, 그는 형장으로 끌려가는 최후의 순간에도 당황하거나 초조해 하는 기색을 전혀 보이지 않았으며, 마지막으로 "대한만세"를 세 번 외치고 죽음을 맞았을 정도로 엄순봉은 독립운동가 중에서도 보기 드문 남아였다.

한편, 일경의 고문으로 순국한 이회영의 유해는 일경의 강압에 의하여 현지에서 화장을 마친 후, 딸 규숙(당시 23세)에 의해 선산이 가까운 개성 인근의 장단으로 송환된다. 유해가 도착되던 11월 28일 장단역에서 남의 창고를 빌려 가족 친지와 동지 수백 명이 지켜보는 가운데 영결식을 거행한 이회영의 유해는 개풍 선산에 안장되었다.

또한 이회영의 미망인이며 평생 동지였던 이은숙은 해방 후 『서간도 시종기』를 편찬하여 독립운동가들과 그 가족들의 피맺힌 삶을 세상에 알리고서, 1979년 향년 91세를 일기로 영면했다.

현재 이회영과 이은숙 두 부부의 유해는 '동작동 국립현충원' 애국지사 묘역에 합장되어 있다. 그리고 이들 합장묘 옆에는 일제의 밀정 이용노를 처단하여 형무소에서 온갖 고초를 겪다가 1945년 해방을 맞아 풀려난 아들 규창과, 아버지를 따라 험난한 독립운동가의 길을 걸었던 딸 규숙.장해평 부부도 함께 잠들어 있다.

이시영은 이회영의 '제밀동생'으로 1868년 12월 3일 중구 저동에서 태어났다.

그는 형 이회영과는 달리 일찍부터 벼슬길에 나아가 을사늑약 이듬해인 1906년 평안도 관찰사에 부임하여 서양식 근대 학교 설립과 구국 계몽운동에 앞장섰다. 그 후 한성재판소 소장 등을 역임했으나, 일제가 조선을 병탄하자 주저 없이 관직을 던져버린다.

1910년 12월, 일가 전체가 만주로 망명할 때 행동을 함께하여 형제들과 더불어 독립운동에 매진하던 중, 상해 임시정부가 출범하자 그곳으로 가서 임정의 법무총장과 재무총장을 맡는다. 임정에서 독립운동에 매진하던 이시영은 1945년 8·15해방을 맞아 임시정부 국무위원 자격으로 환국, 건국에 참여하여 초대 부통령에 오른다.

이시영은 만주에 있던 신흥무관학교의 정신을 살리고자 1947년 2월 '신흥전문학관(新興專門學館)'을 개관 하였다. 이 학관은 6·25전쟁을 겪고 나서 재정난을 겪다가 배영대학관과 통합하는데, 이 학교가 바로 지금의 '경희대학교'이다.

이시영은 1950년 6·25가 발발하자 피난 정부를 따라 부산으로 내려갔으며, 1951년에 벌어진 국민방위군 사건처리를 지켜보면서 이승만 독재정권에 실망하여 그 해 5월 부통령직에서 물러난다. 그는 1952년 5월 제2대 대통령 선거에서 민주국민당 대통령 후보로 입후보 했다가 낙선한 후, 정치에서 손을 떼고 경남 동래로 낙향해 버린다.

이곳에서 조용하게 노후를 보내던 이시영은 1953년 4월 17일 "남북통일을 보지 못하고 눈을 감는 게 너무나 한스럽다"는 유언을 남기고 눈을 감으니, 향년 86세였다.

　이시영의 장례식은 고인의 위상과 공적에 걸맞게 국민장의 예우를 갖춰 동래에서 9일장으로 치러진 후, 특별 열차 편으로 서울로 운구, 정릉에 예장(禮葬)하였다가 1964년 수유동 북한산 자락에 안장된다.

　그의 6형제는 일제가 조선을 병탄하던 1910년 만주로 망명하여 조국의 독립을 위하여 애쓰던 중, 5형제가 이국(異國)의 하늘 아래서

▼
해방 후
신흥전문학원(경희대학교
전신) 설립을 자축하기
위해 모인 신흥학우단.
앞줄 중앙에 흰 두루마기
입은 사람이 설립을
주도한 이시영이다.
(우당기념관)

잠들고 오직 이시영만이 살아서 돌아왔다. 그때 죽은 형제들 중에서 둘째 석영과 여섯째 호영의 죽음은 넷째 회영의 죽음과 우열을 가리기 힘들만큼 비참했다.

망명 당시 둘째 석영(李石榮 : 1855~1934년)은 형제들 중 가장 많은 재산을 내놓았는데, 그가 이토록 많은 재산을 내어 놓을 수 있었던 데는 사연이 있었다.

고종 때 영의정을 지낸 가곡대신 이유원은 양주 일대에 자그마치 2만석지기(약 2백만 평)에 달하는 광대한 토지를 소유하고 있었다.

황현의 매천야록에 따르면 당시 이유원이 소유했던 땅은 그의 별장이 있는 양주 가오실(현 남양주 화도읍 가곡리)에서 한양에 이르는 80리에 걸쳐 있었는데, 항간에서는 그가 한양을 왕래할 때면 남의 땅을 단 한 뼘도 밟지 않아도 된다는 소문이 나돌았다고 한다.

헌데 그에게는 적자(嫡子)는 한 명도 없고 세 명의 서자만 있었으니, 당시의 법도는 서자는 아무리 특출해도 가계를 이을 수가 없었다.

이때 그의 양자로 들어가는 행운을 잡은 사람이 바로 이유원의 친척 조카뻘 되는 석영이었는데, 망명 당시 석영은 양부로부터 물려받은 그 많은 땅을 단 한 평도 남기지 않고 송두리째 내놓았다.

이렇게 되어 6형제는 거금을 지니고 망명했으나, 시루에 물붓기와 진배없는 독립운동을 하다 보니, 단 얼마 지나지 않아 그 많던 재산은 파도에 모래알 흩어지듯 흔적도 없이 사라지고 말았다.

내일을 기약할 수 없는 독립운동에 매진하다 보니 형제들은 뿔뿔이 흩어지게 되었고, 어찌어찌 하다 보니 석영은 노후에 '상해'로 흘러들어가게 되었다. 결국 알거지 신세로 전락한 그는 80나이에 상해 빈민가를 떠돌다 그곳에서 굶어 죽었다고 한다.

2백만 평이면 1년에 2만 평씩 판다고 쳐도 100년을 버틸 수 있고, 한 해 동안에 생산된 2만 석(4만 가마)의 곡식만 해도 혼자서는 능히 12,000년을 먹을 만한 엄청난 양이다.

그런데 이토록 대단한 거부(巨富)가 그 많은 재산을 조국의 독립을 위해 남김없이 바치고서 만리타국을 떠돌다가 결국엔 굶어죽었다고 하니, 너무나 기가 막혀 말이 안 나온다.

또 형제중의 막내 호영(李護榮 : 1875~1933)은 아들 규황과 규준을 포함한 3부자가 함께 북경에서 독립운동에 정진하던 중 석영이 굶어죽기 한 해 전인 1933년 실종되는데, 이 역시 일인들의 소행으로 추정되고 있다. 이리하여 호영 3부자는 시신도 없는 죽음을 맞고 말았으니, 그들 3부자의 원혼은 아직도 북경의 하늘을 맴돌고 있을 것이다.

이들 6형제의 이야기는 불과 얼마 전까지만 해도 세상에서 별로 관심을 두지 않았으나, 최근 들어 이들의 행적이 구체적으로 알려지면서 이제는 '노블레스 오블리주(noblesse oblige)'의 표상으로 자리 잡았다.

O곳 백범광장과 아동광장 일대는 말 그대로 '상전벽해(桑田碧海)'
라는 말이 어울릴 만큼 엄청나게 변했다.

안 의사 광장과 백범광장 사이에는 70m 길이의 인공터널을 만
들어 위를 덮었고, 백범광장에서부터 예전 아동광장이라 불리던 곳
까지는 성곽을 복원하고 새로 공원을 조성하여 완전히 딴 세상으로
만들어 놓았던 것이다.

일제가 남산 회현 자락에 조선신궁을 지으면서 파괴한 성곽의 길
이는 전체 훼손된 구간 중에서 가장 긴 770m에 달한다. 서울시는 이

▼
남산 아동광장터는
성곽공원을 만들어
완전히 상전벽해 만큼이나
변했다.

중에서 성곽유구가 드러난 130m는 원형으로, 훼손이 심해 유구가 없는 109m는 성곽의 흔적을 나타내는 성곽선만 그려 넣었다.

　이곳에 새로 쌓은 성곽은 다른 구간에서는 보이지 않는 편마암 (片麻岩)으로 꽤나 산뜻한 느낌을 주고 있으나, 남산지역에 남아있는 원 성곽과는 너무나 차이가 심해서 약간 낯설게 까지 느껴진다. 또한 새로 조성한 잔디 중심의 공원에는 조경수가 별로 없는 까닭에 여름철에는 햇볕을 피할 방법이 마땅찮다는 게 좀은 아쉽기도 하다.

　지금은 성곽공원이 조성되어 우리에게 휴식과 위안의 장소로 변신한 이곳은 조선신궁이 건재할 무렵에는 하광장이라 불리던 곳이다. 뿐더러 그 하광장 남쪽 진입부에는 신궁과 더불어 우리 국민들에게 원망과 질시(疾視)의 대상으로 군림했던 '황국신민서사탑(皇國臣民誓詞塔)'이 자리했던 곳이기도 하다.

　해방 후, 이 탑은 그 즉시 파괴되어 방치 상태로 있던 중, 1960년대 어린이놀이터를 조성하면서 아예 땅속으로 묻어버렸다.

　그런데 서울성곽 복원을 위해 그 유구터를 발굴하다가 뜻밖의 대어를 낚았으니, 바로 이곳에서 '황국신민서사지주'의 기단석이 발견된 것이다.

▼
황국신민서사탑.
우리 조선 민중에게
일왕에게 충성맹세를
강요하던 탑이다.
남산 예전 아동광장
초입에 있었다.
(서울역사박물관)

일제강점기 황국신민서사탑 보다도 훨씬 더 오랫동안 우리국민을 괴롭혔던 조선신궁은 '승신식'까지 거행하며 그들 스스로가 철거하게 내버려 두고, 이곳에 있던 황국신민서사탑만을 파괴한 것을 보면 세상일은 이해할 수 없는 게 너무나 많다.

일제강점기를 직접 겪지 않은 사람들에게는 꽤나 낯설게 느껴지는 이 '황국신민서사'란 우리 국민들에게 일본 국왕을 향하여 충성 맹세를 강요하던 문구이다.

일제는 각종 학교의 조회를 비롯하여 모든 공식적인 행사에는 반드시 이 황국신민서사를 먼저 외우고 나서 행사를 시작했는데, 그 내용은 다음과 같다.

1. 우리는 황국의 신민이다. 충성으로써 황국에 보답하자.
2. 우리 황국신민은 신애협력(信愛協力)하여 굳게 단결하자.
3. 우리 황국신민은 인고단련(忍苦鍛鍊)하여 힘을 길러
   황도(皇道)를 선양하자.

당시 일제가 내선일체(內鮮一體)를 부르짖으며, 강제로 외우게 했던 이 황국신민서사를 기획하고 문안을 초안했던 사람은 일제의 충견(忠犬)으로 이름을 떨치던 이각종(李覺種, 일본식 이름은 靑山覺鍾 : 1888년~1968년)이란 인물이다.

고향을 대구로 둔 이각종은 일찍이 보성전문학교(고려대 전신) 법과를 졸업한 뒤, 일본의 와세다 대학교 문학과에서 수학했다고 하니, 시쳇말로 '엘리트'에 속하는 인물'이었다.

귀국 후 그는 모교인 보성전문학교에서 법률 강사로 명성을 쌓은 뒤, 김포군수로 임명되었으나 병으로 사임하고 만다. 1919년 3·1 만세운동의 뒤처리를 지켜보면서 그는 이처럼 어리석은(?) 투쟁으로 인한 희생이 반복되어서는 안 된다고 생각하고, 이를 막기 위해 자신의 나머지 생애를 바치기로 결심했다고 한다.

이후 그는 황국신민화를 위한 강연과 글을 열심히 발표하였으며, 1936년 2월에는 친일파로 전향한 자들의 모임인 '백악회(白岳會)'를 조직했다. 그리고 1937년부터 1939년까지 조선총독부 학무국 촉탁공무원으로 근무하는데, 그가 황국신민서사를 기획한 것은 바로 이 무렵이다.

이각종이 초안한 황국신민서사는 또 한 사람의 친일파인 김대우의 손을 거쳐 1937년 10월 2일 당시 제7대 조선총독으로 재직하던 미나미 지로(南次郎)가 결재함으로써 공식화 되었다. 다시 말해서 황국신민서사의 창안자가 이각종이라면 이를 수정 보완하여 미나미 총독으로 하여금 수용하도록 만든 사람은 김대우라는 얘기다.

　이때부터 이각종은 시국강연회에 참석하여 국민정신총동원과 내선일체를 적극 선전하면서 일제가 주는 감투를 가리지 않고 받아 쓰는데, 이 중 몇 개만 옮겨본다.

　1938년 조선방공협회 경기도 연합지부 평의원을 시작으로, 국민정신총동원 조선연맹 상무이사, 조선임전보국단 발기인 및 평의원 등 수많은 감투를 거쳐 1943년 국민총력조선연맹 위원을 역임하는 것을 끝으로 해방을 맞는다.

　이각종은 정부수립 이듬해인 1949년, 반민특위에 체포되었으나, 재판 과정에서 일본의 패망 때문에 받은 충격으로 정신이상이 된 것으로 판정되어 풀려난다. 그 후 그는 81세까지 장수를 누리다가 1968년에 생을 마감한 것으로 전해진다.

　이각종과 함께 황국신민서사를 위해 목숨을 걸다시피 한 김대우

(金大羽)의 친일 행각(行脚)은 이보다 한술 더 뜨는데 내친김에 그의 인생역정도 한 번 살펴보자.

김대우는 1900년 7월, 평안남도 강동에서 출생했다.

1913년 고향에서 강동보통학교를 마친 김대우는 서울로 자리를 옮겨 1917년 경성고등보통학교를 졸업했다. 그 2년 후, 경성공업전문학교(서울공대 전신)에 재학 중 3·1운동에 참여하였고, 이 일로 일경에 체포되어 징역 7개월을 선고받았다.

복역 도중 집행유예로 풀려 난 김대우는 1921년 경성공전을 마친 뒤, 일본으로 건너가 4년 만에 규슈 제국대학 공학부를 졸업했다.

그는 1928년 2월 조선총독부 내무국 소속 서기를 시작으로 공직의 첫발을 딛는다. 비록 말단 관리의 길로 들어섰으나, 그 후 김대우는 믿을 수 없을 만큼 고속승진을 거듭하는데, 아마도 그가 친일의 길로 들어선 것은 앞뒤 정황으로 보아 3·1운동 참가혐의로 투옥되었을 때 일제의 회유와 협박에 굴복했던 듯하다.

그는 1937년 학무국 사회교육과장으로 재직할 당시 중일전쟁이 일어나자, 조선민족 말살계획을 수립하는 인간 말종의 행동까지 서슴지 않는다. 이어서 그는 시국대책준비위원회 간사와 국민정신총동원회 전문위원 등 일제가 주는 수많은 종류의 감투를 뒤집어쓰며 일왕에게 충성을 맹세한다.

그리고 그 해 10월, 이각종이 기획한 그 악명 높은 '황국신민서사'의 문안을 미나미 총독에게 올려 결재를 받아내기에 이른다. 이로 인하여 미나미 총독의 절대적인 신임을 얻게 된 김대우는 일제로부터 각종 훈.포장을 휩쓸며 승진에 승진을 거듭한 끝에 1943년 8월, 마침내 꿈에 그리던 전라북도지사로 승진하기에 이른다.

1928년 말단 서기로 관계에 첫 발을 디딘 지 불과 15년 만에 도지사에까지 올랐으니, 그가 일제에 얼마나 충성을 바쳤는지는 보지 않아도 알만하다.

그 후로 김대우는 신문과 잡지에 수시로 내선일체와 시국인식을 강조하는 글을 기고하며 우리 젊은이들을 전쟁터로 내몰았다

그는 일제 패망을 불과 두 달을 남겨 둔 1945년 6월, 경북지사에 임명되어 해방이 되고 나서도 10월 18일 미군정에 의해 해임될 때까지 경북지사로 근무했다고 한다.

김대우는 1949년 2월 반민특위에 체포되어 9월 반민특위 검찰부에 의해 공민권 3년 정지를 구형 받았으나, 결심공판에서 증거불충분으로 무죄 석방된다. 그는 낯 두껍게도 1960년 7월 5대 총선에서 민주당 공천을 받아 참의원 선거에 출마했으나 낙선의 고배를 마신다.

이후 김대우가 어떤 일을 했는지는 알려진 게 없다.

다만 그의 사망 일자가 1976년 4월이라고 하는데, 이때 그의 나이는 '희수(喜壽)'라고 일컫는 일흔 일곱이었으니, 그는 인생의 단맛을 맛 볼 수 있을 만치 장수를 누린 것이다.

이각종 같은 인간이 망구(望九)라 불리는 81세까지 장수를 누리고, 김대우 같은 골수 친일파가 희수를 누린 것을 보면서 전후 이웃나라 중국과 프랑스의 부역자(附逆者) 처리과정을 반추해 보고자 한다.

일본의 침략은 비단 우리뿐만이 아니고 이웃나라 중국에서도 당했지만, 그들은 부역자에 대하여 우리와는 비교가 안 될 만치 철저하고도 강하게 응징했다.

중국에서는 친일파를 '한간(漢奸)'이라 부르는데, 이는 청나라 시절 지배민족인 만주족과 내통한 한인(漢人)을 일컬은 데서 비롯된 말이며, 중국에서는 외국침략자와 내통한 자를 통칭해서 한간이라 부른다.

중국이 일본의 침략을 받은 시기는 '만주사변'이 발발하던 1931년 9월 18일부터 기산하여 일본이 패망한 1945년 8월 15일까지로 약 14년이다. 이 14년마저도 중국 대륙 전체가 점령당했던 것도 아니고, 만주를 비롯한 상해 주변 일대에 불과했었다.

그러나 종전 후, 장개석이 이끄는 국민당 정부는 1946년 4월부터 1948년 9월까지 2년 반에 걸쳐 중국 전역에 걸쳐 부역자 심판에 들어갔다. 당시 전 중국인의 비상한 관심을 모았던 부역자 사법처리 건 수는 총 45,000건에 이르렀다. 이 중 사형선고가 내려진 사람은 14,932명이며, 그 중에서 359명은 형이 집행되었고, 나머지는 죄의 경중에 따라 징역형에 처해졌다.

흔히 프랑스는 나치협력자 척결의 전범(典範)국가로 불린다.

북구 노르웨이, 핀란드, 네덜란드 등에 비해 그 강도가 낮았다는 지적도 없지는 않지만, 체계적이고 원칙에 입각하여 나치협력자들을 처벌했다는 점에서 오늘날까지 나치척결의 모범적 사례로 꼽히고 있다.

전후 드골 대통령이 이끄는 프랑스 정부는 가장 먼저 프랑스 전역에 시민법정을 설치해 나치 협력자들의 숙청에 착수했다. 당시 나치에 협력했던 프랑스 비시정권(Vichy, 政權)의 인사들은 우리의 친일파들처럼 물불 안 가리고 나치에 협력한 것도 아니었다.

하지만 전후 프랑스 독립정부는 비시 정권 산하에서 고위직에 있었던 사람들은 말할 것도 없고, 일반 국민으로서 나치에 협력한 사람들까지 철저하고도 가혹하게 응징했다.

또 레지스탕스(프랑스 독립군)를 잡아 죽이고 고문하던 나치에 협력했던 군인과 경찰들도 즉결처분이란 이름으로 1만여 명이나 총살에 처했다. 뿐만 아니라 부역자 명단을 신문에 공고하고, 집 대문에 스티커를 붙이기도 했는데, 더욱 놀라운 것은 독일군에게 정조를 잃은 여인들을 옥석 구분 없이 삭발을 시켰다는 것이다.

우리로서는 감히 상상도 못 할 얘기다.

그리하여 1944년 하반기부터 1948년 12월 31일까지 프랑스 법정에서 취급한 재판 건수는 총 55,331건에 달했다. 이들 가운데 6,763명이 사형선고를 받았으며, 그 가운데 767명은 형이 집행되었다. 또 2,702명은 무기징역에 처해졌고, 44,564명은 유기징역에 처해졌다.

2차 대전 당시 프랑스가 독일에 점령당했던 기간은 불과 4년 2개월에 지나지 않는다. 여기에 비해 우리나라가 일본의 압제를 받은 것은 을사늑약이 체결되던 1905년 11월 17일부터 1945년 8월 15일 해방될 때까지로 기산하면 정확히 39년 9개월로 프랑스에 비해 거의

10배에 이른다. 헌데도, 해방 후 우리정부가 행한 친일파 처리결과를 보면 지금도 울컥하며 분노가 치밀어 오른다.

정부수립 이듬해인 1949년 '반민족행위자 특별조사위원회(반민특위)'에서는 총 688명의 친일파를 입건하여, 거의 풀어주고 55명을 특별검찰부로 송치했으며, 이 중 최종적으로 재판에 회부된 사람은 겨우 41명 뿐이었다.

이 41명 중 사형 판결을 받은 사람은 총 7명이었는데, 추후 이승만의 압력에 의하여 6명은 풀려나고, 7명 중 1명만 사형이 확정되었다. 그러나 이마저도 얼마 후 감형으로 풀려나는 바람에 실제로 친일 혐의로 확실하게 처벌받은 사람은 단 한명도 없었다.

해방 정국에서 친일파를 적극 비호하고 그들을 등용한 이승만은 이런 궤변을 펼쳤다.

"지금 이 나라에서 친일을 행하지 않은 사람 중에 정치와 행정의 경험을 가진 사람이 몇 사람이나 되는가. 까닭에 내가 친일한 사람들을 등용한 것은 어쩔 수 없는 선택이었다"

반면에 나치 척결의 주역을 담당했던 드골은 이렇게 말했다.

"앞으로 우리 프랑스가 또다시 외세의 침략을 받을는지는 알 수 없다. 그러나 이 땅에서 두 번 다시 조국을 배신하는 자가 나타나는 일은 없을 것이다."

구국의 영웅으로 추앙받는 드골의 풍모가 느껴지는 대목이 아닐 수 없다.

아│동광장터를 지나 소월길(素月路)을 건너서면 힐튼호텔과 맞닥
뜨린다. 이 호텔 앞에서부터 숭례문 방향으로 약 100여 미터
구간에는 성곽 여장이 복원되어 있으나, 복원이 아닌 원 성곽의 체성
을 보려면 힐튼호텔 바짝 앞으로 돌아 내려가야 한다.

힐튼호텔을 지나면 곧 이어 SK빌딩이 나타나는데, 그 빌딩 맞은
편 축대 위에는 해묵은 원 성곽이 쌓여 있다. 축대위로 올라서서 검
회색 원 성벽을 따라 30여 미터 가량 나아가면 거기에는 다음의 각
자가 새겨져 있는 게 보인다.

康熙 四十五年 丙戌 三月 日 강희 45년 병술 3월 일
訓局 牌將 全守善 石手 吳有善 훈국 패장 전수선 석수 오유선

강희 45년은 숙종 32년인 1706년을 말하고, 훈국은 '훈련도감'
의 준말이다.

그러므로 이 구간의 성곽은 숙종 32년 3월에 훈련도감에서 담당
하여 쌓은 것이다. 앞서 흥인지문 옆으로 옮겨진 각자에서 발견한 강
희 45년 4월에 축조된 성곽 보다 한 달 가량 먼저 쌓았다는 얘기다.

또한 위 각자에 나오는 전수선과 오유선의 이름은 이곳 외에 다
른 지역에서도 누차 발견되는 것으로 보아 그 당시 성곽 축조에 상당
히 조예가 깊었던 것으로 보인다.

강희 각자를 지나면 도로를 건너는 육교가 닥친다.

육교를 넘어 옆으로 돌아가면 눈앞에 도성의 정문이며, 우리의

자랑인 숭례문의 늠름한 자태가 나타난다. 드디어 순성의 첫 걸음을 힘차게 내 딛었던 숭례문에 당도한 것이다.

그러나 아직은 서울성곽의 전체 순성을 마쳤다고 자랑하기에는 이르다. 왜냐하면 서울성곽의 보조성곽인 '탕춘대성'을 아직 돌아보지 못했기 때문이다.

이제 그 마지막 남은 숙제를 풀기 위하여 탕춘대성으로 떠나보자.

타춘대성(蕩春臺城)은 한양 도성의 외성(外城)으로서 도성의 보조
성곽으로 축조되었으며, 도성 서편에 있다 해서 일명 서성(西
城)이라고도 칭해왔는바, 먼저 이 성의 축조과정부터 살펴보기로 하자.

임진왜란과 병자호란의 양란(兩亂)을 당하여 두 번 모두 도성을 지
키지 못하고 외적(外敵)에게 나라의 심장부인 도성을 내어 준 조선왕
조는 절치부심 이를 갈며 이에 대한 대책에 골몰했다.

하지만 호란 당시 삼전도에서 청태종에게 삼배구고두(三拜九叩頭)
의 치욕을 겪은 인조는 아무런 대책을 세우지 못한 채 세상을 등졌
고, 뒤를 이은 효종은 청에 대한 복수심에 불탄 나머지 즉위 초부터
북벌을 단행코자 이를 갈며 분전했으나, 하늘이 돕지 않은 탓인지 재
위 10년 만에 가슴에 한을 품은 채 마흔 한 살 젊은 나이로 세상을
등지고 말았다.

효종의 뒤를 이은 현종은 효종이 대군 시절 청나라에 인질로 머
물 당시 청의 도읍 심양에서 태어났으나, 부왕의 북벌 정책을 거론도
해보지 못한 채, 15년 재위기간 내내 예송(禮訟)논쟁으로 허송하다가
생을 마감한다.

그러나 현종의 뒤를 이어 조선 제 19대 임금으로 왕위에 오른 숙
종은 달랐다. 열네 살 어린나이로 즉위한 그는 곧 바로 친정(親政)을
시작할 정도로 왕재가 뛰어났으며, 어느 정도 왕권이 안정되자 국방
에 관심을 기울이기 시작한다.

왕 5년인 1679년 어영군과 승군(僧軍)을 동원하여 강화도에 48
개의 돈대를 축조하고, 이어서 왕 8년에는 수도방어를 위한 금위영

을 설치했다.

이어서 왕 22년(1696)에는 안용복(安龍福)에게 명하여 울릉도와 독도에 출몰하는 왜인들을 쫓아내고, 왜국과 담판하여 이 섬들을 우리 영토로 확정했으며, 이를 계기로 더욱 적극적인 수군(水軍) 증강정책을 수립했다.

뿐만 아니라 왕 30년인 1704년부터 도성 수축을 시작하여 1710년에 이를 완결하고, 이듬해에는 도성에서 가까운 삼각산에 북한산성을 축성하는 등 적극적인 관방정책(關防政策)을 펴 나갔다.

숙종이 북한산성을 쌓은 이유는 임진왜란 때에는 도성을 지키지 못했고, 병자호란 때에는 남한산성을 지키지 못했기에, 이보다 훨씬 더 견고할 것으로 여겨지는 북한산성을 축조하여 외침에 대비코자 함이었다.

이처럼 도성의 수축과 북한산성의 축성을 마쳤으나, 그래도 미진한 구석이 있었다. 지금의 홍제천을 중심으로 펼쳐진 세검정 일대가 허하다고 생각했기 때문이다.

논의를 거듭하던 조정은 인왕산 도성에서 북한산성까지 연결시키기 위하여 인왕산→홍제천→향로봉→비봉→그리고 문수봉까지 이어지는 성곽을 새로 쌓기로 했는데, 당시 이 일에 앞장섰던 사람은 영의정 신완(申琓)이었다.

신완은 도성 개축 논의가 한창이던 숙종 28년(1702) 탕춘대성의 축성을 건의했으나, 도성의 개축과 북한산성 축조에 밀려 불발되고 말았다.

그 후 탕춘대성의 필요성을 뼈저리게 느껴 이를 새롭게 주장한 사람은 판중추부사 이유(李濡)였다. 그는 조지서동(造紙署洞 : 세검정) 골짜기에 성을 축조하고, 군창(軍倉)을 지어 군량을 비축하여 유사시에 대비하여야 한다고 역설했다.

이리하여 탕춘대성은 숙종 39년(1713) 3월에 첫 삽을 들게 된다.

그러나 이 해 4월 좌의정 이이명(李頤命)이 수비 병력 부족을 이유로 축성을 반대하자, 숙종은 그의 의견을 받아 들여 공사를 중단 시킨다. 이렇게 중단 된 축성공사는 숙종 41년, 앞서 말한 이유가 북한사의(北漢事宜) 21개조를 작성하여 탕춘대성의 중요성을 거듭 주장하여 임금의 재가를 받아내기는 했으나, 반대 의견도 만만치 않아서 공사는 여전히 주춤거린다.

▼
홍지문.
탕춘대성의 정문으로
세워진 이 문에는
북쪽을 나타내는
'智'자가 들어가 있다.

반대론자들이 축성불가 사유로 내세운 근거는 만약 외적의 침략을 받게 되면 1만 명도 안 되는 도성 수비 병력으로는 도성과 북한산성도 지키기 벅찬데 무슨 수로 이곳까지 방어할 수 있겠느냐는 것이었다.

우여곡절 끝에 숙종 44년 윤 8월에 공사가 재개 되었으나, 조정 대신들 간에는 또다시 반대 여론이 들끓기 시작했고, 결국 축성 반대 여론이 조정의 중론으로 결말이 나자, 이 성의 축조공사는 영원히 중단되고 만다.

이러한 사유로 미완성으로 끝난 탕춘대성의 총 길이는 약 4㎞에 이른다. 비록 길이가 겨우 십리 밖에 안 되는 미완의 성이지만 이 성은 서울성곽을 이해하는데 중요한 역할을 한다. 즉, 이 성의 정문인 홍지문(弘智門)의 '智'는 유교사상에서 지고의 가치로 여기는 오상(五常)의 인(仁), 의(義), 예(禮), 지(智), 신(信) 할 때의 지를 나타내는 글자로서 북쪽을 상징하는 글자이다.

무슨 까닭에서인지 한양도성의 4대문에는 동쪽, 서쪽, 남쪽에는 그 방향을 나타내는 '인'과 '의'와 '예'를 붙여 이름을 지었으나, 북대문은 창건 초기에는 숙청문(肅淸門)이라 부르다가 후에 숙정문(肅靖門)으로 개칭하여 '智'를 나타내는 문은 아예 출생을 허락지 않았다.

성곽을 먼저 쌓고 나중에 문을 세운 도성의 8대문과는 달리 이 문은 탕춘대성이 축성되기 전인 숙종 41년(1715)에 세워지며, 한성 북쪽에 위치한다 하여 처음에는 한북문(漢北門)이라 불리었으나, 숙종이 '弘智門'이라는 편액을 하사하고 부터는 이것이 공식적인 명칭이 되었다.

홍지문 옆으로 흐르는 홍제천에는 오간대수문(五間大水門)이 자리한다. 다리와 성곽을 겸하고 있는 오간대수문의 형태는 말 그대로 5개의 홍예로 되어 있고, 홍예 위로는 여장과 함께 총안이 설치되어 있다. 홍지문이 세워지던 1715년에 건설된 오간대수문은 200년 남짓 수문 역할을 충실히 해왔으나, 1921년에 발생한 홍수로 인하여 홍지문과 더불어 유실되고 만다.

방치상태로 있던 이 문이 복원된 것은 유실된 지 56년만인 1977년이었다.

이때 오간대수문 곁에 있던 홍지문도 복원되었고 문의 현판도 새로 달았는데, 현판 글씨는 고(故) 박정희 대통령의 친필로 알려져 있다.

원래 이 성 이름의 유래가 된 탕춘대는 조선시대 그 주변 경치가 천하절경으로 소문난 곳으로 그 위치는 '세검정(洗劍亭)' 정자 바로 곁에 있는 산봉우리를 말한다. 경치가 빼어났던 이곳에서 먹고 노는 데는 하늘 아래 둘째가라면 서러워 할 연산군이 봄 경치를 한 번 질탕하게 즐겨보자는 뜻에서 '탕춘대(蕩春臺)'란 이름을 붙였다고 전해진다.

그 후 이곳에 탕춘대성이 축조되고부터는 군사들의 연무장인 연융대(鍊戎臺)를 설치하고 군량미를 저장하는 상하 평창(平倉)을 지었으니, 지금의 평창동이라는 지명은 여기에서 유래했다. 또 평창 부근에는 수도권 외곽의 방어를 맡았던 총융청(摠戎廳 : 세검정 초등학교 자리)을 설치하여 유사시에 만전을 기하고자 했다.

축조과정이 어지간히도 복잡했던 탕춘대성은 미완의 성이라는 불명예와 함께 도성에서 멀리 떨어진 곳에 위치해서인지, 축성 당시부터 사람들의 주목을 끌지 못하고 늘 서자 취급을 받아왔다.

그러나 뒤늦게 이 성의 문화재적 가치를 알게 된 정부에서는 1976년 6월 23일 성의 정문인 홍지문과 더불어 이 성을 유형문화재 제33호로 지정했다.

하지만 사람들은 여전히 이 성에 관심을 두지 않았다.

이 성이 다시 세인의 관심을 끌기 시작한 것은 서울성곽을 찾는 사람들이 많아지면서 부터인데, 당국에서는 이와 때를 같이하여 일부 성곽을 복원하고 탐방로를 정비하여 지금은 이 성을 찾는 사람들이 나날이 늘어나고 있는 추세이다.

탕춘대성을 가려면 이 성의 정문인 홍지문에서 시작하는 방법
을 비롯하여 몇 가지 방법이 있기는 하나, 서울성곽과 이 성
을 연결시켜 이해하려면 인왕산 기차바위 갈림길에서 시작하는 게
정법이다.

그러나 미완의 성인 이 성의 성곽을 만나려면 갈림길에서부터
축성을 계획했던 능선을 따라 성곽 없는 길을 근 한 시간 턱이나 걸
어야 한다.

갈림길에서 철계단을 딛고 내려서면 먼저 소나무와 바위가 한판
어우러진 기차바위를 만나게 된다. 시원하고 운치 있는 바윗길을 지
나면 또다시 갈림길이 닥치는데, 이곳에서 오른쪽 능선으로 들어서
야 성곽을 만날 수 있다.

이후로는 곳곳에 이정표와 함께 길이 진하여 능선만 고집하면 길
을 헤맬 염려는 없다.

▼
오간대수문과
홍지문.

불과 몇 해 전까지만 해도 이 능선은 길도 흐렸을 뿐더러 도중에 군부대 막사 옆을 지날 때는 사나운 군견으로 인하여 통행에 어려움을 겪기도 했으나, 최근 들어 우회로를 개설하여 이제는 이러한 신경을 쓸 필요가 없게 되었다.

이 길은 인왕산 갈림길에서부터 아늑한 솔숲으로 이루어져 있으며, 솔숲이 끝나면 앞이 확 트이는 암릉이 닥치는데, 탕춘대 성곽은 이곳 암릉에서부터 시작된다.

성곽이 시작되는 초입에는 성돌도 작고 높이도 낮아 이게 정말 탕춘대성이 맞는가 싶기도 하지만, 차차 성돌이 커지면서 제대로 된 성곽으로 바뀌어 간다. 성곽을 끼고 몇 걸음만 내려가면 성곽을 넘어서서 바깥쪽 성체(城體) 곁으로 갈수도 있으나, 이 길은 이곳에 탐방로가 만들어지기 전에 다니던 길이므로 상당히 흐리다.

하지만 성체를 보려면 성곽을 넘는 수밖에 도리가 없다.

성곽을 넘어 성체를 끼고 내려가서 마지막 도로 쪽으로 진입하려면 개구멍을 통과해야 한다. 까닭에 특별히 성체에 볼 일이 없다면 애초부터 안쪽 여장을 따르는 게 현명하다.

담쟁이넝쿨 서려 있는 안쪽 여장을 따르노라면 이내 도로가 닥치고, 도로를 건너서면 탕춘대성의 정문인 홍지문을 만나게 된다. 홍지문에서 홍제천을 건너려면 성곽과 수문 그리고 다리의 역할까지 병행하는 오간대수문 상판으로 건너야 한다.

일명 '모래내'로도 불리는 홍제천을 건너서면 이제부터는 북한산 영역으로 바뀐다.

홍제천을 건너서 곧장 치받아 오르는 길은 성곽까지만 이어주고는 더 이상의 접근을 거부하므로 탕춘대성의 탐방로를 찾으려면 다리를 건너선 다음 상명대학교 쪽으로 방향을 잡아야 한다. 상명대 입구에 이르게 되면 '이광수 가옥 90m'라고 써진 안내표지가 매달린 전신주에서 좌측으로 꺾어들어야 한다.

아스콘 포장의 1차선으로 된 가파른 길을 따라 위로 오르면 아스콘 포장길은 이내 시멘트 포장길로 바뀌는데, 이 지점에서 우측으로 두 번째 집이 이광수 가옥이다.

한식기와를 올린 집 앞에는 '홍지동 이광수 별장터(개인 사저이므로 관람은 안 된다)'라고 쓰인 안내판이 서있다. 유명세에 비해 의외로 작아 보이는 이 집에서 이광수는 1934년부터 1939년까지 5년 동안 살았던 것으로 전해진다.

후에 이 집을 매입한 주인이 2층 양옥으로 다시 짓고자 했으나, 고(故) 박종화 등 문인들이 이광수의 발자취가 사라지는 것을 안타깝게 여긴 나머지 집주인을 설득하여 이 집의 원형을 대충 살리고 '춘원헌(春園軒)'이라 부르기로 했다고 한다.

춘원과 인연을 맺었던 춘원헌에 왔으니 여기에서 잠시 한국문학계에 커다란 족적을 남기고, 말년에는 변절자의 길을 걸어 우리민족에게 자긍심과 배신감을 동시에 안겨 주었던 그의 발자취를 더듬어 보고 넘어가는 게 순서에 맞을 듯 싶다.

이광수(李光洙)는 1892년 평안북도 정주군 갈산면에서 몰락한 양반으로 가난한 소작농 생활을 하던 이종원(李鍾元)의 4남 2녀 중 넷째 아들로 태어났다.

하지만 위로 세 형이 불과 세 살도 되기 전에 요절하는 바람에 그는 사실상 독자로 성장한다. 집안의 내력인지 아니면 가난 탓인지, 그역시 몸이 허약하여 이웃에서는 사람 구실을 하기 어렵다고 수군대었으나, 다행히 한 고비를 넘기고 유년기로 접어든다.

아버지 이종원은 초시에 급제한 후, 소과에 연이어 낙방하면서 술로 세월을 보내는 바람에 그의 어린 시절은 고달플 수밖에 없었다.

자식의 장래를 걱정한 모친이 이를 보다 못하여 품팔이와 담배 장사를 해가며 아들을 서당에 보내는데, 여기에서 그의 재능은 빛을 발하기 시작한다. 선천적으로 뛰어난 두뇌를 가졌던 이광수는 다섯 살에 천자문을 떼고, 여덟 살에는 4서3경(四書三經)까지 읽어 온 정주 고을이 들썩일 만큼 신동으로 소문이 났다.

▼
춘원 이광수

그러나 그의 인생은 여기에서 다시 한 번 절벽 앞에 선다.

그가 열한 살 나던 해인 1902년 전국을 휩쓴 콜레라의 창궐로 인하여 어린 나이에 양친을 한꺼번에 잃고 고아신세로 전락했던 것이다. 하루아침에 고아가 되어 친척집을 전전하던 어린 광수는 가난의 굴레를 벗어나야 한다고 결심한 나머지 어느 날 사당에 불을 놓아 조상의 위패를 태워버린 다음 고향을 등진다.

서울에 올라 온 그는 1905년 친일의 거두 송병준의 추천으로 일본 유학을 떠나게 된다. 일본 유학 시절에는 당시 조선의 3대 천재로 알려진 최남선 . 홍명희 등과 친교를 맺으며 앞날을 개척한다. 이 시절 그는 학비 문제로 학업중단을 거듭했는데, 어려서부터 앓아오던 폐결핵이 재발했으나 치료할 엄두도 내지 못했다.

결국 학업을 중단한 그는 귀국을 단행, 몇몇 작품을 발표하여 문단에 이광수라는 이름을 올리기 시작한다. 열아홉 살 나던 1910년에는 백혜순(白惠順)과 중매로 결혼한 후, 고향 정주에 있는 오산학교의 교사가 되어 약 4년간 재직한다.

1915년 9월 김성수의 도움으로 일본으로 건너가 와세다 대학에 편입, 이듬해 졸업한다. 1917년에는 한국 최초의 현대 장편소설『무정(無情)』을 발표하였고, 1919년 3·1운동 직전에는 2·8독립선언서를 작성한 후, 일경의 눈을 피해 상해로 건너가 임시정부의 기관지 독립신문의 주필이 되어 독립운동에 뛰어든다.

1919년 백혜순과 헤어지고, 그 2년 뒤인 1921년 여의사 허영숙과 재혼한 뒤 귀국을 단행한다. 1922년에는 〈개벽〉지에 민족개조론을 발표하여 사회의 큰 파문을 일으킨다.

그 후 동아일보와 조선일보의 편집국장을 역임한 그는『재생』『마의태자』『단종애사』『흙』『이순신』『사랑』등의 대작을 남겨 우리 문학계의 금자탑을 이룩한다.

1934년 이광수는 허영숙과의 사이에서 태어난 차남 봉근을 잃은 후, 조선일보에서 나와 이곳 홍지동에 별장을 짓고 칩거에 들어간다. 1937년 수양동우회 사건으로 5년형을 선고 받고 서대문형무소에 수감되었다가 이듬해 병보석으로 풀려난 이후, 민족지사에서 친일파로 변신한다. 일제는 그가 친일로 방향전환을 한 직후인 1940년 2월 11일부터 창씨개명 실시에 들어갔는데, 이때 이광수는 바로 다음 날인 2월 12일에 '가야마 미쓰로(香山光郎)'라는 일본식 이름으로 창씨개명을 단행하고 나서 이렇게 외친다.

"내가 '향산광랑'이라고 일본식으로 이름을 고친 이유는 천황 어명과 독법을 같이하는 씨명을 갖고자 함이다. 나는 내 자손과 조선민족의 장래를 깊이 생각한 끝에 이렇게 하는 것이 당연하다는 결론에 도달했다. 나와 내 자손은 영원히 천황의 신민으로 살 것이다."

이처럼 조선의 지식인 중에서 누구보다도 앞장서서 창씨개명을 단행한 이광수는 모든 국민들이 이에 동참할 것을 호소했다. 그 후, 이광수는 내선일체를 부르짖으며, 일제의 침략전쟁을 미화하고 학병 지원을 독려하는 등 적극적 친일에 나서는 바람에 온 국민의 지탄과 분노의 대상이 된다. 세상의 눈총을 견디다 못한 그는 해방 전 해인 1944년 일제의 사회활동에서 손을 떼고 남양주 사릉에서 은둔 생활을 하던 중 해방을 맞는다.

해방이 되자 이광수는 '나의 고백'을 통하여 자신의 친일에 대하여 변명을 늘어놓는다. 이에 국민들은 자신의 과오를 인정치 않고 끝끝내 변명으로 일관하는 그를 향해 손가락질을 하며 침을 뱉는다.

그는 1946년 55세의 나이에 25년이나 함께 살았던 허영숙과도 이혼한다. 1949년 1월, 그는 최남선과 더불어 친일 혐의로 반민특위에 체포되어 서대문형무소에 수감 되었으나, 오래지 않아 주변의 탄원에 힘입어 병보석으로 석방된다. 젊어서부터 몸이 허약했던 그는 이 무렵 건강이 엉망이었지만, 이에 아랑곳 하지 않고 오직 집필 작업에만 몰두한다. 그러던 중 1950년 6·25가 발발하자 미처 피난을 가지 못했던 그는 인민군에게 붙잡히는 신세가 되어 북으로 끌려간다.

북으로 간 그는 평북 강계 부근의 산골로 끌려 다니며 혹독한 고초를 겪는데, 이로 인해 몸은 더욱 더 쇠약해진다. 이를 견디다 못한 그는 일본 유학 시절부터 절친한 벗이던 홍명희에게 도움을 청한다.

해방 2년 후인 1947년에 자진 월북한 홍명희는 이 무렵 북에서 부수상 자리에 있었다. 한때는 춘원의 변절에 등을 돌렸던 홍명희는 옛 벗이 곤경에 처해 있다는 소식에, 한달음에 달려와 춘원을 만포의 한 병원에 입원시킨다.

그러나 하늘이 허락해 준 그의 수명은 거기까지였다.

납북 된지 3개월 만인 10월 25일, 그는 마침내 삶의 끈을 놓치고 마는데, 이때 그의 나이는 환갑을 이태나 남겨 둔 59세였다. 이후 북한당국은 1980년대 중반 무렵, 만포면 야산에 있던 그의 묘소를 평양시 교외에 위치하는 납북·월북 인사 특설묘지로 옮겨 새롭게 단장하고 비석을 세워주었다.

그 후 미국에 거주하던 춘원의 3남 '영근'이 1991년 여름에 방북하여 확인한 춘원의 묘비에는 다음과 같이 새겨 있었다고 한다.

李光洙先生之墓
1950년 10월 25일
○○년 ○○월 ○○일 生

묘비에 적힌대로 그들은 춘원의 출생일을 정말 몰랐을까?

아니면 그가 위대한 문학가인 것만은 부정할 수 없는 사실이지만, 친일파 척결을 지상(至上)의 명제로 떠벌리던 자신들의 정책에 위배된다고 판단해서 일부러 누락시킨 건 아닐까?

그들은 춘원의 묘를 말 그대로 어정쩡하게 써 주었다.

시골 변방의 몰락한 양반 가문에서 태어나 자신에게 주어진 혹독한 환경을 타고난 재능과 피나는 노력으로 이겨내고서 우리 문학계에 우뚝 섰던 춘원!

한때는 2·8독립선언서의 초안과 상해 임정의 기관지 독립신문의 주필을 맡아 온 민족의 기대를 한 몸에 받았고, 하루에 원고지 70매를 소화했다는 불세출의 문학가 춘원 이광수!

그의 중년은 화려했고, 또 남에게 내세울 만도 했다.

그러나 시대와 궁합이 안 맞은 탓인가.

변절자로 낙인찍히며 인생말년을 비참하게 마무리 한 이 가련한 천재는 남과 북, 모두에게 뜨거운 감자였던 모양이다.

O| 광수 별장터를 지나면 이내 시멘트 포장길이 끝나고 계단길로 이어지는데, 마지막 계단을 올라서면 길은 왼쪽 야채밭으로 이어진다. 여기서부터는 길이 흐려 확신이 서지 않지만 비어있는 건물 왼쪽으로 돌아 몇 걸음만 나아가면 이내 성곽이 나타난다.

성곽을 만난 후 아래쪽을 내려다보면 근래에 복원한 새하얀 성곽과 무너지기 직전의 옛 성곽의 모습이 확연한 차이를 드러내며 다가온다. 복원한 성곽의 높이는 약 4m를 상회하는데, 복원 안 된 옛 성곽은 3m도 안 될 만치 낮으며, 그나마 잘 보이지도 않는다. 여장이 없는 탓이다.

이곳에서 오른쪽 언덕으로 오르는 길과 왼쪽 골짜기로 내려가는 길로 나뉘는데, 이치에 맞지 않게 왼쪽으로 내려가야 성곽을 만나게된다. 성곽을 만난 후, 잡목 숲을 헤쳐 가며 흐린 길을 따라 10여 분남짓 오르면 성곽을 허물고서 길을 낸 4거리가 닥친다.

4거리에서 왼쪽 길로 내려가면 홍은동으로 통하고, 오른쪽으로 들어서면 상명대 경내를 통과하여 홍지동에 이를 수 있다. 그러나 예서부터 계속 성곽을 따르려면 성곽 바깥쪽으로 들어서야 한다. 안쪽은 상명대학교 캠퍼스가 자리하는 까닭이다.

설명한대로 홍지문에서 이곳에 이르는 길은 좀 까다로운 편인데, 이 길이 마음에 안 든다면 이보다 훨씬 더 편한 길도 있다.

지하철 3호선 경복궁역 3번 출구로 나와 자하문 방면으로 향하는 아무 버스나 잡아타면 묻지 않아도 약 15분 후에는 상명대 정문 앞에 내려준다. 정문에서 위쪽으로 3분가량 오르면 오른쪽으

▲
북한산 향로봉으로
치닫는
탕춘대성의 모습.

로 스텐으로 된 하얀 문이 보이고, 그 왼쪽으로는 녹색 펜스가 나
타난다.

펜스 옆으로 난 진한 오솔길을 따라가면 5분도 안 걸려 좀 전에
만났던 성곽 허물어진 4거리가 나오는 것이다. 이처럼 이 길은 이광수
가옥 길에 비해서 편하기는 하나, 여기에도 문제는 있다. 다시 말해서
약 500여 미터에 이르는 성곽을 건너뛰어야 하는 것이다. 이곳 4거리
에 이르러서야 비로소 성곽을 만날 수 있기 때문이다.

4거리에서부터는 지금까지와는 달리 길이 한결 진해진다.

진한 길을 따라 오르면서 성곽을 살펴보면 성돌은 막돌로 쌓은
게 아니라 대충은 다듬었으며, 형태도 정방형을 이루고자 애 쓴 흔적
이 역력하여 숙종대의 성곽임을 확신케 한다.

성곽의 높이는 시종일관 사람의 키를 들락날락 하는데, 더러는

아예 무너진 곳도 있어 마음이 편치 못하다. 길은 성곽 안팎으로 넘나들면서 때로는 아예 성곽의 자취를 드러내지 않는 곳도 있으나, 길이 진하여 헷갈릴 염려는 없다.

홍지문에서부터 따져 약 한 시간 가까이 진행하면 이 성의 유일한 암문인 '탕춘대성 암문'을 만나는데, 여기서부터 갑자기 길은 대로로 바뀐다.

암문 앞에 서있는 이정표에는 예서부터 이 성을 막음하는 향로봉까지의 거리가 약 2km라고 써 있다. 탕춘대성의 전체 길이가 대충 4km라고 했으니, 이곳 암문이 이 성의 배꼽인 셈이다. 길이 넓어지니 사람도 많아진다. 암문에서 서쪽으로 통하는 길이 녹번동과 불광동으로 이어진다니, 왜 안 그렇겠는가.

성곽 안쪽으로만 오르게 되어 있는 이곳부터는 성곽은 어쩌다가 보이는데, 암문을 지나고 나면 잡목 숲에서 솔숲으로 바뀌고, 길은 계속해서 평탄을 유지한다.

평탄한 길을 따라 한발 한발 옮기다 보면 어느 사이 바윗길로 바뀌면서 앞에는 향로를 닮아 그 이름을 얻었다는 향로봉(香爐峰)이 다가선다.

향로봉을 향해 한발 한발 옮기다 보면 겨우 명맥만 유지하던 성곽은 아예 그 꼬리를 내리고 마니, 이곳이 바로 '탕춘대 십리성곽'의 종착역이다.

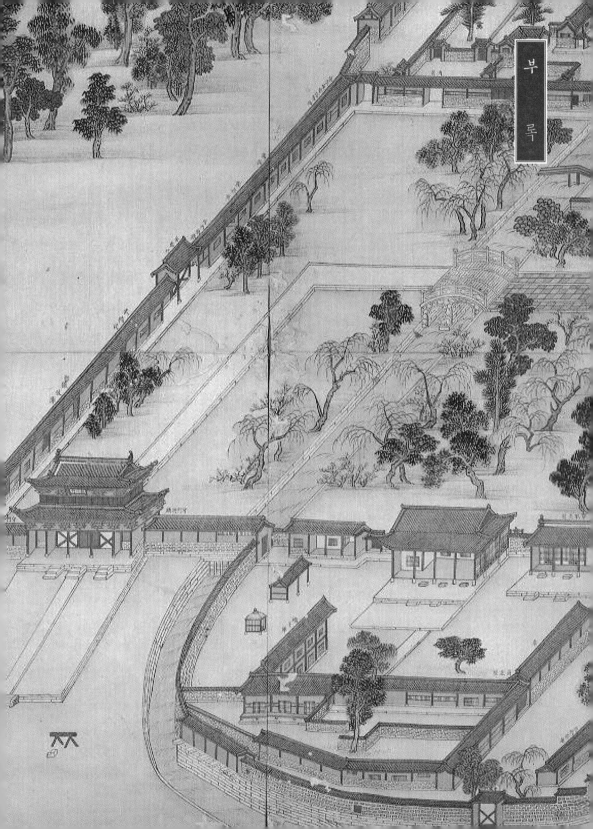

각자(刻字) : 성돌에 새긴 글씨.

기단석(基壇石) : 성곽이나 건물 축조 시 맨 아래 기초가 되는 돌.

나성(羅城) : 본성의 한쪽에서 시작하여 돌아나간 성. 이밖에도 이중으로 성을 둘러쌓을 경우 바깥쪽에 있는 성을 말한다. 외성(外城)이라고도 한다.

내탁법(內托法) : 성곽을 쌓을 때 안쪽은 잡석으로 다지고 바깥쪽만 성돌로 쌓는 것을 말한다. 편축성(片築城)이라고도 한다.

누조(漏槽) : 성문 누각에 물이 고이지 않도록 아래로 흘러내리도록 만든 구조물을 말한다.

도성(都城) : 나라의 도읍에 건설 된 성. 도성은 적의 침입을 막기 위한 목적 외에 왕권의 상징적 의미도 지니고 있다.

무사석(武砂石) : 성을 쌓기 위해 방형으로 다듬은 큰 돌.

미석(眉石) : 석축성벽의 여장 밑에 눈썹형태의 판석을 깔아 약간 돌출되게 쌓은 돌.

반월성(半月城) : 성곽의 형태가 반달 모양으로 된 성. 경주 반월성과 부여 반월성이 있다.

보루(堡壘) : 적을 방어하기 위하여 흙, 돌 등으로 견고하게 만든 군사 시설물. 일반적으로 길이 300m 이내의 시설로 되어 있으며, 보(堡)와 토루 및 석루를 통칭하여 말한다.

사괴석(四塊石) : 사방 20~25㎝ 내외로 깎은 석재.

산성(山城) : 적의 공격을 막기 위하여 험한 산 능선 내지는 산정에 쌓은 성.

성(城) : '적의 침입을 막기 위해 쌓은 높은 담'을 말하며, 우리말로는 '잣' 또는 '재'라고 한다. 반면에 서양에서 말하는 'castle'의 개념은 왕이나 영주가 그 영토 안에 구축한 요새(fortress)와 궁궐(palace)을 복합시킨 것이라 할 수 있다.

성곽(城郭) : 성의 둘레, 또는 내성과 외성 전부를 말한다. 성은 내성, 곽은 외성을 뜻한다.

성랑(城廊) : 성위에 세운 누각이나 성곽 위에 세운 망루, 또는 군사들의 숙소.

수문(水門) : 성을 쌓을 때 하천이나 계곡에 설치하는 문을 말한다. 성곽의 역할을 하면서 밑으로는 물이 빠지게 되어있다.

암문(暗門) : 성의 사잇문 내지는 비밀문. 군량, 가축, 무기, 등을 들여오거나 배후공격을 할 때 사용한다.

여장(女墻) : 체성 위에 설치하는 구조물로 적의 화살이나 총알로부터 몸을 보호하기 위하여 낮게 쌓은 담장을 말한다. 성첩(城堞)이라고도 하며, 우리말로는 성가퀴라고 한다.

옥개석(屋蓋石) : 성가퀴를 덮는 용마루 형태의 납작한 돌. 일명 '갓돌'이라고도 한다.

옹성(甕城) : 원형 또는 방형(方形 : 4각)으로 성문 밖에 부설하여 성문 등 성곽의 시설을 보호하기 위하여 만든 시설. 흥인지문에는 원형으로 되어 있으나, 남한산성에는 방형으로 쌓여 있다.

읍성(邑城) : 지방행정의 중심인 고을에 축조된 성.

장대(將臺) : 성내 높고 주요한 요소에 세운 장수들의 지휘소.

장성(長城) : 외적의 방어를 위해 국경 근처에 길게 쌓은 성.

전성(塼城) : 벽돌로 쌓은 성. 전축성, 벽돌성, 벽성, 전성 등 여러 가지 이름으로 부른다.

책성(柵城) : 목책으로 둘러 막은 성. 목책성이라고도 한다.

체성(體城) : 성체라고도 하며 성의 몸체를 이루는 부분.

총안(銃眼) : 적을 공격하기 위하여 성가퀴에 활이나 총을 쏠 수 있게 만든 구멍. 먼 곳의 적을 공격하는 원총안(遠銃眼)과 가까운 곳의 적을 공격하는 근총안(近銃眼)이 있는데, 수평을 이룬 것이 원총안이고, 아래로 45도 가량의 사선(斜線)을 이룬 것이 근총안이다.

치성(雉城) : 적의 접근을 조기에 관측하고, 접근한 적을 정면이나 측면에서 협공할 수 있도록 성곽의 일부를 돌출시켜 쌓은 성. 평지에 각이 지게 쌓은 것을 치성이라 하고, 산 위에 반원형으로 쌓은 것을 곡장(曲墻) 또는 곡성(曲城)이라 한다.

타구(垛口) : 여장의 양단을 오늬형(화살대의 시위 먹이는 방향의 모양)으로 만들어 성곽 여장 부분에 좌우로 비껴서 적을 공격할 수 있게 만든 것을 말한다. 쉽게 말하면 여장과 여장 사이의 공간을 의미한다. 또 여장 자체를 '타구'라 부르기도 한다.

태뫼식 산성(山頂式 山城) : 산 정상을 둘러 쌓은 산성.

편액(扁額) : 성문의 현판(懸板).

평거식 성문(平据式) : 성문 양쪽에 벽석을 쌓고 그 위에 장대석 또는 판석을 걸쳐 방형으로 입구를 만든 성문. 서울성곽의 암문은 모두가 평거식으로 되어있다.

포곡식 산성(包谷式 山城) : 계곡을 포함한 산정을 둘러쌓은 산성.

포루(砲樓) : 성을 효과적으로 방어하기 위하여 성벽을 돌출 시키거나 유리한 지세에 대포를 쏠 수 있게 지은 누각.

해자(垓字) : 적의 공격을 막기 위하여 성곽 둘레에 만든 연못.

협축성(夾築城) : 성곽의 안팎 모두 성돌로 쌓은 성. 겹성이라도 한다.

홍예문(虹蜺門) : 무지개 형태로 된 문.

회곽로(廻郭路) : 성벽 안팎으로 성의 순찰을 돌 때 편리하게 낸 길.

현재 서울시에서는 서울성곽을 복원하여 '세계문화유산'에 등록시키기 위해 단기계획(2009년~2013년), 중기계획(2014년~2018년), 장기계획(2019~2028년)을 세워 도합 20년 계획으로 서울성곽 복원작업을 추진하고 있다.

서울시에서는 이에 관한 계획서를 2009년 2월 '서울성곽 중장기 종합정비 기본계획'이란 제목으로 발행했는바, 그 분량은 자그마치 1,249쪽에 달하고 있다. 그러나 이 계획서는 그 방대한 분량에 비해 졸속으로 된 부분과 더불어 현실과 동떨어진 내용이 너무나 많다.

또한 우리의 성곽을 복원하면서 곳곳에 '디자인 플라자'와 '돈의문 박물관 마을' 같은 외국풍의 문화공간을 설치하게 되면 마치 양복 위에 갓 쓴 모습과 같아서 우리 것도 아니고 그렇다고 외국 것도 아닌 완전히 얼치기 복원이 될 것임이 분명하다.

따라서 2017년 3월, 유네스코 자문기구인 '국제기념물유적협의회'에서 서울성곽의 '세계문화유산 등재불가' 판정을 내린 것도 이와 무관치 않다 할 것이다.

이에 나는 그동안 서울성곽의 현장답사 경험을 바탕으로 실용적이고 현실에 맞는 복원방안을 작성하여 이 자리에서 밝히고자 한다. 만약 나의 방안대로 복원이 이루어진다면 서울성곽의 '세계문화유산 등재'는 훨씬 앞 당겨지리라 믿는다.

지금 이웃나라 중국에서는 그들의 조상들이 피땀 흘려 건설한 만리장성을 전 세계에 자랑하며 황금알을 낳는 거위로 탈바꿈 시켜 막대한 외화를 벌어들이고 있다. 만약 우리의 서울성곽도 이 방안대로 복원이 이루어진다면 결코 중국인들이 자랑하는 만리장성에 뒤지지 않을 것이라고 확신한다.

그 이유는 만리장성은 험한 산 능선만을 따라 건설 된데다, 워낙 길이가 길어 실제로 사람들이 볼 수 있는 구간은 극히 일부분에 국한되는데 반해, 서울성곽은 서울의 내사산 등마루와 600년 고도(古都)의 도심을 통과하는 까닭에 만리장성보다 훨씬 더 다양한 내용을 품고 있기 때문이다.

이제 우리의 보물이며 서울의 상징인 서울성곽을 제대로 복원하여 선조들에게는 부끄럽지 않은 후예가 되고, 후손들에게는 자랑스러운 선조가 되자.

1. 성곽은 있으나 탐방로가 없는 다음 7곳의 탐방로를 시급히 개설해야 한다.

1) 현재 남산 미군통신대가 있는 구역은 시민들의 출입을 엄격하게 통제하고 있는데, 이에 대하여 2009년 2월 서울시에서 발행한 '서울성곽 중장기 종합정비 기본계획서'(이하 '계획서'라 칭한다) 1-801쪽에는 다음과 같이 기술되어 있다.

> 159-160 구간은 잔존 성벽 주변에 미군통신대가 위치한 군사시설 구역으로 일반인의 접근이 통제되고 있으므로 미군 측과 협의 후, 성벽 주변으로 탐방로를 조성토록 한다

이처럼 계획서에는 군부대 경계철책 옆으로 '우회탐방로'를 조성한다고 되어있는데, 이것은 임시방편은 될 수 있을지언정 결코 근

본적인 대책은 될 수 없거니와 그나마도 지금까지 부대주변으로의 탐방로 조성 기미는 전혀 보이지 않고 있다.

따라서 서울성곽의 복원을 위해서는 통신대를 반드시 이전하고 성곽탐방로를 개설해야 근본적인 해결책이 될 수 있다. 만약 이곳에 탐방로가 개설된다면 지금처럼 일주 도중 포기하는 일은 자연스럽게 없어질 것이다.

2) 윤동주시인의 언덕에서 삼애교회 부근 : 창의문에서 인왕산으로 오르려면 '윤동주시인의 언덕'을 지나 약 500여 미터를 성곽이 전혀 없는 구간으로 우회하게 되어 있다.

사람들은 이곳에 탐방로를 못 만드는 이유를 성곽 근처에 위치하는 군부대 때문으로 알고 있으나, 실은 군부대와는 전혀 상관이 없다. 이곳 지형을 살펴보면 인왕산 순환도로 건너편 성곽 곁으로 삼애교회가 있고, 교회를 지나면 옹벽 아래로 주택 몇 채가 있으며, 군부대는 성곽 안쪽에 위치한다.

그러므로 삼애교회를 이전하게 되면 탐방로 만들기는 식은 죽 먹기만큼이나 쉽다. 즉, 윤동주시인의 언덕에서 삼애교회 쪽으로 성곽다리를 놓은 후, 성곽 바깥쪽으로 불과 300여 미터만 길을 내면 지금의 탐방로와 연결되는 것이다. 삼애교회를 지나면 옹벽 위로 약 3~5m 폭의 공터로 이어진다.

3) 동대문에서 낙산마루까지 : 이 구간 역시 성곽 바깥쪽 옹벽 위로 탐방로를 새로 만든 후에, 낙산마루에 이르러서는 성곽다리를 놓아 건너게 해야 한다.

이렇게 되면 고색창연한 성벽을 따라 걸을 수 있으며, 바깥쪽 성벽에 새겨진 정읍(井邑), 좌룡정(左龍亭) 등의 각자(刻字)를 볼 수 있음은 물론, 성곽탐방의 진수를 느낄 수 있다.

4) 과학고교에서 와룡공원까지 성곽 바깥쪽 : 서울성곽 전 구간에서 최고의 단풍명소로 꼽히고 있는 이 구간의 성곽 바깥쪽 탐방로를 시급히 개설해야 한다. 현재 이 구간의 상태는 민가 몇 채가 성곽에 바짝 붙어 있는 까닭에 멀리 우회하는 불편이 따른다.

5) 남산 식물원터에서 팔각정까지의 성곽 바깥쪽 구간 : 원 성곽으로만 이어지는 이 구간의 성벽은 너무나 훌륭하며 성곽 안쪽과는 분위기가 전혀 다르다. 사람들은 여염집 담장만도 못한 성곽 안쪽으로만 다니면서 바깥쪽에 이토록 훌륭한 성곽이 존재한다는 것은 상상조차 못하고 있다. 이 구간의 탐방로를 시급히 개설해야 한다.

6) 가톨릭대학교 교정 : 낙산마루에서 혜화문 방향으로 안쪽 성곽을 따라가다 보면 가톨릭대학교 담장에 막혀 다시 낙산 정상까지 되돌아 올라오게 되는 불편이 따른다. 학교 측과 협의하여 신라호텔 경내와 마찬가지로 이곳 역시 안쪽탐방로를 만들어야 한다.

7) 남소문터 표지석 건너편 남산 초입 : 남소문터 표지석이 있는 장충단 고갯마루 건너 남산기슭에 있는 옛 성곽에는 영덕(盈德), 군위(軍威) 등의 각자가 있다. 그러나 이곳에는 접근로가 없는 까닭에 이곳의 원 성곽을 본 사람은 드물다.

그러므로 '반얀트리 호텔'에서 남산으로 성곽다리를 건설하거나, 아니면 급한대로 남소문 표지석에서 길을 건널 수 있는 횡단보도를 만든 후, 성곽으로 접근할 수 있는 계단을 만들어야 한다.

2. 돈의문의 복원은 위치부터 바꿔야 한다

계획서 중, 돈의문 복원에 관한 1-764~765쪽에 발표한 것을 보면,

-돈의문지는 서울성곽 버·. 외를 관통하는 주요도로에 위치하므로 차량 흐름을 유지하며 돈의문의 원형에 대한 충분한 형태적 고증 후에 원위치 복원하여야 한다.

-정동4거리의 돈의문지 하부로 충정로를 지하도로화 하고 정동길과 송월길은 우회전 및 유턴으로 차량통행을 연결하는 방안으로 검토한 후 돈의문을 복원한다.

라고 되어 있는데, 이에 대한 문제점을 짚어보면 다음과 같다.

1) 태조 5년 1차 창축 당시 세운 돈의문 자리는 이곳이 아니고 '사직동 고개에서 독립문으로 넘어가는 고개 근처'라는 게 정설이다. 후에 태종 13년에 풍수학자 최양선의 주장에 따라 이 문을 폐쇄하고, 그 남쪽에 새로 문을 내고, '서전문'이라고 이름까지 바꾸었다.

그 후 세종 4년 도성을 개축할 때 이 문의 이름을 다시 '돈의문'으로 환원하고 그 위치를 지금의 돈의문 터로 옮겼던 것이므로 원래의 돈의문 터는 지금의 '사직터널 위'가 맞다고 볼 수 있다.

2) 서울시에서는 2013년까지 이곳 정동4거리에 돈의문 복원을 완

공하겠다고 발표했으나, 2013년은커녕 2018년이 다 된 지금까지
도 그 설계조차 못하고 있다. 이로 볼 때 현재 계획서에 나와 있
는 곳에다 돈의문 복원을 추진할 경우 엄청난 비용은 물론, 그 실
행 여부가 불투명할 것임은 너무나도 자명하다.

계획서에는 돈의문 하부를 지하도로화 하고, 정동길과 송월길은
우회시키는 것으로 되어 있다. 계획서대로 정동길과 송월길을 우
회하는 도로를 건설하려면 주변의 대형 건물들을 상당히 많이
철거해야 하는 난제가 따른다.

3) 그러므로 사직터널 부근에다 돈의문을 복원한다면 도성을 창축
할 당시 원래의 위치이기도 할 뿐더러 문과 문간의 간격 조정은
물론이고, 정동4거리의 복원과는 비교도 안 되는 경제적인 효과
까지 얻을 수 있을 것이다.

3. 북악산 구역의 문제점

북악산 구역은 청와대 근접 지역으로서 국가안보의 핵을 이루고 있
다. 따라서 이곳은 제대로 된 성곽복원과 함께 안보에도 만전을 기
해야 하는데, 현재 이곳에는 다음과 같은 문제점을 노출시키고 있다.

1) 성곽을 따라 설치된 군 초소들을 시멘트 블럭으로 만들어 성곽
과 전혀 조화를 이루지 못하고 있음은 물론, 성곽의 가치를 떨어
뜨리고 있다. 그러므로 초소의 자재를 성곽과 조화를 이룰 수 있
는 석재로 교체하고, 초소를 포루 형태로 지어 그곳에서 경계를
서도록 해야한다.

2) 북악마루에서 창의문으로 내려가는 계단은 너무 가파르고 비좁다. 따라서 이곳의 조잡스런 목재 계단을 석재 계단으로 교체하고, 계단의 폭을 넓게 확장하여야 한다.

3) 백악마루 3거리에서 창의문안내소까지의 계단 숫자를 세종 4년 개축 당시 희생자의 수와 같은 872개로 만들어 '872계단길'로 명명할 것을 제안한다. 이렇게 하면 탐방객들이 이곳 계단을 오를 때 서울성곽을 축조하느라 애쓴 선조들의 노고를 직접 몸으로 느낄 수 있을 것이다. 백악마루 3거리에서 창의문 안내소까지의 계단 숫자는 북악산 개방 초기에는 875개였으나, 현재는 965개이다.

4. 이화여고와 러시아 대사관 주변

계획서 1-763쪽을 보면,

-이화여고와 창덕여중의 경계를 따라 성벽추정선이 위치하므로 각 교육기관과 협의하여 성벽추정선 주변을 발굴조사한 후, 성벽 복원 및 탐방로를 조성하도록 한다.

-각 학교와 주한 러시아 대사관의 유적정비와 연계하여 탐방로를 조성하도록 하며, 대사관과 여학교라는 특성상 탐방객들에게 상시 개방이 어려울 수 있으므로 시간제 개방 또는 별도로 담장과 같은 차단시설을 조성하도록 한다.

라고 되어 있다.

그러나 이곳이 외국대사관과 여학교라는 특수성을 감안할 때 '시간제 개방'이란 전혀 가당치도 않다. 따라서 이 지역은 다음의 방안으로 하는 것이 훨씬 더 현실적이며 적합하리라 생각한다.

1) 러시아대사관 후문 초소에서부터 이화여고 노천극장을 지나 창덕여중 경계지역까지 철골로 골조공사를 한 다음 그 위에 홍예형태의 협축식 성곽다리를 건설한다.
2) 이화여고와 창덕여중의 경계철책 부터는 펜스를 따라 협축식 성곽을 쌓아 어반가든을 거쳐 정동길과 연결시킨다.
3) 홍예성곽다리와 협축식 성곽은 탐방객들이 대사관과 학교 쪽을 전혀 바라볼 수 없도록 위를 덮는 형태로 건설하되, 그 모양을 멋지게 하여 학교 측의 불만이 없게 함은 물론, 오히려 이 성곽다리로 인하여 자부심을 느낄 수 있도록 건설한다.
4) 성곽다리 바깥쪽 면에 이 학교의 상징인 이화(梨花) 문양을, 그 반대쪽 면에는 이 학교의 상징적 인물인 유관순 열사의 초상을 새겨 넣는다. 또 성곽다리 안쪽 벽면에는 서울성곽 내지는 이화여고와 관련된 자료를 비치하여 탐방객들이 다리를 통과할 때 관람토록 한다.

이 방법대로 시행하려면 러시아대사관을 비롯한 두 여학교와의 협의가 필수적인데, 위의 방법대로 한다면 3자 모두 반대할 이유가 전혀 없을 것이다. 그리고 무엇보다 중요한 것은 엄청난 예산 절감과 함께 서울성곽 원래의 노선을 따를 수 있는 것이다.

5. 오간수문의 복원

원래 오간수교는 다리 아래로 청계천 물이 빠져 나가고, 다리는 그 옆에 별도로 설치되었으며, 그 위에 성곽을 쌓아 유사시 적의 침입을 막도록 되어 있었다. 그러나 복원된 지금의 오간수교는 이러한 사항이 전혀 고려되지 않은 채 시멘트를 사용하여 원래의 5개의 홍예를 무시하고 하나로 통합시키는 바람에 아무런 감동을 주지 못하고 있다.

그러므로 원래대로 석재로 된 5개의 홍예를 만들어 그곳으로 물이 흐르게 하고 위로 차와 사람이 다니게 한다면 서울성곽 전체구간 중 최고의 명물이 될 것이다.

6. 공로탑과 위령탑을 건설하자

차제에 서울성곽의 창축과 개축에 지대한 공로를 세운 태조, 태종, 세종, 숙종까지 네 분을 기리는 공로탑을 세울 것을 제안한다.

공로탑의 높이는 서울성곽의 1차와 2차 축성기간을 합쳐 98일이 걸렸으므로 98척으로 하거나, 아니면 1, 2차에 걸쳐 쌓았으므로 49척 짜리 쌍탑으로 하면 좋을 것이다.

공로탑을 세울 때 기저부의 높이는 당시 8도의 백성을 동원 했으므로 8도를 상징하는 8척으로 하고, 돌의 숫자는 조선왕조의 존속기간에 해당하는 518개로 하면 좋을 것이다.

또한 이 성곽을 축성할 때 희생된 수많은 사람들의 넋을 기리고 후세를 위한 역사 교육 차원에서 위령탑의 건립도 제안한다. 위령탑의 높이는 개축기간을 나타내는 38척으로 하고, 기저부의 높이는 공로탑과 동일하게 8도의 백성을 상징하는 8척으로 하여야 한다.

7. **위의 나열한 방안 외에 다음 사항을 간단히 기술한다**

1) 서울성곽의 높이를 원래의 높이대로 복원하여 우리의 서울성곽이 좀 더 웅장하고 아름답게 보이도록 해야 한다. 또한 이렇게 하여야만 그 진정성에 믿음을 줄 수 있으며, '세계문화유산' 등재도 앞당겨질 것이다.

2) 가톨릭대학교에서 동소문로를 건너 혜화문을 연결하는 성곽다리를 건설하고, 이어서 문루에서 한양도성 전시관으로 건너는 다리를 같은 방식으로 건설해야 한다.

3) 창의문을 가로막고 있는 고가도로를 철거하고 길을 새로 만든 후에 창의문 앞의 건물들을 철거하고 공원화해야 한다.
이밖에 동대문에서 낙산 방향 등 성곽이 끊어지는 도로에는 모두 홍예성곽다리를 건설하여 탐방로가 끊어지지 않고 계속 이어지도록 해야 한다.

4) 현재 서울성곽에 남아있는 각자(刻字)가 더 이상 마모되지 않도록 대책을 세우고, 종합적으로 정리하여 '각자지도'를 만들어야 한다.

5) 새로 복원한 성곽을 따라 성곽에서 약 4~5m쯤 떨어진 곳에 우리 고유의 수종(樹種)으로 된 나무를 심어 그늘을 조성해야 한다.

6) 북악산과 인왕산 그리고 낙산마루와 남산 잠두봉(포토아일랜드)에

멋지고 전망 좋은 2~3층 구조로 된 정자를 지어야 한다.

7) 현재 혜화문에서 과학고교, 신라호텔 바깥쪽 길, 그리고 서대문 터에서 무악동 암문까지의 구간 등은 성곽 옆으로 차량 통행을 위한 도로만 있고 별도의 탐방로가 없으며, 그나마도 주민들이 주차장으로 사용하는 바람에 성곽 탐방에 큰 장애가 되고 있다. 따라서 이 구간의 도로를 넓게 확장한 다음, 탐방로와 도로를 절 반씩 나누어 사용토록 해야 한다.

8) 현재 아크릴로 되어 있는 성곽안내판을 없애고 석재로 된 안내 판을 만들어 이 구간은 천자문의 ○자 구간에 해당하며, ○○도 ○○고을 사람들이 쌓은 구간이라는 설명문을 명기해야 한다.

9) 동대문역사문화공원내의 '동대문역사관' 등 모든 시설물은 내 구성이 강하고 역사문화 유적지에 어울리는 자재로 교체하여야 한다.

10) 서울성곽에 있는 암문을 모두 암문답게 만들어야 한다. 서울성곽 의 암문은 8개 모두 1970년대 성곽을 복원할 때 주민의 통행 편 의를 위해 만든 문으로 하나같이 평거식(平据式)으로만 되어 있어 전혀 암문답지 못하다. 따라서 이 암문들을 홍예 등 각자 자신만 이 가진 독특한 형태로 만들어 암문의 특징을 살려야 한다.

※ 이 복원방안의 원문은 24페이지에 달하나, 지면 관계상 그 중 핵심적인 내용 만을 간추려 실었다.

「1910, 일본의 한국 병탄」 한상일 저, 도서출판 기파랑

「개화와 선교의요람 정동이야기」 이덕주 저, 대한기독교서회

「나의 슬픈 역사를 말한다」 김신조 저, 동아출판사

「다시 쓰는 임진왜란사」 조중화 저, 학민사

「답사여행의 길잡이 서울」 한국문화유산답사회 엮음, 돌베개

「도성발굴의 기록 2」 서울역사 박물관

「독립운동가 열전」 독립운동가 열전 편찬위원회, 백산서당

「獨立運動大事典 1, 2」 李康勳 編著, 大韓民國 光復會

「獨立運動史」 李康勳 著, 歷史編纂會

「獨立運動史 大全集」 李康勳 編著, 大韓民國 光復會

「獨夫 이승만 평전」 김삼웅 저, 책보세

「東國歲時記」 洪錫謨 저, 최대림 역, 홍신문화사

「梅泉野錄」 黃玹 저, 김준 역, 교문사

「白凡逸志」 김구 저. 돌베개

「북한산」 민경길 저, 집문당

「西間島 始終記」 이은숙 저, 인물연구소

「서울문화유적 1, 2」 박경룡 저, 수문출판사

「서울성곽 중장기 종합정비 기본계획」 서울특별시 문화재과

「서울의 산」 서울시사편찬위원회

「서울의 성곽」서울시사편찬위원회

「서울성곽의 역사」 박계형 저, 도서출판 조은

「서울六百年」 金永上 著, 大學堂

「서울 六百年史」 서울市史編纂委員會

「서울의 하천」 서울시사편찬위원회

「서울 한양도성」 한양도성 박물관

「성곽을 거닐며 역사를 읽다」 홍기원 저, 살림출판사

「순성의 즐거움」 김도형 저, 효형출판

「숭례문 복구 및 성곽 복원공사 수리보고서」 문화재청

「심양장계」 세종대왕기념사업회

「안중근 평전」 김삼웅 저, 시대의 창

「우리궁궐 이야기」 홍순민 저, 청년사

「윤치호 일기」 윤치호 저, 김상태 편역, 역사비평사

「을사늑약 1905」 김삼웅 저, 시대의 창

「이회영과 젊은 그들」 이덕일 저, 역사의 아침

「이회영 평전」 김삼웅 저, 책보세

「日帝의 韓國侵略政策史」 姜東鎭 著, 한길사

「조선 역관 열전」 이상각 저, 서해문집

「朝鮮王朝實錄」

「조선후기의 수도방위체제」 이근호 외 3인, 서울학 연구소

「충남의 독립운동가 1, 2」 충청남도 역사문화연구원

「친일인명사전」 민족문제연구소

「친일파의 한국 현대사」 정운현 저, 인문서원

「한국독립운동사」 박찬승 저, 역사비평사

「韓國城郭 用語辭典」 문화재청

「韓國人名大事典」 新丘文化史

「한국의 도성」 임기환 외 5명 저, 서울학 연구소

「한국의 성곽」 손영식 저, 주류성

「한양도성 걸어서 한바퀴」 유영호 저, 창해

「抗日獨立志士 列傳」 송기민 편저, 한국인사보감편찬회

「행주산성」 고양시 행주산성관리사업소

「黃金狂 時代」 전봉관 저, 살림

以外 各種 文獻 및 新聞 등 多數★